陈永明数学教学丛书

陈永明评议数学课

陈永明 著

上海科技教育出版社

图书在版编目(CIP)数据

陈永明评议数学课/陈永明著.—上海：上海科技教育出版社,2022.1(2022.10重印)
(陈永明数学教学丛书)
ISBN 978-7-5428-7643-0

Ⅰ.①陈… Ⅱ.①陈… Ⅲ.①中学数学课—教学评估 Ⅳ.①G633.602

中国版本图书馆CIP数据核字(2021)第264776号

责任编辑　冯晨阳
封面设计　符　劼

陈永明数学教学丛书
陈永明评议数学课
陈永明　著

出版发行		上海科技教育出版社有限公司
		(上海市闵行区号景路159弄A座8楼　邮政编码201101)
网	址	www.sste.com　www.ewen.co
经	销	各地新华书店
印	刷	启东市人民印刷有限公司
开	本	787×1092　1/16
印	张	17
版	次	2022年1月第1版
印	次	2022年10月第2次印刷
书	号	ISBN 978-7-5428-7643-0/G·4522
定	价	58.00元

序

  陈永明教授是我相知几十年的老朋友.多年前,他提出要"咬文嚼字学数学",我觉得微观地看必须如此,因而深表赞同.后来,我主张"把数学的学术形态转换为数学的教育形态",反对"去数学化",他又认为宏观上看应该如此,给予支持.可以说我们是"同声相应、同气相求"了.

  一晃之间,我们都老了,不过彼此还在忙着.我埋头"爬格子、敲键盘",他则花大量的时间下课堂听课、带"徒弟".前不久,他也敲键盘,送来一叠书稿,说是听课以后的评论.打开一看,乃是一系列的"数学教学小品",没有宏论却发人深思.每每会意,竟好似清凉甘冽的泉水,一饮而沁心脾.

  数学教学的课堂实录与评课,坊间的出版物已相当不少.通常是把课堂所见,用"上位知识"——一般教育原理解释一番,即"教育学原理＋数学例子"的研究模式.究其作用,无非是再次证明了一般教育原理的正确性.本书则不同,乃是原汁原味不加修饰的课堂实况,有好说好,有问题则谈问题,实事求是.永明教授关注教学本身,从课堂中发现矛盾冲突,使一般教育原理和数学教学实践相融合,提炼出数学教育的特定规律.比如,永明教授借用华罗庚先生"生书熟讲,熟书生温"的话,为如何上好复习课进行诠释,就是揭示了数学教育的一项特有的规律.这样的话,在一般教育学里是找不到的.

  全书一共49节,每节都有一些亮点,属于作者的独到见解.比如,在"六谈双基模块——'二限'排列问题"一节,我们可以看到作者娴熟的数学功底.其中有所谓"一限"和"二限"的区别,"二限"中又有类型之分,分析得清澈见底.在"直觉惹出的麻烦"一节,我们欣赏到作者积累的"不正确图形"的教学经验,帮助学生辩证地看待"直觉"的价值和局限.这些亮点,也是在一般教育学理念里所找不到的.

  有人可能疑惑,这些"细枝末节"的经验,有多大的价值?确实,比起某些充斥着"正确的废话"的大部头著作来,本书的确不够"伟大".但是,数学教学过程,除了要接受一般教育理念的指导之外,教学过程还是一种实践性很强的艺术创造.优质的教学,需要精雕细刻,注意每一个细节,才能启发学生、感染学生.有一句名言就是"细节决定成败".实际上,以为仅凭几条原则、大呼隆地评论一番就能上好课,那是神话.

我常将一般教育学比作基础科学,而把学科教育学比作工程技术.嫦娥奔月工程固然要运用物理学的原理,但物理学不能代替航天工程.要将飞行器送上太空还必须有航天技术设计理论和施工规范.制作航天器的工艺,需要精益求精,非常具体而细致.与此相似,一般教育学的规律固然能够指导学科教育,却不能代替学科教育,更无法取代那些用毕生实践总结得来的经验.

本书有一节是"谁知盘中餐,粒粒皆辛苦".永明教授借以表扬执教的老师,其实也可以用来形容永明先生自己的著作.我们期待这种"见微知著,由小见大"的研究工作能够得到重视和发扬.

借鉴国外的教育理论是必要的,然而,面向教学第一线,继承优良传统,总结正反两面的经验,逐步提升,是发展具有中国特色的数学教育理论的必由之路.

阅读书稿有感而发,遂作为序.

张奠宙
2008年初春于上海

张奠宙:华东师大教授,欧亚国际科学院院士,曾任国际数学教育委员会(ICMI)执行委员.

目录 MuLu

第一部分 | **概念课**

感悟概念 …………………………………………………… 3
剖析概念 …………………………………………………… 5
胸中有图，胸中有例，胸中有数——概念的直观化和
　具体化 …………………………………………………… 9
教学目标要准确落实 ……………………………………… 15
要理解每节课在整个数学中的地位 ……………………… 20
"有思想"和"没思想"——揭示数学知识的来龙去脉 … 23
淡化形式——正确看待数学的严密性 …………………… 27
概念的直接引入 …………………………………………… 29
谁知盘中餐，粒粒皆辛苦——把握教材，了解学生 … 32

第二部分 | **定理公式法则课**

同课异构：勾股定理（之一）……………………………… 45
同课异构：勾股定理（之二）……………………………… 49
同课异构：勾股定理（之三）……………………………… 54
同课异构：平行四边形判定定理（之一）………………… 62
同课异构：平行四边形判定定理（之二）………………… 65
一谈方法——通法和优法 ………………………………… 70
启发式教学和好的导入 …………………………………… 74
启发式教学和好的问题 …………………………………… 78
读读议议 …………………………………………………… 81
一谈难点：初遇待定系数法 ……………………………… 85
二谈难点：数学归纳法的教学 …………………………… 88
三谈难点："一贴二靠"好 ………………………………… 94

不要为亮点而亮点 ························· 99
附:"量的目的是为了不量" ···················· 102
二谈方法——理解方法的深层意义 ················ 103
三谈方法——习拳容易改拳难 ·················· 107
值得重视的"去数学化"倾向 ··················· 110
把文章做足 ··························· 113

第三部分　习题课

例题的典型性 ·························· 119
关键还是对数学的理解 ······················ 122
一谈解题模块——条件求值 ···················· 126
要不要讲题目的类型 ······················· 131
二谈解题模块——求一次函数的解析式 ··············· 135
三谈解题模块——解直角三角形 ·················· 138
四谈解题模块——函数的"借值求值" ················ 143
五谈解题模块——复合函数的"限制分解" ·············· 147
六谈解题模块——"二限"排列问题 ················· 151
四谈方法——"回归本原"的方法 ·················· 155
列方程解应用题的关键在哪里 ··················· 158
谈教学能力——重要的是归纳能力 ················· 162
要突破照本宣科和就题论题的教书匠模式 ·············· 166
习题课要有层次感 ························ 168
一道错题的讨论 ························· 171

第四部分　复习课

引导学生自我整理知识 ······················ 177
用新的线索把知识串起来 ····················· 181
归纳不等于罗列 ························· 184
谈"下游命题"——"它给我们提供了什么信息?" ··· 186

第五部分　作业设计

让数学教学有些弹性 ······················· 193

第六部分 试卷讲评课

试卷讲评和知识技能的巩固 …………………………………… 199
试卷讲评和提高升华 …………………………………………… 208
一次尝试:由学生来讲评 ……………………………………… 212

第七部分 探索课

一堂探索课——画直线两等分图形面积 ……………………… 219
探索课和教师主导作用——用纸片折成四面体 ……………… 227
提出问题——关键词改变法 …………………………………… 231

第八部分 其他

精彩不精彩,语言占大半 ……………………………………… 237
不啰嗦不跳跃 …………………………………………………… 240
过细没好处,过难也不对 ……………………………………… 243
直觉惹出的麻烦 ………………………………………………… 246
要善于观察 ……………………………………………………… 249
研究"确定性"是一种数学思考 ………………………………… 253
点拨和"留白" …………………………………………………… 256

后记——寄希望于青年教师 ……………………………………… 259
再版后记 …………………………………………………………… 261

第一部分

概念课

感 悟 概 念

　　我听过一节很精彩的课,那是 L 老师上的平面直角坐标系.平面直角坐标系对学生来说是一个新的概念,L 老师没有直截了当从概念出发讲解,而是不惜时间,组织学生做游戏,从而得到直角坐标系的概念.下面是 L 老师上课的部分记录:

一、创设情景,引入新知

(一) 我当破译小高手

游戏:方格中有 25 个字,若用 A4 表示"书",

5	聪	明	自	了	于
4	书	天	在	勤	贵
3	标	宝	奋	可	来
2	敏	里	习	才	大
1	的	学	打	库	想
	A	B	C	D	E

1. 请破译下列密码:
　　A5B5C4E5D4C3
2. 请编制密码:
　　天才来自勤奋

师:有人用 B 表示"天",行吗?
生:不行.

评:这个情景问题引起了学生的兴趣.老师的这个问题也提得好,强调了表示"天"字要 2 个数码才行.

(二) 我做影院小向导

师:"4 排 3 号"和"3 排 4 号"中的 4 含义有什么不同?
生:"4 排 3 号"中的 4,是第几排;"3 排 4 号"中的 4 是在某排里的第几座.
师:如果将"4 排 3 号"简记为(4,3),那么"3 排 4 号"

应该怎么记？(2,4)表示什么位置？

生:"3排4号"应该记作(3,4);(2,4)表示"2排4座".

(三) 我爱我的班级

师:你能向大家介绍你的座位在教室中的位置吗？

生:(回答不出来)

师:看来要规定从哪里开始数.(教师作了规定,然后说)我报座位标号(3,8),请对应座位上的同学站起来.

评:这又是一个精彩的问题,强调了两个数字前后顺序不同,意义是不同的.

评:这是在强调这两个数字,在计数时都要有基准.

议:数学概念是数学课的重要组成部分,概念课怎么上？各有各的做法,比较普遍的办法是老师直接讲授.直接讲授是可以的,特别是高中阶段可以多用些.对初中学生来说,可能通过情景引入更适合些.特别是对于重要概念,要舍得花一定的时间,让学生感悟为什么要引入这个概念？这个概念的本质是什么？有哪些事项需要注意？……

坐标概念是好不容易才诞生的重要思想,有了这个坐标概念,点可以转化为数,曲线可以转化为方程,于是几何问题可以转化为代数问题.这么个概念,在人类文明发展了几千年之后,才由笛卡儿来揭示.在笛卡儿之前,世界上出现了那么多伟大数学家,都没有想到坐标系,可见这个概念不一般.像这种重要概念,一般要通过感悟,才能慢慢理解.这节课里,不但让学生感悟了平面上的点可以用数对表示,而且突出了:要两个数;前后顺序不能弄错;要规定从哪里开始数,就是要有个基准……把和坐标相关的东西,通过游戏,通过生活中熟悉的素材,让学生——感悟,这样在学生头脑里的坐标知识是活的.

类似坐标这样的重要概念,数学里还有不少.我听到一位朋友抱怨地说她读小学的儿子,老师教:"'15'中有'1个10'(在前面)和'5个1'."他懂了,但考试时,题目倒过来了:"14中有_____个1和_____个10(在后面)".儿子就不会了.

我对这位朋友说,不是你的儿子笨,而可能是老师没有教好.这里涉及了位值的概念.位值概念也是个重要的概念,希腊文明水平这么高,但就是不懂得位值制.因此这种重要概念不是轻而易举可以"教"会的,不是就事论事做些题目(甚至做很多题目)可以弄懂的,要感悟它,才会真正弄懂.

课改强调知识发生发展的过程,让课堂合理地再现这个过程,这是正确的.这样才能对结果理解得深,记得牢,用起来也会得心应手.当然,过程和结果都是重要的,应该是相辅相成的.

剖析概念

前面一篇文章主要讲述了重要概念要感悟,但要讲清楚一个概念本身,也是很重要的.这里一节课是直线的倾斜角和斜率,执教的 D 老师既重视了概念的发生发展,又比较清楚地分析了概念本身.

师:我们在爬山的时候,会感觉到有的山坡陡,有的平坦些.怎么来刻画这种区别呢?

生 1:角.

师:说具体些.

生 1:山坡和水平线所成的角.

师:如果把山坡看成直线,水平线看成横轴,那么……

生 1:直线和 x 轴的夹角.

师:对,我们把这个角叫做直线的倾斜角.不过我只是给了个模糊的说法,试给倾斜角下个数学定义好吗?

生 2:直线和 x 轴所成的角.

生 3:(反驳)直线和 x 轴所成的角有 4 个,应为:与 x 轴正方向所成的角.

生 4:(反驳)应改为:直线向上方向和 x 轴……

师:很好!我们给出了直线的倾斜角的定义:直线的向上方向和 x 轴的正方向所成的角叫该直线的倾斜角.(板书)

师:有没有不同意见?

……

生 5:建筑工人在观察所砌的墙壁是不是垂直于地面时,是用一根线吊起来,看墙壁和吊线之间的夹角.这个夹角也可以衡量直线的倾斜程度的.

师:很好!真聪明.实际上是研究直线和 y 轴的夹角.

师:让我们回到和 x 轴的夹角.在三角里,我们已经把角的概念推广到任意角了,这样的说法可不可以改进一下?

评:教师原先的问题只是想引导到书本上倾斜角的定义,这个回答是出乎教师预料的.教师没有否定生 5,而是表扬了他.事实上,概念大多是由实际需要引出的,而刻画它有时可以有多种方法.如果我们只是照本宣科,把书本上说的当成金科玉律,不能动,不能改,这是有害的.

生6：应该说最小角．

生7：应该确定角的旋转方向．

师：（得出定义，板书）请大家看书．划出关键词．

生8：逆时针，最小正角．

师：以后，为了统一起见，我们以这个作为直线倾斜角的定义．

师：还有什么要注意的，定义中似乎还有什么情况被遗漏了……

生9：当直线和 x 轴不相交时．

师：这时候规定它是几度较为合理？

生9：0度．

（得出完整的定义）

师：倾斜角的大小可以是任意的吗？

生9：应该在 0 到 π 之间．

师：能够等于 0 吗？能够等于 π 吗？

生9：能够等于 0，不能等于 π．

评：尽管我们不要求背定义，但是定义的词语分析是很值得重视的．

评：有些概念常常会有几个特殊的情况，需要强调．譬如绝对值，定义是这样的：正数的绝对值是它自己，负数的绝对值是它的相反数，零的绝对值是零．其中的"零"的情形，就是特殊情况．它是整个定义的组成部分，又是学生容易忽视的．

接着，教师出了一些练习题：

1. 如图1，直线 l 是第一、三象限的角平分线，能够说 l 的倾斜角是 $45°$、$405°$、$\dfrac{\pi}{4}$、$225°$ 吗？

2. 如图2，直线 l 是第四象限的角平分线，能够说 l 的倾斜角是 $315°$、$-\dfrac{\pi}{4}$、$135°$、$n \cdot 360° + 315°$ 吗？

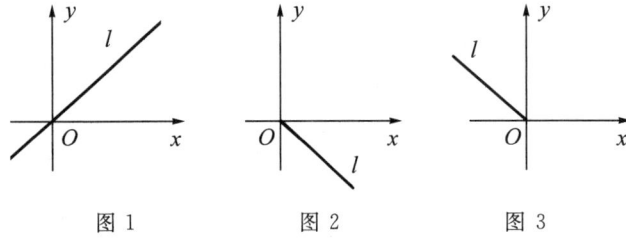

图1　　　图2　　　图3

3. 如图3，直线 l 是第二象限的角平分线，能够说 l 的倾斜角是 $315°$、$-\dfrac{3\pi}{4}$、$135°$、$n \cdot 360° + 135°$ 吗？

师：要注意区分两个概念．借用图2，对于"直线 l 的倾斜角"，和"始边是 x 轴正方向、终边位置在 l 的角"，有谁能够说清楚它们的区别和联系？

生10：前面一个概念是对直线而言的，而后面的概念是对射线说的.直线 l 的倾斜角只有一个,而且范围是 $0 \leq \alpha < \pi$;而始边是 x 轴正方向、终边位置在 l 的角,有无数多个,可正可负,一般表达式是 $k \cdot 360° + \alpha (k \in \mathbf{Z})$.

师:好,大致说清楚了.

……

评:相似概念的辨析比较落实.

师:刚才得出了倾斜角来反映直线的倾斜程度,还有同学用吊线和 y 轴的夹角来刻画倾斜程度,得到了倾斜角的定义.除了用角来刻画直线的倾斜程度外,还可以用别的什么数量吗?

生 11:取倾斜角的正弦、余弦、正切,这些都是数,都可以反映直线的倾斜程度的.

师:选哪个好?

生 12:正弦不好,因为在 $[0, \pi)$ 内角和正弦不是一一对应.在正切和余弦之间,好像选正切好.

评:又是在展现概念的生成过程,但又不过分.

师:好的.我们把直线倾斜角 α 的正切叫做直线的斜率,即斜率 $k = \tan\alpha$.注意,这里要求 $\alpha \neq \dfrac{\pi}{2}$,即当 $\alpha = \dfrac{\pi}{2}$ 时直线的斜率不存在.这是一个特殊情况.

……

师:到现在为止,我们有哪些确定直线方向的方法?

生 13:方向向量,法向量,倾斜角,斜率.

师:这四者如何转化?有什么需要注意的?

……

议:D 老师的这节概念课,一个特点是展现了概念的形成过程.倾斜角也好,斜率也好,原来都是为了反映某类事物,或者某种性质的.反映某类事物或某种性质,有时可以用多种办法来刻画,经过适当取舍之后,才有了书上的定义.

另一个特点是概念的分析比较到位.为了理解一个概念,一般说,一是正反举例;二是扣住定义的关键词语;三是注意特殊情况;四是与有关概念进行比较,找出两个概念的区别和联系.

对概念教学,教改之后更为强调概念的生成,这是正确的.但不能忽视对概念本身的分析,这可是基本功.

陈永明 评议数学课

要懂得种属定义的基本结构是"属差+种"(这是主要的定义方式,另一种方式是归纳定义),就是上位概念加上一个或几个限制词.有时候这种结构很清楚,有时候又比较含糊.有些学生定义背得很熟,却不知道某个概念的上位概念是什么.譬如,"数列的极限是什么?"对这样的问题,回答五花八门,有的说是无限趋近,有的说是 εN……其实数列的极限是实数(上位概念),是一个数列无限趋近的(限制词,即属差)实数.复数的模是什么?也是弄不清楚,只知道复数的模 $|a+bi| = \sqrt{a^2+b^2}$,其实复数的模是正实数(上位概念),是等于 $\sqrt{a^2+b^2}$ 的正实数.除了知道上位概念之外,对定义里的限制词也要一个一个弄清楚.

要正反举例.概念是抽象的,词语是枯燥的,而例子是具体的,容易理解.在举正面例子的时候,要尽量考虑足够的代表性.否则会有意无意地使学生把概念的范围理解窄了.譬如讲无理数,老师如果只举 $\sqrt{2}$、$\sqrt{3}$ 这样的例子,学生在无意中会把无理数理解成"不尽根".在举正面例子的时候,对一些特殊情形和后面引进情形要给予充分的注意.譬如,零的绝对值是零,这就是特殊情形;幂的意义常常忘了负指数幂、分数指数幂的情形,这是因为原先学的是正整数指数幂,负指数幂与分数指数幂都是后面再学习的缘故.举反例,要指出违背了定义中的哪个要求.

要注意分辨容易混淆的概念.有些概念提法不同,含义是一样的,譬如正三角形和等边三角形.有的是提法相同,含义不同,譬如"距离",有两点间的距离,有两平行线间的距离等;"圆柱"和"直圆柱"本是两回事,但常把"直圆柱"简称为"圆柱".有的是提法相近,含义不同,譬如最大值和极大值.

要注意概念间的联系.两个概念,有时是从属的关系,譬如三角形和等边三角形.有时是并列关系,譬如正整数指数幂和负整数指数幂.有时是交叉的,譬如直角三角形和等腰三角形.有时甚至是不在同一个系统之内的,譬如本节课里的直线倾斜角和直线的斜率,一个是角,一个是比值,但它们有联系.

如果我们能够注意到概念的生成,又善于对概念本身进行分析,同时,在引进概念的时候,又不拖泥带水地"作秀";在对概念本身进行分析时,又不在非基本的地方故意制造"麻烦",那么这节概念课肯定是成功的.

有关概念的剖析,可参考拙作《数学教学中的逻辑问题》(上海科技教育出版社出版).

胸中有图,胸中有例,胸中有数
——概念的直观化和具体化

这是一节 C 老师早年上的幂函数图像课.众所周知,幂函数是一类函数,函数式里含的参数只有一个,但由于这一个参数值的不同,图像的形态是不相同的.这和二次函数不一样,二次函数式里有三个参数,但是不管这三个参数怎么变化,图像的形态却都是抛物线.

由于幂函数图像的形态过于复杂,要死记是困难的.C 老师的办法是充分利用图形和典型的例子.

> C 老师先说明幂函数 $y=x^\alpha$ 的指数 α 已经不只是正整数了,可以是一切有理数.并复习正整数指数幂、负整数指数幂、零指数幂、正分数指数幂、负分数指数幂的意义:
>
> 正整数指数幂 x^n(n 是正整数),意义是 n 个 x 的乘积,即
> $$x^n = \underbrace{x \cdot x \cdot \cdots \cdot x}_{n\text{个}};$$
>
> 负整数指数幂 x^m($x \neq 0$,m 是负整数,并设 $m=-n$):
> $$x^m = x^{-n} = \frac{1}{x^n};$$
>
> 零指数幂($x \neq 0$):
> $$x^0 = 1;$$
>
> 正分数指数幂 $x^{\frac{n}{m}}$(m、n 是正整数):
> $$x^{\frac{n}{m}} = \sqrt[m]{x^n};$$
>
> 负分数指数幂 $x^{-\frac{n}{m}}$($x \neq 0$,m、n 是正整数):
> $$x^{-\frac{n}{m}} = \frac{1}{\sqrt[m]{x^n}}.$$
>
> 接着指出形如 $y=x^\alpha$ 的函数叫幂函数.幂函数的函数表达式看起来简单,但它的图像却很复杂.我们来对它进行分析,看看有什么特点.

首先,我们可以发现,不管 a 是什么数值,$x>0$ 时的函数值总是正的.于是,幂函数在 y 轴右边的图像总在第一象限,而不可能在第四象限,也不可能和 x 轴相交.

那么,幂函数在 y 轴左边的图像有没有?有的话,是怎样的呢?

有三种可能:

第一种:y 轴左边没有图像,也就是说,函数的定义域是 $(0,+\infty)$ 或 $[0,+\infty)$,譬如 $y=x^{\frac{1}{2}}=\sqrt{x}$.

第二种:y 轴左边的图像和右边的图像成轴对称(以 y 轴为对称轴),如 $y=x^2$.

第三种:y 轴左边的图像和右边的图像成中心对称(以原点为对称中心),如 $y=x^3$.

弄清楚幂函数图像的特点,也就可以制订画幂函数图像的方案了.画幂函数图像可以分为两步:

第一步,画第一象限的图像,第二步画 y 轴左边部分.如果第一步画出来了,第二步就不难了,只要研究函数的定义域(决定左边有没有图像)和奇偶性(决定是轴对称还是中心对称).因此现在的关键在于怎样画第一象限的图像.

评:这种抓主要矛盾的思想,在数学里是常用的.譬如周期函数,抓住一个周期,其他的就可以弄清楚了.平方根,主要研究算术根,另一个根则是它的相反数.

画第一象限的图像,关键在于依据指数的大小进行讨论,并抓住几个有代表性的例子.

譬如,$y=x^2$、$y=x^3$ 的图像整体上差别很大,但在第一象限的部分差不多,都是像图 1 那样,随着 x 的增加,y 的值是增加的,但开始增加得慢,后来增加得快.这种变化情况不仅仅是这两个函数的图像.例如函数 $y=x^{\frac{3}{2}}$(注意,指数的数的属性是分数,其数值大于 1).

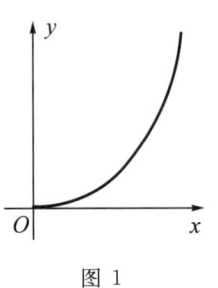

图 1

评:事实上,这样的函数是"凹函数".

x	0	$\frac{1}{2}$	1	2
$y=x^{\frac{3}{2}}$	0	$\frac{1}{\sqrt{8}}$(介于 0 到 1 之间)	1	$\sqrt{8}$(大于 1)

我们发现函数 $y=x^{\frac{3}{2}}$ 的图像和 $y=x^2$、$y=x^3$ 的图像也是差不多的.于是我们可以归纳:

当 $α>1$ 时,函数在第一象限的图像和 $y=x^2$ 的图像类似.

当 $α=1$ 时,函数成了 $y=x$,显然在第一象限的图像是一条射线——第一象限的角平分线.

当 $0<α<1$ 时,又怎样呢? 也取个代表—— $y=x^{\frac{1}{2}}=\sqrt{x}$,它和函数 $y=x^2$ 成反函数,它的图像如图 2,也是随着 x 的增加,y 的值也增加,但开始增加得快,后来增加得慢.

评:事实上,这样的函数是"凸函数".

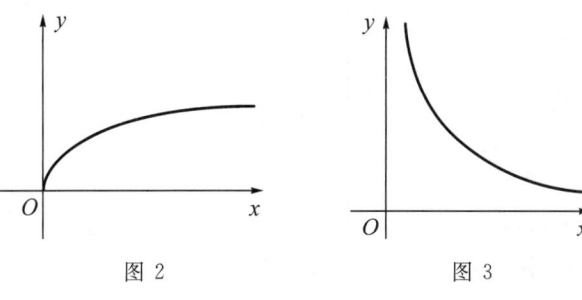

图 2　　　　图 3

$α>0$ 的图像都弄清楚了,那么 $α<0$ 时又是怎样的呢?

取 $y=x^{-1}=\dfrac{1}{x}$ 为代表. 容易知道,这是双曲线. 第一象限的图像如图 3,它是递减的.

至于 $α=0$ 的情形,一般不予研究,如果要给出它的意义,那就是 $y=x^0=1(x\neq 0)$. 这样,我们得到了第一象限图像的大致形状.

指数	幂函数 $y=x^α$ 在第一象限的大致图像
$α>1$	
$α=1$	

续表

指数	幂函数 $y=x^\alpha$ 在第一象限的大致图像
$0<\alpha<1$	
$\alpha<0$	

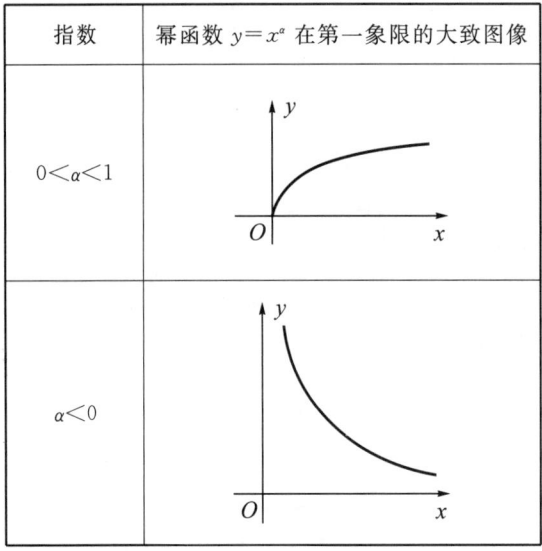

上面所说是画幂函数图像的第一步——画第一象限的图像,其依据是指数 α 的大小.将 α 分成 4 个范围,在每一个范围里分别找一个代表性的例子,这样就可以把各种幂函数在第一象限的图像的大致形状画出来了.

第二步是画左边的图像,前面说了,看定义域和奇偶性,这时候,依据的不是指数 α 的大小了,而是要依据指数 α 的数的属性,把各种幂转化成分式和根式的形式,根据分式和根式的限制要求进行研究.譬如 $y=x^{-2}=\dfrac{1}{x^2}$,定义域是 $x\neq 0$ 的一切实数,偶函数,所以图像关于 y 轴对称(如图 4).

评:又是抓主要矛盾——抓住一个例子,就抓住了一类函数的图像(第一象限).所以要胸中有例.

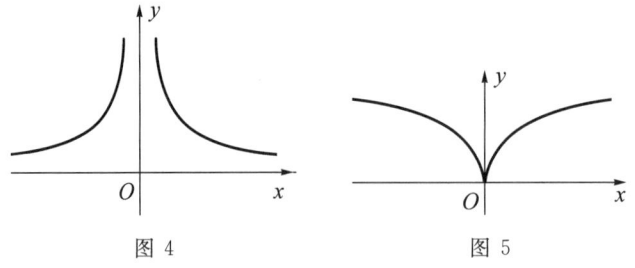

图 4   图 5

$y=x^{\frac{2}{3}}=\sqrt[3]{x^2}$,定义域是一切实数,偶函数,所以图像关于 y 轴对称(如图 5).

$y = x^{-\frac{3}{2}} = \dfrac{1}{\sqrt{x^3}}$,定义域是一切正实数,所以图像仅在第一象限(如图6).

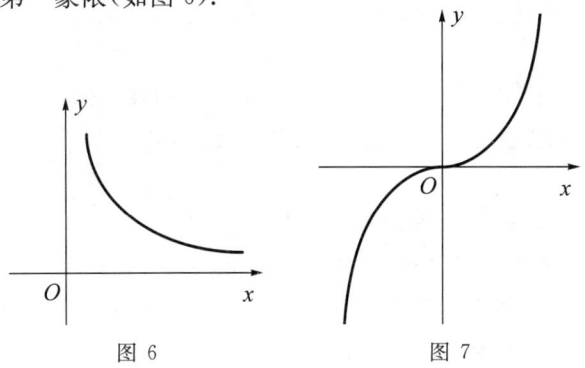

图6　　　　　图7

$y = x^{\frac{5}{3}} = \sqrt[3]{x^5}$,定义域是一切实数,奇函数,所以图像关于原点对称(如图7).

最后,C老师小结:

画幂函数图像分两步:

第一步,画第一象限的图像——依据是指数的大小,分四种情况,各抓住一个代表(略);

第二步,画左边部分的图像——依据是指数的数的属性,将幂转化为分式或根式,讨论它的定义域和对称性.

C老师强调说,在数学里,图是十分重要的,有时一想到图,一个概念,一个性质就会浮现在眼前.所以我们要"胸中有图".例子也是很重要的,由一个代表性的例子,可以推及其余.抓住了图,抓住了代表性的例子,就是抓住了牛鼻子.

议:C老师用的是讲授法.不要以为搞教改就不能用讲授法,只要讲得清楚,学生的思维照样可以处于活跃的状态.

可以看出,C老师的条理很清晰,他的讲课可以分成五个段落,我们不妨来回顾一下:

先是复习各种幂的意义.这个复习是必要的.幂的概念是逐步扩张的,开始是正整数指数幂,后来是零指数幂,负整数指数幂……而学生常常先入为主,面对新的幂,还是套用旧的意义,譬如有学生对着 5^0 发呆,"0个5相乘,是什么意思呢?"这是笔者在上世纪80年代提出的一种"停留性错误"[①].

---

① 陈永明.数学概念的扩展与停留性错误.数学教学:1981年第5期.

然后是给出幂函数的意义,并分析幂函数图像的特点:首先,$x>0$ 时的函数值总是正的,所以幂函数在 y 轴右边的图像总在第一象限;其次是,幂函数在 y 轴左边的图像有三种可能:第一种是 y 轴左边没有图像;第二种,y 轴左边的图像和右边的图像成轴对称(以 y 轴为对称轴);第三种,y 轴左边的图像和右边的图像成中心对称(以原点为对称中心).

第三个段落,是制订画幂函数图像的方案:第一步画第一象限的图像;第二步画左边部分.通常,对于一个函数总是先讨论定义域,再怎么怎么的,C 老师的这个做法别具一格.

再下去是第四个段落,分别指出这两步的关键和具体画法.

第一步的关键在于依据指数的大小进行讨论,并抓住几个有代表性的例子.

第二步要依据指数 α 的数的属性,把各种幂转化成分式和根式的形式,根据分式和根式的限制要求确定定义域和奇偶性(对称性).

最后是例题和练习,小结.

除了分析讲解得清楚之外,C 老师充分利用了易于直观理解的图形,且操作性又强,学生很容易地就掌握了这个很复杂的内容.

"胸中有图"的确是学好数学的一个窍门.因为图比较直观,容易理解和记忆.

例子是具体的东西,因此"胸中有例"就是具体化,数学是抽象的,所以,具体化就更显得重要了.这节课里,画幂函数图像,就是记住几个典型的、熟悉的例子:$\alpha>1$,记住 $y=x^2$ 这个例子(抛物线);$0<\alpha<1$,记住例子 $y=\sqrt{x}$($y=x^2$ 的反函数);$\alpha<0$,记住例子 $y=\dfrac{1}{x}$(双曲线).这样一些例子可以推及指数在同一个范围的幂函数图像(第一象限)的大致形状.

除此之外,笔者认为,"胸中有数"也是学好数学的窍门之一.在画幂函数的图像时,指数 $\alpha>1$,$0<\alpha<1$,$\alpha<0$ 时,图像的形态是不同的,这里的 1 和 0 就是数量界限,这两个数,把指数分成三个范围.记住关键的数量,这就是"胸中有数".数学是研究数量和空间图形的,"胸中有数"是一种定量分析,当然是符合数学的特征的学习方法了.

教学目标要准确落实

听了一节公开课,是 6 年级的,课题是代数式.这所学校的生源并不好,可能因为开公开课的缘故,选的这个班的学生的学业成绩可能相对好些.执教的 X 老师是很不错的,教态自然,表达清楚,学生反应也可以.

先将教案摘录一部分:

> 教学目标:
> 1. 理解字母表示数的意义,学会用字母表示数.
> 2. 理解代数式的概念.
> 3. 学会把语言表述的简单的数量关系用代数式表示出来.
>
> 能力目标:
> 1. 理解代数式的概念.
> 2. 正确分析用语言表述的简单的数量关系,并能列出正确的代数式.
>
> 教学难点:
> 全面正确理解字母表示数的意义,列出用语言表述的简单数量关系的代数式.

评:应该说,教学目标基本准确.

下面是教学过程:

一、创设情景

让学生出题目来考考老师:求一个个位数字为 5 的两位数的平方的速算,如

$15^2 = 225$.

生:$25^2 = ?$

师:625.

生:$35^2 = ?$

师：1225.

（学生有些惊奇）

……

教师点出本节课的课题：代数式.

二、探究新课

例1 观察数据的结构，找出规律，归纳成代数式.

1. 用字母表示个位数字是 5 的两位数的平方.

（老师口头又插了一个问题：用字母表示偶数.

生1：$10n+2$.

生2：$2n$.）

2. 皮球下落时的高度和弹跳高度如表：

下落高度	40	50	80
弹跳高度	20	25	40

请列出下落高度与弹跳高度的关系式.

3. 圆面积和半径的关系式.

师：那么能不能举例说明一个量变化，另一个量也在变化？

例2 用直观的几何图形说明可以用不同的代数式表达同一个面积.

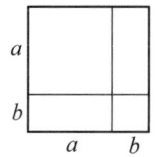

$(a+b)^2$, $a^2+2ab+b^2$.

例3 从常见的生活例子来说明许多应用问题，数量和数量关系可以用代数式表示.

每人种 2 棵树，(1)班有 a 个学生，(2)班有 b 个学生，共种树多少棵？

评：用有趣的问题引出课题，这个形式好，能够激发学生的兴趣，但问题似乎太难.

评：太难，"个位数字是 5 的两位数的平方"已经不容易了，突然冒出个偶数，更难了. 偶数问题在教案上是没有的，可能是 X 老师临时插进去的. 从现场看，花时较多. 说明 X 老师对学生的情况估计过高些.

评：提法就偏离了. 我们是研究代数式，"一个量变化，另一个量也在变化"是函数式的任务.

评：这个问题提得好，是两数和的平方公式的伏笔，又可以引起"这两者相等不相等？"的悬念.

接着，让学生归纳怎样的式子称为代数式，从而概括代数式的定义，并会区别代数式与等式.

师：回到开始的关于 $(10n+5)^2$ 的问题. 这里面有什么规律？

生1：后两位数字都是 25.

生2：除 25 外的数字，前面的数字呈 2, 6, 12，即每次加 4.

　　生 3：除 25 外的数字，是原来个位数字的倍数：

　　$15^2=225$，2 是 1 的倍数；

　　$25^2=625$，6 是 2 的倍数.

　　（经过启发得出正确结论：是"原来的十位数字"乘以"比这个十位数字大 1 的数字"．）

　　师：所以
$$(10n+5)^2=100n(n+1)+25.$$
原来，这样的题目算的时候是有速算规律的，所以对于末位数字是 5 的两位数的平方，我可以脱口而出.

　　师：请算：4995^2.

　　……

　　师：$a,2a,h,\dfrac{h}{2},\cdots$，都叫代数式. 试总结代数式有什么特征？

　　生 1：字母，数字，运算符号组成.

　　生 2：任一个字母代表一个数.

　　生 3：运算符号联结字母和数字.

　　师：$x,0,\cdots$，是不是代数式？

　　师：等号不是运算符号，用等号联结的式子不是代数式.

三、巩固反思

1. 初步体验如何写代数式，并归纳出书写中的注意点.

8 除以 a 的商. $\left(\dfrac{8}{a},8\div a\right)$

2. 辨别一些代数式书写是否合理

$a\times b$，以 ab 为合理，

$x\times 6$，以 $6x$ 为合理，

yx，以 xy 为合理.

3. 再次体验如何写比较复杂的代数式.

比某数除以 6 的商多 5 的数.

3 与某数的 $\dfrac{2}{5}$ 的差.

3 与某数差的 $\dfrac{2}{5}$.

评：尽管没有找出正确的规律，但是让学生探究是好的.

评：第一节课应该是代数式概念，这里涉及的是代数式变形，所以说要求又高了. 而且用字母表示两位数（$10a+b$）是一个难点，这里 $n(n+1)$ 要乘以 100，肯定不是每一个同学都能懂的.

评：问得好，有开放性.

评：这两个细节交代得好.

评："合理"二字改为"符合习惯"好.

4. 代数式的应用.

电话付费两种方案:月租费 50 元,另加每分钟 0.4 元;

无月租费,一律每分钟 0.6 元.

哪个合算?

四、小结

五、作业

评:这两个题目才是切合教学目标的应用问题.

议:综观这节课,第一,尽管教学目标写得还合理,但在讲课时,代数式的意义没有把握准,将它等同于函数式了.说明 X 老师没有真正把握这节课的教学目标.写出来,仅仅是个形式,是给别人看的,不是真正约束自己的教学.这是当前一些青年教师的一个通病.

虽说代数式和函数式有关系,可是代数式是将数字和字母用运算符号联结起来的式子.尽管整个代数式可以看成其中字母的函数式,但代数式的本质,只是强调这个复杂的式子由这些字母组成.强调一个量变化引起另一个量变化,是函数式的任务.而 X 老师强调的恰恰正是在找"一个量变化引起另一个量变化",弹高问题、圆面积和半径关系问题等都是这样一类问题.之后,X 老师还有意强化这个要求:"那么能不能举例说明一个量变化,另一个量也在变化?"

代数式的本质是抽象需要,是字母代表数的发展.譬如想说明

$$1+2=2+1,$$
$$3+5=5+3,$$
$$\cdots\cdots$$

这样的规律(交换律),需要字母代表数:设两个数分别是 a 和 b,写成下式就行了:

$$a+b=b+a.$$

这说明,为了表示复杂些的数,处理一些复杂的情形,就得有一些字母,一些数字"组合"起来,如两个数的和是 $a+b$,这就是代数式了.因此,如果要讲代数式的本质,应该强调"组合",而不是"变化".

第二,个位数字是 5 的平方问题,并不偏离代数式的主题,但是这是说明代数式的变形带来的好处,不应该是代数式第一节课的任务,而且太难.我们知道,个位数字是 b,十位数字是 a,不能表示为"ab",而要表示为"$10a+b$",这是代数式的一种特殊表示法.

即使想在第一节课里讲些代数式的变形带来的好处,也应该用简单些的例子,譬如相邻两数平方差的计算,如 100^2-99^2.而且只应该点到为止,告诉学生:"为了了解这些原理就得学习代数式",引起大家的兴趣.

这个问题,花时多,难度大,但不在刀口上.过深过难,也是当前有些青年教师的一个通病.

因为开公开课,总想上出些特色来,想在课上体现课改精神.这样的想法不仅仅是X老师有,不少青年教师都会有.X老师的愿望是良好的,而且的确用心良苦,她的钻研精神,教案和讲课的条理性,都是可圈可点的,但是偏离了教学目标,过深过难,不免有点遗憾.

陈永明 评议数学课

要理解每节课在整个数学中的地位

现在的上海高一教材里,有关于函数的运算内容,这是过去教材中没有的.

L老师在上这节课时是这样上的,先给出例子:

例1 已知 $f(x)=x^2$,$g(x)=1-2x$,$x\in \mathbf{R}$,求 $f(1)+g(1)$,$f(2)+g(2)$,$f(a)+g(a)$的值.

评:这个计算是不难的,很快就算完了,L老师就转入下面的讲解.其实,光这么计算一下,是没有意义的,这里,一定要点一下:x等于1, $2,\cdots,a$时,$f(x)+g(x)$都有唯一确定的值与之对应,因此$f(x)+g(x)$也是x的函数,它叫做函数$f(x)$和函数$g(x)$的"和函数",简称"和".

下面的内容是研究"和函数"的定义域问题,L老师给出例子:

例2 若 $f(x)=\sqrt{x-1}$,$g(x)=\sqrt{1-x}$,求

(1) $F(1)=f(1)+g(1)$;

(2) $F(x)=f(x)+g(x)$.

解得(1)之后,L老师发问.

师:$F(2)=$?

生:不存在.

于是L老师引出"和函数"$F(x)$的定义域应该是$f(x)$、$g(x)$定义域的交集.

评:这点还是不错的.

再下面是研究"和函数"的图像.L老师特地还发了坐标纸,供画图用.L老师的例子是:

例3 已知 $f(x)=\left(x+\dfrac{1}{2}\right)^0$,$g(x)=|x|+x$,求函数 $F(x)=f(x)+g(x)$,并画出图像.

解得$F(x)$是一个分段函数:

$$f(x)+g(x)=\begin{cases} 1, & x<-\dfrac{1}{2}, \\ 1, & -\dfrac{1}{2}<x<0, \\ 2x+1, & x\geqslant 0. \end{cases}$$

---

① 本文曾刊载于《数学教学》2008年第5期,收入本书时有修改.

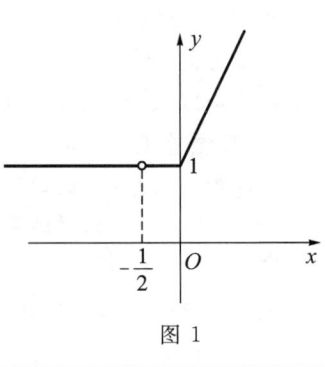

学生在坐标纸上直接画出这个分段函数 $F(x)$ 的图像(如图 1).

图 1

评：其实，首先应该让学生画 $f(x)=\left(x+\dfrac{1}{2}\right)^0$ 的图像(如图 2)，再画 $g(x)=|x|+x$ 的图像(如图 3)，然后叠加，得到 $F(x)$ 的图像(如图 1)，这才能说明"和函数"图像的意义．直接画式子相加后的分段函数 $F(x)$ 的图像，对理解"和函数"图像是没有价值的，坐标纸也是白发的.

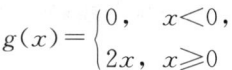

$$f(x)=1\ \left(x\neq-\dfrac{1}{2}\right) \qquad g(x)=\begin{cases}0, & x<0,\\ 2x, & x\geqslant 0\end{cases}$$

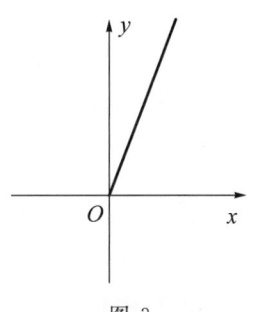

图 2 　　　　　　　　图 3

其次，这个函数过于复杂了，有个别学生已经忘了零次幂的意义．其实可以用本节课的引例 $f(x)=x^2$，$g(x)=1-2x$，叠加得到二次函数 $y=x^2-2x+1$ 的图像．甚至可以更简单地，用 $y=2x+1$ 说明(是 $y=2x$，$y=1$ 的叠加)．教材上有简单的例子，L 老师没有用，改用了这样一道复杂的例题，把重心完全转移了——不是用这个例子来说明"和函数"的图像的意义，而变成考察零指数幂、绝对值、分段函数图像的技巧题了.

议： 两个函数的和的问题其实早就遇到，早就在用，太司空见惯了．譬如 $y=2x+1$，就是 $y=2x$ 和 $y=1$ 的和，但是过去没有从这个角度看，就把它当作一个整体，一个函数．现在为什么要从另一个角度——把它看作两个函数的和？这样做，有些老师可能认为是多此一举，在高考中又没有什么意思，于是就一带而过．L 老师可能就是这样想的．应该说这节课的教学目标完全弄错了．造成这种情况的原因是，不明白函数的和差积商在整个数学里的作用.

笔者认为,教材里这段内容篇幅不大,花时不多,但意义可是很深远的.稍近的意义在微积分里,我们知道,求导数有两套法则:和差积商法则和复合函数求导数法则,这说明复杂的初等函数,是由基本初等函数经过这两种方式组合(和差积商和复合)而成的,求导法则就是利用了复杂函数的两种组合方式,化繁为简.因此,这节内容对我们认识处理事物,是大有益处的.更深远的意义在于,实数经过加减乘除(除的时候有限制条件)运算之后还是实数,多项式经过加减乘除(除的时候有限制条件)运算之后还是多项式,向量经过某些运算之后还是向量……类似地,函数经过加减乘除(除的时候有限制条件)之后还是函数,从中可以认识到在某个集合(不仅是数的集合)里某些运算的封闭性,对今后学习近世代数和泛函都是有价值的.因此,这节课是很重要的.

我们在备课时,要研究每节课在整个数学中的地位和作用,要注意和今后知识技能的衔接.

譬如,有些老师上配方法解一元二次方程时候,第一步就是将常数项移到等号右边,并且非常强调.例如:

$x^2+4x+1=0$,

$x^2+4x=-1$(把常数项移到等号右边),

$x^2+4x+4=-1+4$,

$(x+2)^2=3$,

……

这样做没有错,其实,把常数项保留在左边更好,即

$x^2+4x+1=0$,

$x^2+4x+(4-4)+1=0$,

$(x+2)^2-3=0$,

……

因为到学习二次函数的时候,也需要配方,后者的做法能够比较好的与之衔接.

"有思想"和"没思想"[①]
——揭示数学知识的来龙去脉

有一次,一下子听了 W、H 老师两节高二解析几何的抛物线的新授课.两位老师讲解都很清楚,多媒体运用也很成功.教学过程虽有区别,如 W 老师容量比较大,把四种标准方程都讲了,但大体相似.

一开始,两位老师都用了多媒体演示抛物线的形成过程,很恰当地把动的过程展现出来.但是 W 老师出现了一个可以商榷的问题.

> 当曲线画出来之后,W 老师发问.
> 师:这是什么曲线?
> 生:(齐答)是抛物线.
> 老师肯定了大家的回答.

评:笔者认为,提这个问题和回答是不严谨的.因为我们这节课要讲抛物线的定义,在定义没有出来之前,是不能这样问的,而应该说:我们把这样的曲线定义为抛物线.(但是也有老师不同意笔者的这个观点)

另外,笔者认为,如果借此机会说明当动点运动到 F 点到 l 所作的垂线段上时,动点恰巧位于该线段的中点,为后面建立坐标系可以做铺垫.

> 在动态演示之后,H 老师提出了一个问题.
> 师:定点 F 与定直线 l 是什么关系?为什么定义里要强调点 F 不在直线 l 上?如果定点 F 和定直线 l 之间的距离越来越小,抛物线有什么变化?
> 并且用多媒体演示,发现当点 F 和直线 l 之间的距离越来越小时,抛物线的开口越来越窄.接着,他又发问.
> 师:点 F 越来越靠近直线 l 并最终点 F 落在直线 l 上时,抛物线有什么变化?

[①] 本文曾刊载于《数学教学》2008 年第 3 期,收入本书时有修改.

这时,曲线退化为一条直线——过点 F 垂直于直线 l 的直线.

W老师更是用简短的话语和椭圆、双曲线的退化情形作了对比.

评:这个环节是很好的.一方面严密指出了定义中为什么有"点 F 不在直线 l 上"的规定;另一方面研究了容易被人忽视的退化的情形.

可惜,这个环节的文章没有做足,在演示"定点 F 和定直线 l 之间的距离越来越小,抛物线的开口越来越窄"时,应该在此基础上指出:抛物线的形状实质上是取决于焦距.焦距不同,抛物线的形状就不同.不要以为这句话可有可无,这里面有个基本量思想——抛物线只含一个基本量,为后面抛物线方程只有一个参数,决定抛物线方程只要一个条件做了铺垫.

接下去是建立抛物线的标准方程."怎么合理建立坐标系?"是一个重要的问题.这里,W老师棋高一着,她提出大致可以用三种方法建立坐标系:第一种是以准线为纵轴(如图1),第二种是以过焦点并垂直于抛物线的对称轴的直线为纵轴(如图2),第三种是以过焦点到准线的垂直线段的中点并垂直于抛物线对称轴的直线为纵轴(如图3).

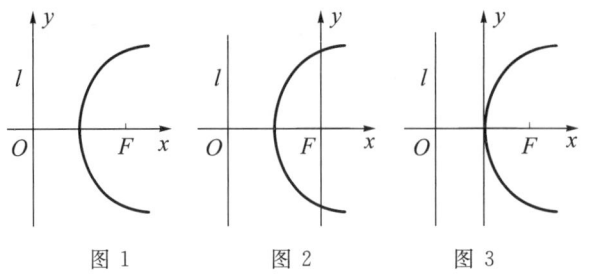

图1　　　　图2　　　　图3

接着她说:考虑到时间关系,我们不一一推导了,书本上以第三种方案建系,这样得到的式子比较简洁.

再下面,两位老师都强调了抛物线方程的形式结构.譬如,H老师说,方程的特征是:左边是 y 的平方,右边是 x 的一次项.方程里有一个参数 p(焦距),求抛物线方程首先求 p.W老师强调了 $2p$、p、$\dfrac{p}{2}$ 三者在抛物线方程和图像里的意义$\left(2p\text{ 是方程里 }x\text{ 的系数},p\text{ 是抛物线的焦距},\dfrac{p}{2}\text{ 是焦点的横坐标}\right)$.

评:这个环节好!W老师没有按书本上的方式照本宣科,直接建立坐标系.如果这样的话,只是让学生"知其然".建立坐标系从本质上说是人为的,你想怎样建,就可以怎样建,但是不同的建立法,方程的简繁程度不一样,当然应该挑简单的建.前人肯定是通过比较,才得到现行书本上的建系方法的,因此把几种情况做一个简单的呈现,对发展学生的思维是有益的,这样可以让学生"知其所以然".花时间不多,但有一定的思维深度.

W老师一下子给出了四种标准方程,并把这四种情形列成图表,帮助记忆.而H老师只是在课结束前,留下思考题:

"$y^2=-8x,x^2=8y,x^2=-8y$是不是抛物线?"

笔者认为,这两种处理方式都是可以的,重要的是要根据学生情况.

两位老师都布置并进行了一些简单的课堂练习.这些,对巩固新知识都是必要的.只是W老师的练习题涉及了四种标准方程,因此她强调"解题时先想图形!"(也是强调"胸中有图"),体现出她是很有教学经验的.

两位老师的最后一个练习题,是相同的:

练习:到定点距离比到定直线距离少4,求动点的轨迹.

H老师的处理方法是,用多媒体演示,发现它仍是抛物线.然后利用移动定直线转化为抛物线标准方程解决.而W老师不但转化为标准方程解得所求方程,同时又指出像推导抛物线方程那样,建立坐标系,设动点坐标……也是可以做的.

议:综观这两节课,应该说都是不错的,特别是W老师更成熟.笔者在这里想重点讨论一个问题,笔者把这个问题说成"有没有思想".这提法来自我和几位专家的一次议论.一次,我们听了一节数学课,这节课还过得去,我问一位专家有什么看法.这位专家说:"无过错,无教法."意思是说,没有讲错,但是教法很平淡.另一位专家加了一句:"无思想."他的意思是,只是在教题目的解法,教知识,这样培养出来的只是解题机器,难以培养出科学家.有人笑道:"这成了'三无'产品了."这话要求肯定是高了,也有点刻薄,但确实是当今数学教学的通病,我们不要讳疾忌医.

"有没有思想"这个说法难以定义,不知读者读完本文之后能不能意会.

提起思想,不少老师已经常常在讲数学思想和数学方法了,什么归纳、类比、化归等,这些的确是思想,引进这些思想,是近年来数学教学的一大进步,但是除此以外可能还有些重要的,但是还叫不出名称的思想.

张福生先生说过,现在的数学教学中有"掐两头,烧中段"的倾向.掐两头,是指开头的导入新知识很马虎,结尾知识的实际应用很少讲,而为巩固知识的例题习题却是不厌其烦地、反反复复地做.笔者同意他的观点.本课是新授课,对于新授课,导入知识不应该马虎.马虎了,学生就不知道知识的来龙去脉.有些老师不以为然,认为高考不会考这些的,我掐两头,烧中段,高考成绩照样好.这是认识上的误区,同时,笔者认为,可能也有教

师本身的素质和水平问题,也就是有没有思想的问题.

笔者在这方面深有体会.笔者当年在上海师范大学读四年级的时候,我们有几个同学自发地组织了泛函分析的读书班,请老师来辅导.系里很支持,派了应制夷老师(后来当了教授、系主任)来辅导.第一次读书报告,是我们这几个学生中成绩最好的同学做的,他报告第一章内容,讲得蛮清楚.他报告完了之后,应老师补充发言.应老师的发言,那真叫精彩,他在报告人讲解知识的基础上,分析了这个概念是什么意义,为什么要引出这个概念,和其他概念本质的差异在哪里……相比一下,报告人是就事论事,照本宣科,应老师是融会贯通,道出了知识的来龙去脉,道出了知识背后"本原性"的东西.两人的数学素养不一样,报告人可以说有知识,但应老师是有知识、有思想.李大潜院士说,数学教育本身就是素质教育.我们读数学,提高数学素养是主要的目的,退一步说,数学素养高了,对考试肯定也是有益的.因此,笔者认为,导入新知识,一定马虎不得.

回头看这两节课,两位老师都有较高的数学素养,一定程度上是"有思想"的.我最欣赏的是 W 老师在建立坐标系时提出的三种方案,这和一些老师直接按书本上的方案建立坐标系不一样.实际上,笔者相信,这三种方案前辈数学家们肯定是都试过的,比较下来采用了第三种.让学生想了一想"为什么要这样建立",浓缩前人探索的过程,体现了老师"有思想".

两位老师都正确地指出,不同的建立坐标系的方法,得到的方程不一样.这也是非常好的.

两位老师还注意概念、方法的对比,譬如都研究了退化的情形,这实际上是把特殊情况和一般情况对比;W 老师还把抛物线的退化情形和椭圆、双曲线的退化情形进行了对比;W 老师在处理最后一题时把借用已经导出的抛物线标准的方法和原始的求轨迹方法进行了对比.

但是也有不足之处,还得进一步提高数学素养.对抛物线的"本原性"问题的阐述、强调还不够,抛物线的形状是取决于焦距,但抛物线的方程还取决于你是怎么建立坐标系的.

此外,和初中里抛物线形式的区别和联系还缺少分析,其实在讲授四种标准方程之后,优秀的学生会有这样的问题:高中和初中里的抛物线怎么统一起来呢?怎样把几种东西统一起来,这是数学家,乃至科学家的探索研究的重要方向,因此这是这些学生"有思想"的表现,没有这样的想法,我们教师应该引发大家这样想.原来,初中里是从函数角度研究抛物线的,它关心的是函数的形式和系数,高中里是从几何角度引进抛物线的,是从焦点和准线引出方程的.两者有联系,其中一个重要的联系可以这样揭示:让学生求出初中里的熟悉的函数 $y=ax^2$ 的焦点、焦距和准线来.

这些说明,在新授课上,我们要让学生模拟科学家当初发现发明时的想法,为什么要引进这个概念?这个概念和以前学过的某个概念有什么相同和不同的地方?……总之要揭示来龙去脉,晓之以"所以然",这是"有思想"的一种表现.当然,在揭示来龙去脉时,要恰到好处,不拖沓.

淡化形式——正确看待数学的严密性

在 C 老师的一节课上,有一段师生问答.

> 师:$2-x$ 是不是单项式?
> 生 1:不是,是多项式.
> 生 2:如果前面乘以 3,即 $3(2-x)$ 是什么式子?
> 生 3:展开后是 $6-3x$,所以也不是单项式.
> 师:判断是单项式还是多项式,应该看形式.这个式子是数字乘以字母,所以是单项式.
> ……

后来,对书上的练习题:$\dfrac{a-b}{3}$,又发生了如下的对话:

> 师:它等于 $\dfrac{a}{3}-\dfrac{b}{3}$,所以它不是单项式.
> 生 3:你不是说看形式吗?怎么展开了呢?看成 $\dfrac{1}{3}(a-b)$,按你的说法是单项式了!

C 老师自相矛盾了,一时语塞.
在另外一节 Y 老师的课上,发生了类似的对话.

> 师:$2x^2+1=2(x-1)^2$,是不是一元二次方程?
> 生 1:不是,因为整理后二次项消去了.
> 生 2:但是为什么 $\dfrac{1}{x^2+4}=1$ 也不是呢?整理后是二次的啊!

类似的"是不是某某(概念)"的问题,常常会出现,有时也确实很难回答.

陈永明 评议数学课

还有一次,有位老师问我,有份试卷里有这样的题目:_____是圆的对称轴.

多数学生回答是"直径".但是标准答案上是:"直径所在的直线".

这位老师问笔者,在这里,有没有必要把"直径"和"直径所在的直线"分得那么清楚?笔者认为没有必要,但标准答案如此,笔者也无能为力了.

类似的,例如:线段是不是包括两个端点?这类问题也很难回答.

议: 在以严格闻名的数学课,也有这样的难以把握的问题,似乎有些出人意料.

的确,数学里的概念,大多是以严格的定义确定的,用词很严密,几乎是多一字不行,少一字也不行,几乎到了需要"咬文嚼字"的地步.上海市南洋模范中学的老校长,已故的著名的数学教育家赵宪初先生就主张对数学里的重要字词要咬文嚼字.

严格,应该说是数学的主流,但是,在现实的教学中,确实有过分苛求的情况.事实上,有些概念,在中学阶段是没有办法讲清楚的,历来教科书的编写者都是用"混而不错"的办法加以处理.譬如无理数,一定要在微积分里的实数理论里学了区间套,戴德金分割才能定义,但是初中里需要学习,于是就定义为"无限不循环小数".同样地,方程是"含有未知数的等式"也有"混"的成分.另外,在数学里,也有一些概念是没有用定义的办法来确定的,如对应、连续、内部、邻近等.还有一些概念的名称,是用了语言学里的常用手法——"借用"得到的,如角,原先的意义和后来立体几何里的二面角的意义就不一样了.再有,有时候,我们为了叙述的简洁,也故意对某些概念不加区分,直径和直径所在的直线常常是不加区分的,最明显的是讲积分定义的时候,要对区间进行分割,总用 Δx 表示小区间,同时也表示小区间的长.因此,数学有时也有,甚至说,有时也需要不严格.

该严格的时候,应该严格,在不需要严格的时候,就不要苛求了.像上面遇到的问题,笔者认为就没有必要非要弄个水落石出不可.只要会解一元二次方程,只要会进行整式和分式的运算就行了.

西南师大的陈重穆和宋乃庆教授在1992年主持了"提高初中生数学课堂教学效益的改革实验",提出了著名的32字诀,即:"积极前进,循环上升;淡化形式,注重实质;开门见山,适当集中;先做后说,师生共作",取得了成功.其中的"淡化形式"的提法,对我们有些工作态度过分认真,可以说有些吹毛求疵的老师,是有极大的指导意义的.特别是中考试卷的编制者,请你们务必不要出这类题目,因为,不可否认,中考是一根无法回避的指挥棒.

概念的直接引入

多年前,G 老师执教了一节"零指数幂"概念课.

师:过去我们学过 a 的 n 次幂(n 是正整数),请大家回答一下,a 的 n 次幂是什么意义?

生 1:a 的 n 次幂就是 n 个 a 的乘积.

师:(板书)

$$a^n = \begin{cases} a, & n=1, \\ \underbrace{a \cdot a \cdots a}_{n个}, & n>1, n \text{ 是正整数}. \end{cases}$$

现在我再问个问题:a 的 0 次幂是什么意思?请同学们想一想.(板书):

$a^0 = ?$

(全场活跃)

生 2:$a^0 = a$.

师:为什么呢?

生 2:因为 $a^1 = a$,所以 a^0 中的 0 也可以省略……(自己感到错了)

生 3:$a^0 = 0$,因为 a^0 是 0 个 a 相乘.

师:0 个 a 怎么相乘呢?

生 3:……

生 4:(支支吾吾)我觉得老师你不应该提出这个问题来,因为 a 没有 0 次方,a^0 是没有的.因为我们没有学过 a^0,所以,我无法回答 a^0 是多少.

师:生 4 回答得对不对?

(没有反应)

师:生 4 说得对,在数学学习上,我们应该坚持科学态度,说话要有根据.我们没有学过 a^0,目前当然就没有办法判断 $a^0 = ?$

我们说,

评:短短数语,道出了数学精神,这也是德育.

$$a^n = \begin{cases} a, & n=1, \\ \underbrace{a \cdot a \cdots a}_{n\text{个}}, & n>1, n \text{ 是正整数}. \end{cases}$$

实质上是对符号"a^n"的意义作了一个规定(这里的 $n \geqslant 1$,并且是正整数)."a^0"是个新符号,也要对它的意义加以规定,否则它是没有意义的.

今天,我们规定:(板书)

$a^0 = 1$ ($a \neq 0$).

(全场安静)

同学们一定感到奇怪,为什么规定 $a^0 = 1$,而不规定为别的值呢?

生 5:a^0 应该等于 1,因为

$a \div a = 1$,

$a \div a = a^{1-1} = a^0$.

师:生 5 说得正确,如果规定 $a^0 = 1$,那么与 $a \div a$ 的计算结果就一致了.这说明这种规定是合理的.

过去学过的性质

$a^m \div a^n = a^{m-n}$ ($a \neq 0, m > n$)

是在 $m > n$ 的条件下成立的. 如果 $m = n$,这个性质就不能套用,因为当时不知道 a^{m-n} 的意义,即 a^0 的意义. 现在规定了 $a^0 = 1$,那么在这个规定下,$m = n$ 时这个性质就有效了. 例如,一方面,

$2^3 \div 2^3 = 1$(相同两个数的商等于 1).

另一方面,如果套用公式,

$$2^3 \div 2^3 = 2^{3-3} = 2^0,$$

根据刚刚学过的 a^0 的规定,它等于 1. 可见,两种算法结果一致. 这说明这种规定是合理的.

但如果规定 $a^0 = a$,我们来看看合理不合理?一方面,

$a^5 \div a^5 = 1$(相同两个数的商等于 1).

另一方面,如果套用公式,有

$$a^5 \div a^5 = a^{5-5} = a^0,$$

因为刚才规定了 $a^0 = a$,所以

$$a^5 \div a^5 = a^{5-5} = a^0 = a.$$

这两种计算结果不同,说明这种规定是不合理的.

评:这是奇招.

所以,这里有两个问题,第一,在数学中对新出现的记号(概念)必须规定它的意义,不能想当然;第二,规定又必须是合理的.譬如说,张家的第二个孩子被起名为"张三",就不合常理了.
……

评:这个比喻好.

议:这是一节大胆的实验课,也是有争议的实验课.不少高中学生,甚至数学教师都误以为 $a^0=1(a\neq 0)$ 是推出来的,而之所以有这样的误解,与历来的教科书上总是先讲"为了使公式

$$a^m \div a^n = a^{m-n}(a\neq 0)$$

在 $m=n$ 时也能使用,所以规定 $a^0=1(a\neq 0)$"这一段文字有关.这段文字是说明这个规定的合理性的,但不少人却误以为是推导过程.考虑到这一情况,G老师在这一节课中先提出规定,造成一种使学生吃惊的场面,然后再讲这种规定的合理性,或许有利于学生记住"$a^0=1(a\neq 0)$"是一种规定,而不是推导出来的.

　　不少同志认为,这对培养学生的逻辑思维能力和数学修养是很有益的.然而也有相当一部分老师认为,这样的安排没有多大价值,花费了不少时间,双基却不够落实.甚至提出"是不是要让每一个学生都弄懂'$a^0=1(a\neq 0)$'是一种规定,而不是推导出来的",认为至少对一般学生是不必要的.

　　笔者认为,这样的实验是有意义的.这里有两个问题.第一是要不要让学生弄懂"$a^0=1(a\neq 0)$"是一种规定,而不是推导出来的.第二是假如要学生弄懂,怎么教效果比较好.

　　对于第一个问题,笔者的确认为,并不一定要让每一个学生都彻底弄懂.因为,有些东西,不是一下子能够弄懂的;特别是对大多数将来不以数学为职业的学生来说,是没有必要弄懂的(譬如过去几何里的有公度无公度问题,就是没有必要每一个学生都懂),那么,零次幂的概念是不是要每一个学生都懂呢?懂到什么程度呢?从历来的教材来看,是要求大家都懂的(否则就不要讲道理了),但是要求不高,实在弄不懂也容许,只要在计算时知道 $a^0=1(a\neq 0)$ 就行了.这是符合陈重穆先生"淡化形式"的观点的.

　　第二个问题,在这个问题上,对不同水平的学生,可以有不同的要求.如果要让学业基础比较好的学生理解"$a^0=1(a\neq 0)$"是一种规定,而不是推导出来的,怎么教效果比较好呢?笔者认为,G老师的实验是有价值的,效果应该是比较好的(可惜当时没有做进一步的调查).G老师的实验,给我们两个启示:首先是她运用了"棒喝一声"的强刺激手法,可以达到突出重点的效果;同时,让我们知道,引入概念,有时也可以"开门见山".至于什么时候开门见山有效,什么时候情景引入有效,要看具体情况而定.

陈永明 评议数学课

谁知盘中餐,粒粒皆辛苦
——把握教材,了解学生

这里记录的是一位中年教师 R 的"有理数的乘方"的教案.

> 教学目标:
>
> 知识目标:1. 在现实背景中理解有理数乘方的意义,会进行有理数的乘方运算.
>
> 2. 感受数学的奇妙性,领会重要的数学建模思想、归类思想,形成数感、符号感,发展抽象思维.
>
> 能力目标:1. 培养学生观察、分析问题、提出问题、解决问题的能力.
>
> 2. 认识数学与生活的密切联系,体验数学活动充满探索和创造,感受数学的严谨性,提高数学素养.提高学生从具体的事例中概括出一般规律的能力.
>
> 情感目标:1. 学生通过参与数学活动,形成主动学习的态度.提高学生的学习兴趣.学会倾听、欣赏和感悟,建立自信心.
>
> 2. 培养学生勇于探索的精神,体验探索成功的乐趣.
>
> 3. 培养学生规范书写的良好习惯.
>
> 教学重点:
>
> 理解乘方的意义,关注学生参与学习的程度,使学生经历知识形成与应用的过程,积累数学活动经验.
>
> 教学难点:
>
> 有理数的乘方运算的符号法则,有理数乘方的应用与拓展.
>
> 教学准备:
>
> 采用多媒体课件教学,调试好相应的设备.
>
> 教学过程:
>
> ### 一、情景的引入
>
> 目前,在我们的社会里,需要帮助的贫困大学生还

有很多.一个人做一件好事容易,一辈子做好事难.让我们成为那一辈子做好事的人.我建议用"爱心金字塔"工程来帮助那些贫困的大学生.让我们从力所能及的2元钱做起,从我做起:

第一年我捐款2元,第二年我和我的课代表各捐款2元,第三年我们俩各带动一个朋友,我们分别捐款2元,第四年我们四个人再分别带动一个朋友各捐款2元……依此类推.请你研究一下,第10年我们的"爱心金字塔"工程能为贫困山区捐款多少元?第二十年我们的"爱心金字塔"工程能为贫困山区捐款多少元?请你列出算式.

评:德育不需要说教,不需要花很多的时间,这里,仅仅是三言两语,却体现了德育.

教师活动:情景的导入:1.由大学生的勤工助学行为,发起爱心金字塔工程.2.渗透思想品德教育.3.渗透社会责任教育.

学生活动:参与"爱心金字塔工程",并和老师一起研究爱心金字塔工程.

预测:学生情感上受到教育,但是学生会觉得2元钱,杯水车薪,不会帮助贫困学生解决什么问题.

对策:通过回家作业,让学生和家长一起计算一下,我们的爱心工程第二十年会为贫困学生捐款多少元.

评:R老师很强调"和家长一起……",这是很有意思的,或许对低年级学生来说,这是一个家校沟通的好办法.

设计意图:1."春雨润物细无声",让学生在学习知识的同时学会做人,从力所能及的小事做起,为社会奉献一份爱心.2.找规律.从而体会到学习乘方的优越性和必要性,培养学生从事探究性活动的投入程度和积极的学习态度.

二、新课探索

(一) 学生列出算式:

第一年:2元

第二年:2×2 元

第三年:$2 \times 2 \times 2$ 元

第四年:$2 \times 2 \times 2 \times 2 \times 2$ 元

第五年:$\underbrace{2 \times 2 \times \cdots \times 2}_{5\text{个}}$ 元

……

第十年:$\underbrace{2 \times 2 \times \cdots \times 2}_{10\text{个}}$ 元

……

第二十年：$\underbrace{2\times 2\times \cdots \times 2}_{20个}$元

教师活动：1.引导学生观察、思考、交流，得出规律，写出乘法算式．2.观察这些算式有什么相同和不同之处？

学生活动：1.观察、发现规律．2.研究规律，列出算式．学生归纳得出：这些算式的相同之处：都是乘法运算，因数都是2．不同之处：因数的个数不同．

预测：1.学生在总结列算式的规律时数学用语上可能会不规范．2.学生在第一年到第四年的列式和计算可能都很快．

对策：1.耐心引导学生，帮助孩子规范数学用语．（渗透函数知识，寻找变量和不变量，再找出各个量之间的关系）2.教师提高难度，问第十年呢？第二十年呢？并与学生共同找出列算式的难度在哪里；计算的难度在哪里．为乘方的意义和幂的学习起"投石问路"的作用．

设计意图：引导学生概括：这些算式的规律，意识到这是特殊的乘法运算．提出问题：算式很长，计算起来很繁，能否用简洁的方法来表示．从繁到简，以简驭繁："繁"——经过探索规律（都是乘法运算，因数相同、个数不同）之后——达到"简"．

（二）提出问题"20个2相乘这么长的乘法算式，能用较简洁式子表示吗？"

（联系小学学习的正方形的面积和立方体的体积来探索新课，引出课题.）

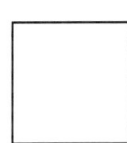 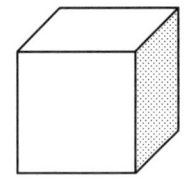

(1) 正方形的边长是5cm，则正方形的面积是_____．（用算式表示）

(2) 立方体的棱长是4cm，则立方体的体积是_____．（用算式表示）

你能说出这两个式子表示的意义吗？5^2，4^3.

教师活动：1.耐心引导学生回忆学过的哪些知识涉及了因数相同，又是乘法运算的问题．2.引导学生回忆正方形的特点，正方形面积的计算方法、写法、读法，说一说 5^2 表示的意义．3.引导学生回忆立方体的特点，立方体体积的计算方法、写法、读法，说一说 4^3 表示的意义．

学生活动：回忆小学学过的正方形面积和立方体体积的计算方法，回答问题．

设计意图：搭建思维的台阶．

（三）观察下列各式有什么共同特点：

(1) 5×5；

(2) $4 \times 4 \times 4$；

(3) $3 \times 3 \times 3 \times 3 \times 3$；

(4) $(-3) \times (-3) \times (-3) \times (-3)$；

(5) $\frac{1}{2} \times \frac{1}{2} \times \frac{1}{2} \times \frac{1}{2} \times \frac{1}{2}$；

(6) $\underbrace{2 \times 2 \times \cdots \times 2}_{10 个}$.

教师活动：问：每个式子都是什么运算？

学生活动：教师引导下学生归纳得出：都是相同因数的乘法运算．

设计意图：为了引入乘方运算是特殊的乘法运算．

教师活动：1.为了方便，相同因数只写一个，并在它的右上角写上相同因数的个数．例如(1)，5×5 记作 5^2，5^2 表示 2 个 5 相乘，读作 5 的平方（或 5 的二次方）．(2) $4 \times 4 \times 4$ 记作 4^3，4^3 表示 3 个 4 相乘，读作 4 的立方（或 4 的三次方）．

试一试，其余各式分别可以怎样表示，并说出表示的意义．

预测：(1)~(3)题可能比较顺利回答，但(4)可能会有 -3^4 这样的错误回答，(5)可能会有 $\frac{1}{2}^5$ 这样的错误回答，(6)不能回答．

对策：1.强调注意事项．2. 说出两种写法（-3^4 和

评：这个预测，说明 R 老师对知识内容和学生的情况把握很准确．

$(-3)^4$,$\frac{1}{2}^5$ 和 $\left(\frac{1}{2}\right)^5$ 的意义和读法,并判断两种表示方法哪种正确.说一说为什么?让学生先学会规范书写.3.提醒学生:当相同因数是负数或分数时,一定要加上括号.

学生活动:1.学会规范书写.2.分析不同写法、不同的读法以及不同写法所表示的不同意义.

设计意图:这里是本节课教学的一个关键,也是历届学生都出现错误的地方,因此在这里要让学生搞清楚不同的写法,意义上有什么不同,这为今后学习同底数幂的乘法以及幂的乘方运算等打下基础.

(四)尝试:你会用较简洁的方法表示20个2相乘了吗?

(五)新授:这节课,我们就来学习有理数的乘方.(教师板书)

(1)乘方的意义:一般地,n 个相同的因数 a 相乘,即 $\underbrace{a\times a\times\cdots\times a}_{n\uparrow}$,可记作 a^n,它表示"n 个相同的 a 相乘",读作 a 的 n 次方.

(2)乘方的定义:求 n 个相同因数乘积的运算叫"乘方"(power).

(3)乘方与幂的区别:乘方的结果叫"幂"(power).

注释:定义"幂"的各部分:底数(basenumber)、指数(exponent).当 a^n 看作 a 的 n 次方的结果时,也可读作 a 的 n 次幂.

(4)乘方的读法:正确区分幂的底数和指数以及各部分的书写要求.

(5)乘方的注意事项:1.二次方也可读作平方,三次方也可读作立方.2.一个数 a 可以看作这个数本身的 1 次方,但指数 1 通常省略不写.3.当相同因数是负数或分数时,一定要加上括号.4.特别地,$1^n=1$,$0^n=0$(n 为正整数).对于 $(-1)^n$ 来说:当 n 为奇数时 $(-1)^n=-1$;当 n 为偶数时 $(-1)^n=1$.

教师活动:问:1.为什么学习乘方,即乘方的意义是

> 评:注上英语,不费时,日积月累,应该会有效果的.

> 评:这几点注意事项,很好.

什么?2.引导学生归纳得出乘方的意义和乘方的定义.3.和学生分析定义中的关键词.

学生活动:回答:1.乘方的意义.2.乘方的定义.体会概念的生成过程,同时注意对特殊情况的理解、分析和掌握.

预测:1.学生概括的定义可能不全面,逻辑性不强,语言可能不规范.2.对一个数 a 可以看作这个数本身的 1 次方不理解.3.错误地出现:$1^n=n, (-1)^n=-1$.

对策:1.帮助学生完善并规范数学语言.2.从乘方的意义出发,帮助学生理解特殊情况,避免以后出现类似错误.

设计意图:这里教师若引导得好,学生归纳出乘方的意义和乘方的定义,就能够水到渠成地感悟乘方是表示因数相同的乘法运算的一种简洁的方法,同时用幂来表示乘方的结果,也给我们带来了方便,让学生体验、经历数学知识形成的过程.

(六) 巩固定义、理解定义.

1. 请读出下列各式,指出其底数、指数,并说出它们各表示什么意义?

   (1) 4^2; (2) 6^3; (3) $(-2)^6$;

   (4) $\left(\dfrac{2}{5}\right)^4$; (5) $\left(-\dfrac{1}{3}\right)^5$; (6) 0^7.

2. 试一试,根据乘方的意义,计算下列各题:

   (1) 10^4; (2) 3^3;

   (3) $(-2)^5$; (4) $\left(-\dfrac{1}{3}\right)^4$.

3. 你能马上回答下列各个幂的符号吗?

   (1) 16^5; (2) 25^4;

   (3) $(-7)^9$; (4) $(-3)^6$;

   (5) $(-1)^{101}$; (6) $\left(-\dfrac{1}{4}\right)^{50}$.

请说一说你发现了怎样的规律?

正数的任何次幂都是正数;负数的奇次幂是负数,负数的偶次幂是正数.0 的任何正整数次幂都是 0.

因此今后求幂时可先确定符号.

例如:$(-2)^5$;$\left(-\dfrac{1}{3}\right)^4$.

教师活动:帮助学生学会读题,理解题意,这也是6年级的孩子比较薄弱的一点.

学生活动:回答问题.

预测:1.读法上的问题.2.第2题对于初学者来说可能会出现底数与指数相乘的错误.

对策:1.帮助学生纠正读法很重要.2.教师故意制造出错误的答案,如$10^4=10\times4=40$;$3^3=3\times3=9$,引起学生的争议,从而加深学生对乘方的意义的理解.

设计意图:通过练习,内化概念,加深对概念内涵的理解.第3题,让学生再一次联想到乘方是特殊的乘法运算,为学习有理数的混合运算及运算中的符号问题打下基础.

例1 计算:

(1) $\left(-\dfrac{1}{2}\right)^5$;   (2) $\left(-\dfrac{2}{3}\right)^4$;

(3) $(-1.5)^3$;   (4) $(-1)^{2004}$.

教师补充:

(1) $-\left(\dfrac{1}{2}\right)^5$;   (2) $-\left(\dfrac{2}{3}\right)^4$;

(3) -1.5^3;   (4) -1^{2004}.

注意:通过此练习后,强调"乘法和乘方的转化首先要定底数,再定指数".

三、课内练习

1.填空:

(1) $\left(\dfrac{2}{9}\right)^7$ 表示_____个$\dfrac{2}{9}$相乘,读作$\dfrac{2}{9}$的_____次方,也可读作$\dfrac{2}{9}$的_____次幂.其中$\dfrac{2}{9}$叫作_____,7叫作_____.

(2) $(-3)^{10}$的底数是_____,指数是_____,$(-3)^{10}$表示_____,读作_____,也可读作_____.

2.判断下列各题是否正确:

(1) $2^3=2\times3$;(　　)

(2) $2+2+2=2^3$;(　　)

(3) $2^3=2\times2\times2$;(　　)

(4) $-2^4=(-2)\times(-2)\times(-2)\times(-2)$. (　　)

3. $(-7)^{12}$ 是_____数；$(-12)^9$ 是_____数.
（填"正"或"负"）

4. 计算：

(1) $(-1)^{10}=$ _____； (2) $(-1)^9=$ _____；

(3) $(-3)^3=$ _____； (4) $(-5)^2=$ _____；

(5) $(-10)^4=$ _____； (6) $(-10)^5=$ _____；

(7) $(-0.1)^3=$ _____； (8) $\left(-\dfrac{1}{2}\right)^4=$ _____.

5. 计算：

(1) $-(-1)^{2000}=$ _____；

(2) $-(-0.2)^5=$ _____；

(3) $-\left(-\dfrac{1}{7}\right)^2=$ _____；

(4) $-4^2=$ _____.

预测：基础好的学生问题不大，基础差的学生在 4、5 两题上会出现理解上的困难和计算上的错误.

对策：让学生找准底数和指数的对应关系，在感悟乘方是特殊的乘法运算的同时提高计算能力.

设计意图：进一步强化乘方的概念，加深对概念内涵的理解.

四、小结

(1)乘方的意义.(2)乘方的定义.(3)乘方运算中的符号问题.(4)乘方书写中要注意几点.

设计意图：让学生相互补充.通过小结，让学生掌握乘方的意义，乘方的定义，乘方计算中的符号问题，培养学生归纳能力.让学生体会到，学习有理数的乘方之后，相同因数的乘积的运算用乘方来表示，看上去更加简明，计算的结果用幂来表示，使运算更加简洁，这就是数学的魅力所在，提高学生学习数学的兴趣.

五、拓展练习

1. (1) 3^2 与 3×2 有什么区别？

(2) 3^2 与 2^3 有什么区别？

2. (1) $(-2)^3$ 与 -2^3 有何异同？

(2) $(-2)^4$ 与 -2^4 有何异同?

3. 试一试,计算:

(1) $(-1)^{100} =$ _____ ; (2) $-1^{100} =$ _____ ;

(3) $(-5)^2 =$ _____ ; (4) $-5^2 =$ _____ ;

(5) $-(-2)^4 =$ _____ ; (6) $-(-2)^5 =$ _____ .

评:这三道题有"预防针"的作用.

4. (1) 式子 a^n 中的 n 一定是个什么数?为什么?

(2) $1^n =$ _____ ;$0^n =$ _____ ;

(3) $(-1)^n =$ _____ ;$(-1)^{2n} =$ _____ ;

$(-1)^{2n+1} =$ _____ ;

(4) a^n 的结果是正还是负?

(5) $(-a)^n$ 的结果是正还是负?

设计意图:帮助有能力的学生再上新台阶.

作业:

1. 请你回家告诉父母,数学课上你学习了什么新知识?

2. 这个新知识的学习对我们有什么帮助?

3. 请你与家长一起研究第二十年我们的"爱心金字塔"工程能为贫困山区捐款多少元?

4. 再请你和家长一起研究,如果一张纸厚 0.1 毫米,把这张纸对折 20 次,请你研究此时纸的厚度为多少米.

设计意图:

作业的布置与课前的德育教育前后呼应.我相信,计算的结果,不仅会让学生感到震撼,同时也会让我们的家长感到震撼!这不仅仅体现了数学的奇异美,更让孩子们和家长感受到人心齐、泰山移,团结就是力量.另外开放性作业的布置可以让学生展开自己的想象,在与父母研究计算方法的过程中,加深对乘方概念的理解,为后面学习同底数幂的乘法和幂的乘方打下了基础.

教学反思:本节课的末尾有 10 分钟反馈练习,全班 35 位学生,有 16 位学生 100 分,没有出现底数和指数相乘的错误,个别学生错在符号上,这在以后的教学中还要注意改进.不足之处是拓展练习没能完成,我没有布置计算性的作业,应该说基本达到了"减负增效"的效果.

议： 笔者以敬佩的心情读了 R 老师的这份教案. R 老师参加教育工作已经好多年，但是她的教案却是一份详案，而且还不是一般的详案，是份很详细的详案，不但写下了教师要讲的内容和活动，还有学生活动的设计、预测和对策，还有设计意图，教后还有反思，这是一般的详案所没有的. 而且，这份教案不是为了公开课做的秀，是一节普通的课，没有人来听的课，也就是说，她的每份教案都是这样的. 这是多么地令人感慨啊！R 老师的教学效果很好，这样好的效果，首先来自于她的敬业精神. 真是：谁知盘中餐，粒粒皆辛苦！

让笔者特别佩服的还有，R 老师在教中学低年级时几乎不布置作业，学生的负担很轻，而效果是不错的，这说明她的课堂教学效率是很高的. 这节课的末尾有 10 分钟反馈练习，全班 35 位学生，有 16 位学生 100 分，没有出现底数和指数相乘的错误，个别学生错在符号上. 基本做到了增效减负，在题海战术盛行的今天，这是十分难能可贵的.

为什么课堂效率会比较高？笔者以为，R 老师对数学知识，对重点、难点把握得比较准确，对学生的情况了解得比较透彻，也就是我们常说的"吃透两头（教材和学生）"，并提出合适的对策是主要原因. 该强调的强调，该孕伏的孕伏，该通过练习巩固的练习巩固，因此，效果自然就好了. 可见，除了敬业外，内功是很重要的.

第二部分

定理公式法则课

同课异构：勾股定理（之一）

这是 L 老师的一节勾股定理课．

教师用多媒体动画展示出首都科技馆里的一个模型（如图 1）．这个模型由三个透明的高度一致的正四棱柱容器组成．不过，这三个正四棱柱不像我们常见的底面在下，而是如图 1 那样，它们的底面正对着我们．实验开始前，上面这两个正四棱柱内充盈了水，然后，通过小孔缓缓地注入下面的大的正四棱柱内，最后上面两个小正四棱柱里的水都到下面的大正四棱柱里去了，而且恰巧把大正四棱柱注满．由于是实验，煞是逼真．

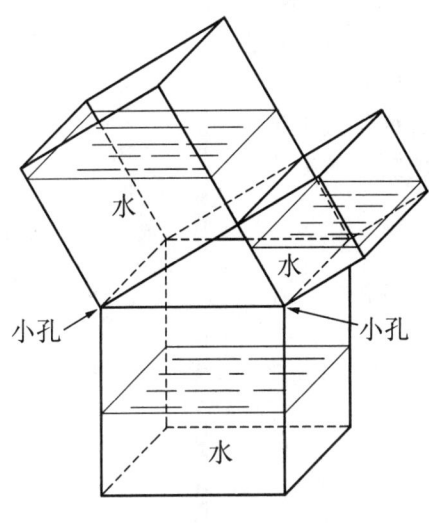

图 1

师：它要告诉我们什么？

生：说明上面两个正方形的面积的和等于底下的大正方形的面积．

师：很好．还能够看出什么？

生：由于中间的三角形是直角三角形，所以说明，以

评：这个例子是 L 老师参观北京科技馆时记下来的，这说明，教师要做有心人．

直角三角形的两条直角边为边的正方形面积的和等于以斜边为边的正方形面积.

师:很好.鼓励一下.

(众鼓掌)

师:若将这个直角三角形两条直角边分别表示为a、b,斜边表示为c,又能得到什么结论?

生:$a^2+b^2=c^2$.

接着,L老师要求同学在纸上作出直角边分别为3cm、4cm的直角三角形,量得斜边长,对上述猜想加以验证.

师:这个结论,简称为"勾三股四弦五",我们的老祖宗,在公元前1世纪的西汉时期就知道了(《周髀算经》).

再下去,L老师利用多媒体动画,随机选取直角三角形的直角边长,验证了这个猜想的正确性.

师:刚才,我们动手作了图,经过度量和观察,验证了特殊情况下,对公式$a^2+b^2=c^2$的猜想是正确的.后来又利用多媒体,进行了实验,采集了大量的数据,应该说,增强了这一猜想的可靠性.但是在数学里,观察和实验,只能起到辅助作用,一个公式或定理成立与否,需要逻辑论证.怎么论证呢?下面,每4人小组为一组,利用老师提供的4个全等的直角三角形纸片进行论证.

(学生做拼图游戏,活跃)

生:我们小组拼成的图形是这样的(将拼图放在投影仪上展示).

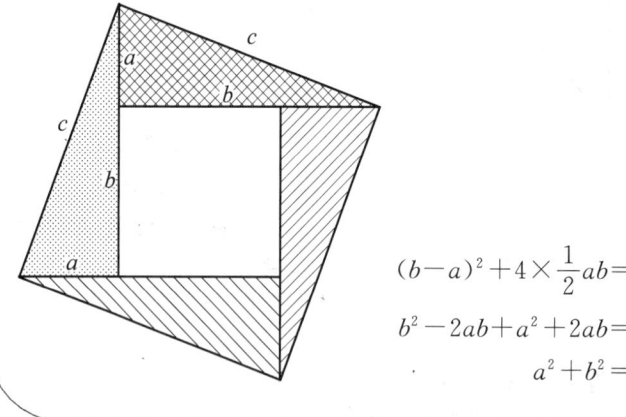

生:我们的结果是这样的.

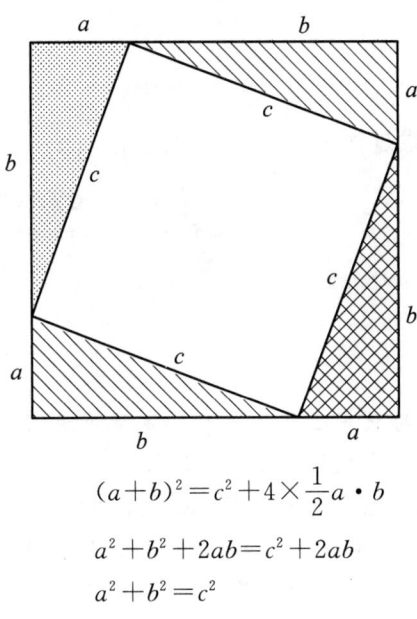

$$(a+b)^2 = c^2 + 4 \times \frac{1}{2} a \cdot b$$
$$a^2 + b^2 + 2ab = c^2 + 2ab$$
$$a^2 + b^2 = c^2$$

……

师:很好,我们通过拼图,证实了猜想的正确性.其实,证明的方法还有很多,我介绍几个历史上有名的证法.

接着 L 老师利用多媒体,很快地介绍了刘徽和赵爽的证法、美国总统加菲尔德的证法.

师:这些方法有一个共同的特点.这个特点是什么?

生:是通过图形的截割拼补进行证明的.

师:好,现在可以说,这个猜想成为一个定理了,这个定理就是著名的勾股定理.

(板书)勾股定理:在直角三角形中,两直角边的平方和等于斜边的平方.

再下面,L 老师通过例题对定理进行巩固.

1.(口答)已知 a、b、c 分别是 Rt△ABC 的三边,$a=6$,$b=8$,则 $c=$ _____ .

2. 在等腰△ABC 中,$AB=AC=13$cm,$BC=10$cm. 求△ABC 的面积.

3. 欲做一块矩形展板,将由一小型货车运载(附此货车数据:车厢长 3m,宽 1.5m,高 2m),为防止运送途中展板的损坏,要求展板的一边紧贴车厢侧面底边,问:这块展板的长宽如何设计,才能使它的面积最大?

评:三个题,要求一步高一步.第一题是直接套用公式的口答题,第二题是有几个"转弯"的题目,并要求书写,第三题则是有一定思维容量的应用题.

 **陈永明** 评议数学课

时间将到,L老师总结说:今天我们学习了
一个定理——勾股定理,
一个思想——以形证数的思想,
进行了
一次探索——由特殊到一般的探索过程,
增添了
一份自豪——中国人的自豪.

评:"四个一",语言简练到位,犹如诗歌一般,给大家以美的享受.

议:本节课主线清晰——那就是以勾股定理这一知识的发生发展为主线,让学生通过观察、验证,形成猜想,进行论证这样一个发现真理的全过程.

本节课还突出了以情育知和以行育知.譬如巧引情境,适时穿插介绍勾股定理的人文背景,揭示中国古代数学史的源远流长,就是以情育知.动手操作,实验猜想,就是以行育知.以情育知和以行育知,都可以激发学生学习的兴趣,让知识感性化,使之更容易接受,从而使教学更为有效.

这两点,都是课改所提倡的.

其他如巩固知识、小结、组织学生活动讨论与有效使用多媒体等方面都是可圈可点的.整节课显得非常流畅.特别这是借班上课,而学生的气氛很活跃.最后本节课被评为当年上海市教学评比一等奖,也就不足为奇了.

同课异构:勾股定理(之二)

下面是 H 老师讲的勾股定理课.

> 1. 新课导入
>
> 师:今天要学习著名的勾股定理,应该说,我们的老祖宗在很早的时候就认识到勾三股四弦五,也就是特殊直角三角形的性质,但一般的勾股定理以及证明,是古希腊数学家毕达哥拉斯给出的.那么他是怎么会发现这个定理的呢? 传说在一次盛大的宴会后,毕达哥拉斯被地面上奇妙的花纹(如图 1)吸引住了……请同学观察,毕达哥拉斯从中发现了什么?
>
>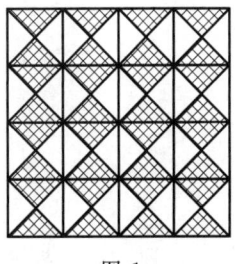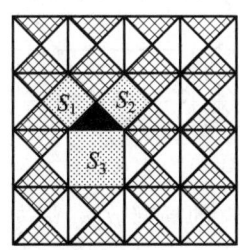
>
> 图 1   图 2
>
> 生:……
>
> H 老师给出图 2.
>
> 师:图上有哪些图形?
>
> 生 1:图中有一等腰直角三角形,和三个以该等腰直角三角形三边向外所做的正方形.
>
> 师:请问:这三个正方形面积之间有什么关系?
>
> 生 1:$S_1 + S_2 = S_3$.
>
> 师:已知该等腰直角三角形直角边和斜边长分别为 a、c,则三个正方形面积是多少?
>
> 生 1:$S_1 = S_2 = a^2$;$S_3 = c^2$.
>
> 师:你能从中总结出怎样的规律?

生1:在等腰直角三角形中,两条直角边的平方和等于斜边的平方.

师:那对于一般的直角三角形是否也具备这样的规律呢?让我们沿着毕达哥拉斯的脚步继续探索.

2. 探索新知

事先发了方格纸作为工作单.

师:请同学以格点为顶点,在工作单中间画一个任意直角三角形.

师:以该直角三角形三边为边画三个正方形,假设每个方格的边长为1个单位长度,请同学们借助格点求出三个正方形的面积.

……

师:相对而言,求图3中的 S_3 会更有挑战性,对此,谁能给出一些建议?

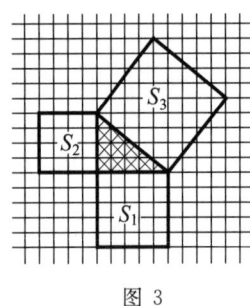
图 3

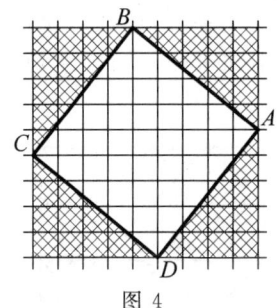
图 4

生2:看一看斜放的正方形 S_3 的局部放大图(如图4),可以看出,中间倾斜的正方形 $ABCD$ 的面积等于外围正方形减4个直角三角形(阴影部分)的面积.而两个这样的直角三角形可以拼成一个矩形,用数格子的办法就可以算出面积了.

师:这4个直角三角形面积是一样的吗?

生2:因为三角形全等(A.A.S 或 A.S.A),所以它们面积都相等.

师:在此,我们是通过面积的割补,把不规则图形转化为规则图形的方法解决上述问题的.

……

师:(请数位学生公布计算数据并板书)这三个正方形面积之间存在怎样的数量关系?

生3:$S_1 + S_2 = S_3$.

评:这是一个非常精彩的导入.对初中学生来说,故事是十分有吸引力的.更何况,这个故事又是和这节课的主题密切结合的.有了等腰直角三角形的结果,很自然地会想到一般的直角三角形有没有这样的结果呢?就很顺理成章地进入新课了.

评:这个点拨不错.这里有两个要点:用到的数学思想是转化思想,把难求的转化为易求的;具体方法是割补,H老师都说到了.但是,这里最好说成"把位置不端正的图形转化为位置端正的图形".

师:这三个正方形的面积又和什么相关？从中你可以得到什么猜想？

生3:直角三角形两直角边的平方和等于斜边的平方,即$a^2+b^2=c^2$(a、b为直角三角形两条直角边,c为斜边).

3.证明

师:如果隐去格点,直角三角形三边之间这样的数量关系是否依旧成立？

生4:成立.

师:通过前面探究,你有没有得到具体证明方案？

生4:大正方形的面积为$(a+b)^2$,其中包含的正方形面积为c^2,并有

$$"(a+b)^2-4\cdot\frac{1}{2}ab=a^2+b^2=c^2"$$

的关系(如图5).

师:用直角三角形拼接正方形能够证明这个问题,那用直角三角形拼接成其他图形能否证明这个问题吗？

……

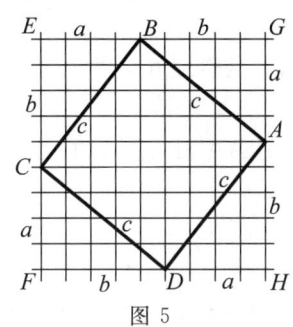

图5

生5:$c^2=(a-b)^2+4\cdot\frac{1}{2}ab=a^2+b^2$(如图6).

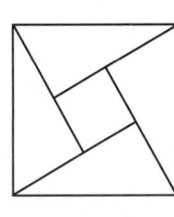

图6

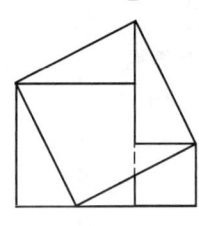

图7

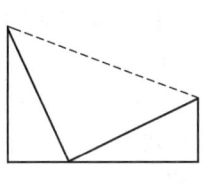

图8

生6:因为

$$c^2+2\cdot\frac{1}{2}ab=a^2+b^2+2\cdot\frac{1}{2}ab,$$

所以 $$c^2=a^2+b^2$$

(如图7).

生7:$\frac{1}{2}(a+b)(a+b)=\frac{1}{2}c^2+2\cdot\frac{1}{2}ab,a^2+b^2=c^2$

(如图8).

4. 其他证明方法简介

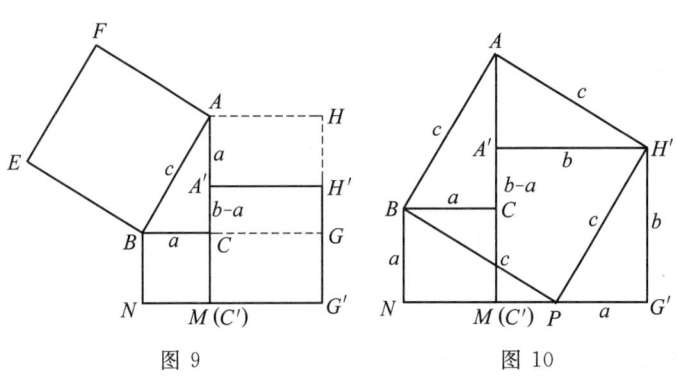

图 9　　　　　图 10

师：第一步，将正方形 $ACGH$ 向下平移，使点 C 与点 M 重合（如图9）；

第二步，在 NG' 上截取 $NP=AC$，联结 BP、PH'、AH'（如图10）.

观察：(1) 四边形 $ABPH'$ 是否是由 c 为一边的正方形？

(2) $\triangle BNP$、$\triangle PG'H'$、$\triangle AA'H'$、$\triangle ABC$ 面积是否相等？

由此也可以证明 $a^2+b^2=c^2$.

5. 小结

同学们的证明方法都非常精彩，让我们总结一下这节课我们学会了什么，体会到什么？

生8：我感觉到面积法在几何论证中很有用处.

生9：我体会到了特殊到一般的数学思想（由等腰直角三角形到一般直角三角形，由格点直角三角形到一般直角三角形）.

生10：数学家研究问题的一般方法好象是：数学直觉→试验获得数据→猜想→证明.

生11：数形结合思想，明明是几何里的一个性质，变成了代数的一个等式.

议：这是比较好的一节课.

引入是很重要的. 一般说引入的方法（奚定华《数学教学设计》）有：实例导入、直观导入、实验导入、旧知识导入、悬念导入、类比导入、故事导入. H 老师用的是故事引入. 用故事引入,这要求我们有一定的知识面,特别是数学史知识和趣味数学的知识.可惜,现在由于题海战术盛行,不但学生疲劳,老师也很疲劳,老师没有时间读书,知识面很窄,肚子里只有题目了.

  这节课渗透了德育,既讲了我国古代数学的成就,也不夜郎自大,而是实事求是地肯定其他国家和民族的科学成就.同时,从中还可以看出伟大科学家是怎样探索发现的,可以激发学生的学习积极性.每个老师都是德育工作者,以为思想工作是政治老师、班主任的事,那是不对的.但德育绝不是做表面文章,贴标签.而且,在宣传爱国主义的时候,也不要只讲中国好,要实事求是.讲成绩固然可以激发起自豪感,讲不足,也可以激发起奋发图强的决心.

同课异构:勾股定理(之三)

R老师的勾股定理课是这样上的.她是从国际数学家大会的会标和毕达哥拉斯的方砖问题引入的.

2000年,已经有百年历史的国际数学家大会首次在我国北京召开.大会的会标如图1,有没有同学知道这个会标的含义?这个图案与我们今天要学习的勾股定理有关.
(出示课题)

师:古希腊的数学家毕达哥拉斯,据说有一次在朋友家做客时发现用砖铺成的地面(如图2)反映了直角三角形的某种数量关系,你能发现什么?

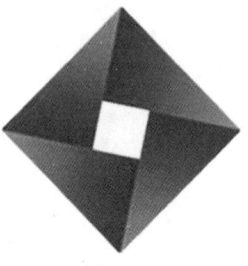

图1

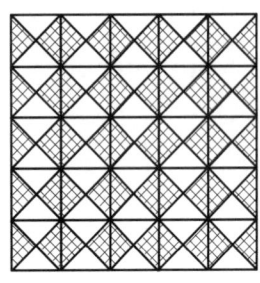

图2

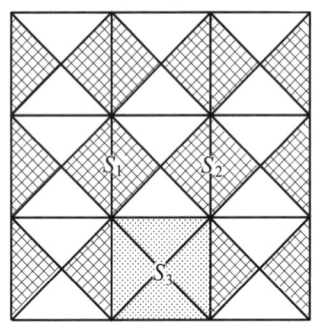

图3

我们把这个图案的局部放大一下,见图3.

观察当中这个等腰直角三角形,以它的三边为边长向形外引出三个正方形,分别为 S_1、S_2、S_3,这三者之间有怎样的数量关系?

生1:$S_3 = S_1 + S_2$.

你能将这三个面积关系转变成三条边长之间的关系吗?

生1：等腰直角三角形的斜边的平方等于两条直角边的平方和．

师：等腰直角三角形有这样的性质，一般的直角三角形是否也有这样的性质呢？

接着 R 老师就引导大家观察分析，探究新知．

1. 如图 4

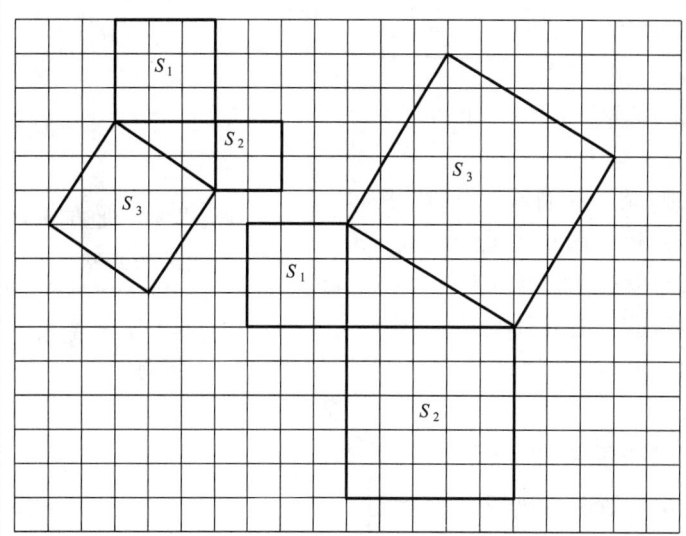

图 4

每个小方格的面积为 1，请分别算出图 4 中正方形 S_1、S_2、S_3 的面积：

(1) $S_1=9$，$S_2=4$，$S_3=13$， $\therefore$ $S_3=S_1+S_2$．

(2) $S_1=9$，$S_2=25$，$S_3=34$， $\therefore$ $S_3=S_1+S_2$．

2. 由此你可猜想直角三角形的三条边之间有什么关系吗？

生2：直角三角形的斜边的平方等于两条直角边的平方和．

3. 出示命题：如果直角三角形的两条直角边长分别为 a、b，斜边为 c，那么 $a^2+b^2=c^2$．

4. 介绍我国古人赵爽的证法．会标这个图案，称为"赵爽弦图"，是用来证明上面这个命题的，怎么证呢？你能破译一下赵爽的证法吗？（小组讨论）……

评：与课开始时的引例呼应．

5. 上述命题与直角三角形的边有关,我国把它称为勾股定理.

板书:

语言表达:直角三角形的两条直角边的平方和,等于斜边的平方.

符号表达:在 Rt△ABC 中,∠C=90°, ∴ $c^2=a^2+b^2$,或 $AB^2=AC^2+BC^2$(如图 5).

6. 勾股定理的证明方法有 500 多种,我国古代数学家还有如下的巧妙证法……在西方,把勾股定理称为毕达哥拉斯定理或"百牛定理", 因为毕达哥拉斯学派为了庆祝这个定理的发现,杀了一百头牛庆贺,其实他们在杀牛的时候,根本不知道中国早在他们之前 500 多年就已经知道了,因为那时没有互联网.(笑)

7. 具体应用勾股定理解题时,有几种变式:

板书添加:$a^2=c^2-b^2$,
$b^2=c^2-a^2$.

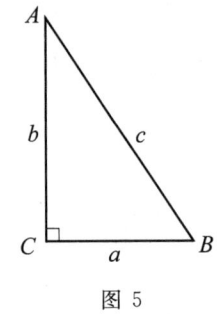

图 5

评:"那时没有互联网",这个说法幽默.

评:公式变形是很重要的一个手段.

之后就用互动的办法,运用新知识. 先给出两个例题.

1. 如图 6,在 Rt△ABC 中,∠C=90°,$a=5,b=12$,求 c.

解:在 Rt△ABC 中,

∵ ∠C=90°,

∴ $c^2=a^2+b^2$(勾股定理),

得 $c=\sqrt{a^2+b^2}=\sqrt{5^2+12^2}$
$=\sqrt{169}=13$.

2. 如图 6,在 Rt△ABC 中,∠C=90°,$a=8,c=17$,求 b.

解:在 Rt△ABC 中,

∵ ∠C=90°, ∴ $b^2=c^2-a^2$(勾股定理),

得 $b=\sqrt{c^2-a^2}=\sqrt{17^2-8^2}=\sqrt{(17+8)(17-8)}$
$=\sqrt{25 \cdot 9}=15$.

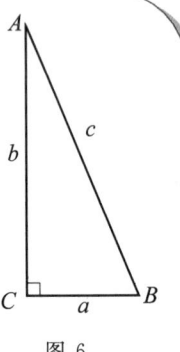

图 6

例题之后,出了两道抢答题.

> 3. 抢答:若三角形的两条边长分别为 3 厘米、4 厘米,那么第三条边长等于_____.
>
> 生 3:5 厘米.
>
> 师:请把题目读仔细.
>
> 生 3:(难为情地)喔,没有说是直角三角形……有好多个解.
>
> 4. 抢答:直角三角形的两条边长分别为 3 厘米、4 厘米,那么第三条边长等于多少?
>
> 生 4:当这两条边是直角边的时候,斜边是 5 厘米;当这两条边中有一条是斜边(当然只能是 4 厘米那条),第三条边是直角边,它等于$\sqrt{7}$厘米.
>
> 师:很好,没有上当.

评:这两个抢答题设计得很巧妙,大部分同学都会轻率的回答,这样做可以起到警示作用,培养学生仔细阅读谨慎思考的良好习惯.

接着,出了两道等腰直角三角形的题目,R 老师是想通过它们引出些新东西的.

> 5. 已知等腰直角三角形的腰长为 5,求这个三角形的周长.
>
> 解:在 Rt△ABC 中,
>
> ∵ $\angle A = 90°$,
>
> ∴ $BC^2 = AB^2 + AC^2$(勾股定理),
>
> 得 $BC = \sqrt{AB^2 + AC^2} = \sqrt{5^2 + 5^2} = \sqrt{50} = 5\sqrt{2}$.
>
> ∴ $C_{\triangle ABC} = 5 + 5 + 5\sqrt{2} = 10 + 5\sqrt{2}$.
>
> 6. 已知等腰直角三角形的斜边长为 5,求直角边的长.
>
> 解:在 Rt△ABC 中,
>
> ∵ $\angle A = 90°$,
>
> ∴ $AB^2 + AC^2 = BC^2$(勾股定理),
>
> 设 AB 长为 x,
>
> 则 $x^2 + x^2 = 5^2$,
>
> $2x^2 = 25$,
>
> $x^2 = \frac{25}{2}$,
>
> $x = \frac{5}{2}\sqrt{2}$.
>
> ∴ 直角边长为 $\frac{5}{2}\sqrt{2}$.

7. 把第 5 题改为：

已知等腰直角三角形的直角边长为 7，求斜边长.

已知等腰直角三角形的直角边长为 11，求斜边长.

……

已知等腰直角三角形的直角边长为 a，求斜边长.

你发现什么关系了？

把第 6 题改为：

已知等腰直角三角形的斜边长为 7，求直角边的长.

已知等腰直角三角形的斜边长为 11，求直角边的长.

……

已知等腰直角三角形的斜边长为 a，求直角边的长.

你发现什么关系了？

师：请你研究一下等腰直角三角形，两条直角边的比值与三角形的大小有关系吗？这个比值是多少？再研究一下直角边与斜边的比值与三角形的大小有关系吗？这个比值是多少？

评：这里体现了探究的精神，还是很好的孕伏.

下面是含 30°角的直角三角形的例题.

8. 求边长为 1 的等边三角形面积.

如图 7，已知 $\triangle ABC$ 中，$AB=BC=CA=1$，求 $S_{\triangle ABC}$（即三角形 ABC 的面积）.

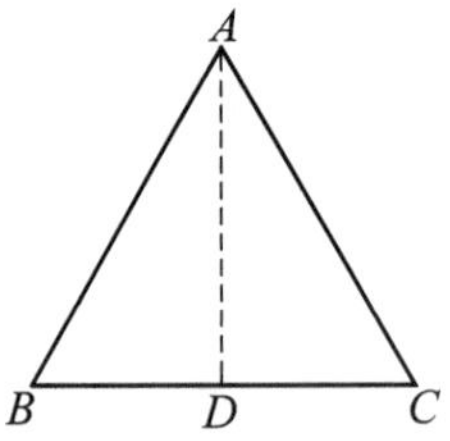

解：作 $AD \perp BC$，垂足为点 D.

∵ $AB=AC=BC=1$，

$AD \perp BC$，

∴ $BD=CD=\dfrac{1}{2}BC$（等腰三角形的三线合一）.

在 $\text{Rt}\triangle ABD$ 中，

∵ $\angle ADB=90°$（垂直的定义），

$AB^2=AD^2+BD^2$（勾股定理），

得 $AD=\sqrt{AB^2-BD^2}=\sqrt{1^2-\left(\dfrac{1}{2}\right)^2}$

$=\sqrt{1-\dfrac{1}{4}}=\dfrac{\sqrt{3}}{2}.$

图 7

$$\therefore S_{\triangle ABC} = \frac{1}{2} \cdot BC \cdot AD = \frac{1}{2} \times 1 \times \frac{\sqrt{3}}{2} = \frac{\sqrt{3}}{4}.$$

师：请大家想一想：

如何求边长为 2 的等边三角形面积？

如何求边长为 5 的等边三角形面积？

……

如果等边三角形的边长为 a，那么面积 S 是多少？（用含 a 的代数式表示）

通过研究你又发现了什么？

如果我把上述的等边三角形变为有一个角是 30°的直角三角形，那你能研究出直角边与直角边的比值分别是多少吗？这两个比值与三角形的大小有关系吗？两条直角边与斜边的比值呢？

评：又是探究和孕伏，为初三的锐角三角比打下基础．

到这里，新课告一段落了，R 老师还是用互动的方法进行小结．

1. 这节课你学到了什么知识？

生 5：毕达哥拉斯能够从方砖的图案中发现勾股定理，真了不起！

生 6：利用勾股定理，对特殊的直角三角形的边和角之间的关系弄得比较清楚了．

师：你详细地说一下．

生 6：等腰直角三角形里：两条直角边的比值与三角形的大小没有关系，比值为 1∶1，直角边与斜边的比值与三角形的大小也没有关系，比值是 $1∶\sqrt{2}$．

含 30°角的直角三角形里：直角边与直角边的比值是 $1∶\sqrt{3}$，这个比值与三角形的大小没有关系，两条直角边与斜边的比值分别是 1∶2 和 $\sqrt{3}∶2$．

师：还有等边三角形的面积呢？我们也进行了研究．

生 6：等边三角形的边长为 a，那么面积 $S = \frac{\sqrt{3}}{4}a^2$．

师：很好．

生 7：勾股定理的证明方法很古怪，这种方法过去没有用到过．

评：这个总结，有利于形成知识块．这些知识块，笔者体会或许就是张奠宙教授提出的双基的"基桩"（《中国数学双基教学》，上海教育出版社出版），也或许就是华南师大傅学顺教授提出的"反应块"．一旦在头脑里扎了根，遇到问题就"反应快"了，有利于双基的进一步落实．这说明 R 老师教学很有经验，对教材很熟悉．

师：这种方法是怎样的方法？

生7：用图形的分割和重新拼合来证明的.

2. 运用勾股定理应该注重什么问题？

生8：要注意题中所给的条件，(1)有没有给出直角.(2)给出的边是否指明是直角边还是斜边，如果没有指明，要讨论.(3)利用勾股定理解题时，要指明是在哪个直角三角形中，哪一个角是90°.

评：又是"预防针"！

3. 你还有什么疑惑或没有弄懂的地方？

生9：老师，我们对等腰直角三角形和含30°角的直角三角形的边角关系进行了研究，是否可以利用勾股定理，研究出一般的直角三角形的边和角之间的关系呢？

师：这个问题提得太好了.一般的直角三角形的边和角的关系将来会研究得很透彻，而勾股定理在其中会起到重要的作用.

评：引而不发，像评书里的"且听下回分解".

生10：按理说，一个定理证明出来了，就应该把精力放在定理的应用上了，但为什么有这么多人继续要研究勾股定理的证明呢？

师：这个问题我回答不清楚，或许是出于好奇心，好胜心吧.

评：鼓励学生提问题，而且敢于承认回答不清楚，这是要有一定的境界的.

议：这三节勾股定理课，都是很好的.共同的特点是：

第一，引入都不错，L老师是从首都科技馆的模型引入，H和R都从毕达哥拉斯的方砖引入，R老师还有一个例子是国际数学家大会的会标，都很能够吸引大家的兴趣.

第二，都讲到了勾股定理的深厚的历史文化背景，并着重谈了我国古代数学家的贡献，进行了爱国主义的教育.

第三，都引导学生进行探索，从特殊到一般，体验猜想、验证、论证的全过程.具体方法上，L老师用4片直角三角形纸片，H老师用了方格纸.

第四，和探索相关的是师生互动，不但引入部分，新知识讲解部分，连小结部分也是有问有答的，而且学生能够主动地提出问题.

综观勾股定理的这三节课，也有差别.L、H老师比较重视探索定理本身的各种证明方法，浓墨重彩，使人对这个过程印象深刻.R老师不但讲了定理及其证明，还讲了应用，容量比较大(而容量之所以可以这么大，多媒体课件起了很大的作用).并且，推导了等腰直角三角形的边角关系、含30°角的直角三角形的边角关系、等边三角形的面积这样一些今后有用的"知识块"(按傅学顺教授的说法,就是"反应块"),为今后的学习埋下伏笔.这是基于她自己对这节课的理解(在平面几何里,割补法并不是经常用到的,所以,定理的证明比较简略),笔者认为,这没有什么可以指责的,教无定法,只要适合学生情况,适合自己的特长,都是可以的.相反,这也是她的一个特色.

关于发明、发现,心理学有多种论述,其中"积累说"和"顿悟说"比较突出.笔者体会,华罗庚教授是主张"积累说"的,他说"聪明在于勤奋,天才在于积累".傅学顺教授提出了"反应块"的理论,他认为优秀学生头脑里有很多"反应块",这样他们的思维起点比别人高,于是他们就"反应快"了.笔者认为,即使顿悟很重要,但顿悟要有基础,这基础应该是平时积累了大量的原理、法则、经验.在现代心理学尚未揭示顿悟的机理的时候,积累经验应该是不会错的,因此笔者赞赏 R 老师的做法.

笔者认为,作为具体的方法,割补法没有必要掌握得很熟练,但是作为一种思想,还是需要逐渐让学生体会的.事实上,学生过去遇到过割补法.譬如,
$$7+8=7+(3+5)=(7+3)+5=15,$$
是将 8 折成 3 和 5,再把 3 和 7 合并.再譬如,解方程 $x^2+2x+y^2+4y+5=0$ 时是这样做的:
$$x^2+2x+y^2+4y+5=0,$$
$$(x^2+2x+1)+(y^2+4y+4)=0,$$
$$(x+1)^2+(y+2)^2=0,$$
……

也是把 5 分割成 1 和 4,再分别补到不同的地方.如果能够这样点一下,使大家可以体会到某种方法在特定情况下的普适性,这是一种哲学思考.

同课异构:平行四边形判定定理(之一)

C老师在上平行四边形判定定理课的时候,设计了很精彩的引入.

首先,C老师在黑板上画了一个∠ABC,然后提出问题:

师:在这个图形的基础上,可用什么方法画出平行四边形ABCD?

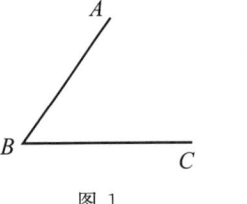

图1

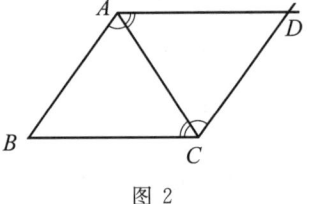

图2

评:这个问题很有启发性,引起学生的思考和议论.

生1第一个到黑板上画了图2(就是先联结AC,再以C为顶点,CA为一边,画角,使∠ACD=∠BAC;再以A为顶点,AC为一边,画角,使∠DAC=∠ACB).

师:为什么是平行四边形?

生1:根据平行四边形定义.

C老师根据生1的结论,写了板书(以后逐个板书,不另说明):

两组对边分别平行→平行四边形

接着生2画了图3(就是以点A为圆心、BC为半径,以点C为圆心,AB为半径,分别画弧).

师:为什么是平行四边形?

生2:对边相等.

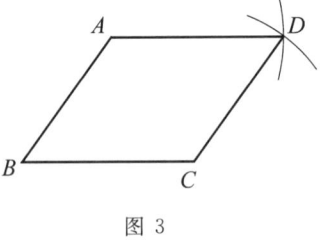

图3

C 老师及时指出,目前只能用平行四边形的定义来证明四边形是平行四边形.

生 2:那么作对角线,然后证两个三角形全等……

接着生 3 又有了新办法.她的办法是:联结 AC,取 AC 的中点 O,联结 BO 延长 1 倍得 D……

看大家暂时平静了,C 老师肯定了大家的成果,指着黑板上的板书,小结了一下:

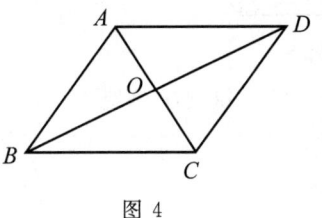

图 4

两组对边分别平行→平行四边形

两组对边分别相等→平行四边形

两对角线互相平分→平行四边形

正当大家很得意的时候,C 老师问:还有别的方法吗?

大家又活跃起来.看大家一时想不出来,C 老师启发了一下,前面三种方法中有两种是涉及两组对边的,是不是非得涉及两组对边不可呢?

生 4 到黑板上画了图 5,其实是画了一组对边平行且相等.

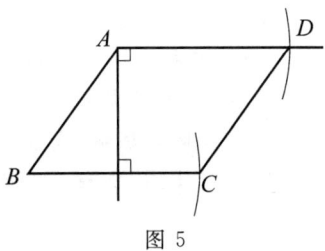

图 5

到这里,C 老师说,我们得到了 4 个可以判定平行四边形的方法,我们将它们和平行四边形的性质比较一下,还可以得到什么新的结论? 也就是说:

学生发现,平行四边形的性质定理里,有一个是:

平行四边形→两组对角分别相等

马上想到下面的定理

两组对角分别相等→平行四边形

是不是成立呢? 这个结论很快被证实.

最后 C 老师在黑板的上方补写了今天的课题:平行四边形判定.并举了一个例题:

陈永明 评议数学课

在 □ABCD 中,已知 E、F 在对角线 A、C 上,且 AE=CF,求证:四边形 EBFD 是平行四边形.

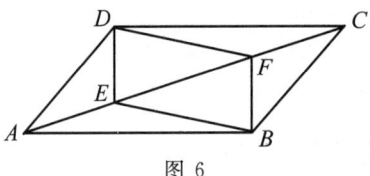

图 6

这题可以有多种证法,课堂气氛再次热烈.

议:C 老师的这节课十分精彩.C 老师的教学设计很好,用一个问题,几乎带出了全部判定定理(除了"两组对角相等得平行四边形"这条判定定理外,其余都用这个问题引出),整体性好,使人感到一气呵成.这是一种美感,这不仅应该出现在公开课上,在平时也应该出现,因为,长此以往,学生会感到美的享受,从而会喜欢数学.这节课告诉我们,要精心进行教学设计,一个好的设计,对课的质量是十分重要的.

在这节课里,学生回答老师引入的问题是到黑板上直接画图,这是不错的做法,可以让学生熟悉巩固画图,但是如果能够在画的同时,口述作法,就更好了.根据笔者的研究,数学学习中的语言是一个重要问题,而其关键阶段在初中;重点是两类词语,一是有关逻辑的词语(如"有且只有"等),二是有关几何的词语.[①]尽管现在对作法的要求已经降低,但至少在添辅助线时候,还是要写的.事实的情况是,学生的辅助线作法写得很糟糕.按某些学生写的作法,要么要画的线条不能确定,要么根本画不出来.因此加强写作法的训练,仍是必要的.笔者早年在中学任教时,就喜欢进行这样的训练:我在黑板上画图,学生口述作法;我口述作法,学生在纸上画图.经过这样的训练,作法都写得很好.

---

① 陈永明名师工作室.数学教学中的语言问题.上海科技教育出版社,2009 年.

同课异构：平行四边形判定定理（之二）

听了 F 老师的一节平行四边形的判定定理的新课，他是以和平行四边形性质定理对比来进行教学的．

事先，F 老师自己准备了好多纸条，上面分别写了平行四边形正确或错误判定条件，还用 Flash 软件制作了课件，可谓"土洋结合"．让学生准备两对两边一对角对应相等但不全等的三角形纸片（如图 1、2）．

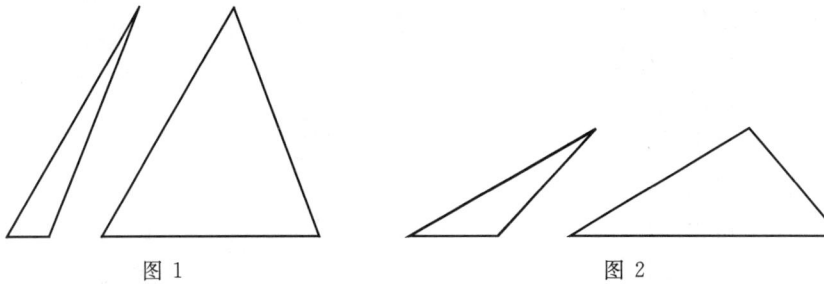

图 1　　　　　　　　图 2

课一开始，F 老师先复习平行四边形的定义和性质定理．

平行四边形的定义是：

两组对边分别平行的四边形是平行四边形．

平行四边形的性质定理是：

1. 平行四边形的两组对边分别相等．

2. 平行四边形的两组对角分别相等．

3. 平行四边形的两条对角线互相平分．

4. 平行四边形是一个中心对称图形，它的对称中心是两条对角线的交点．

师：我们已经知道，如果已知一个四边形是平行四边形，可以得到以上五条．我现在提出问题：如果要证明某个一般的四边形是平行四边形，可能需要怎样的条件呢？

（活跃）

# 陈永明 评议数学课

> 生1：两组对边分别平行．
> 师：很好．
> 老师在讲台上挑了一张写着"两组对边分别平行"的纸条，把它贴在黑板上．
> 生2：两组对边分别相等．
> 老师又在黑板上贴张纸条．
> ……

不一会儿，黑板上贴了好多纸条．对于条件的正确性，F老师不露声色，只是一味地表扬，因此学生思考得有滋有味．这些纸条开始是凌乱的，后来F老师将它们整理了一下：

> 1．两组对边分别平行；
> 2．两组对边分别相等；
> 3．两组对角分别相等；
> 4．两条对角线互相平分；
> 5．一组对边平行；
> 6．一组对边相等；
> 7．一组对角相等；
> 8．一组对边平行且相等；
> 9．一组对边平行，另一组对边相等；
> 10．一组对边相等，一组对角相等；
> 11．一组对边相等，一条对角线平分另一条对角线；
> ……
>
> 师：对我提出的问题，大家进行了大胆猜测．怎么会想到这些条件的？由刚才提出条件的同学自己来说明一下，好吗？
>
> 最后整理成下面的：
> 1．两组对边分别平行；——定义
> 2．两组对边分别相等；——性质定理的逆命题
> 3．两组对角分别相等；——性质定理的逆命题
> 4．两条对角线互相平分；——性质定理的逆命题
> 5．一组对边平行；——性质定理的逆命题的一部分
> 6．一组对边相等；——性质定理的逆命题的一部分
> 7．一组对角相等；——性质定理的逆命题的一部分
> 8．一组对边平行且相等；——性质定理的逆命题的部分条件重新组合

评：要让学生大胆提出猜想，就是要鼓励，不要急于对猜想的正确性发表看法．国外有个头脑风暴法，就是这样的．

66

9. 一组对边平行,另一组对边相等;——性质定理的逆命题的部分条件重新组合

10. 一组对边相等,一组对角相等;——性质定理的逆命题的部分条件重新组合

11. 一组对边相等,一条对角线平分另一条对角线;——性质定理的逆命题的部分条件重新组合

师:上面的几个条件中任意一个,都可以成为平行四边形吗?大家讨论一下.

(讨论)

在全班讨论时,第1,2,3,4,8条,很顺利得到证实了.第5,6,7条,也很快被否定了.对第9,10,11几条,一时难以把握.

师:我们先来看第9条.注意,还是按规则,说它成立的,请给出证明;说它不成立的,该怎么样?

评:这一强调,很好.

生:(齐声)举反例.

(活跃,争论)

生3:我找到了一个反例,可以说明第9条不成立(如图3).

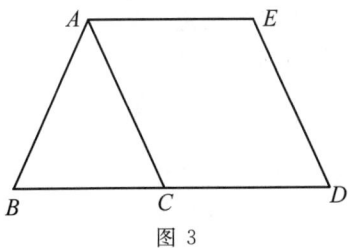

图3

先画一个等腰△ABC,AB=AC,然后延长BC到点D,作AE∥BD,并使AE=CD,则四边形ACDE是平行四边形.看四边形ABDE,AE∥BD,AB=AC=ED,一组对边平行,一组对边相等,但它不是平行四边形.

师:很好.第9条的问题解决了.看第10条,一组对边相等,一组对角相等,是不是平行四边形呢?

(活跃,争论)

……

师:看来有困难了,怎么没有想到我叫大家事先准备的三角形纸片?

(恍然大悟)

生4:我摆弄出反例来了……

F老师让他的成果展示之后,F老师利用动画进行了说明,大家看得明明白白.(如图4)

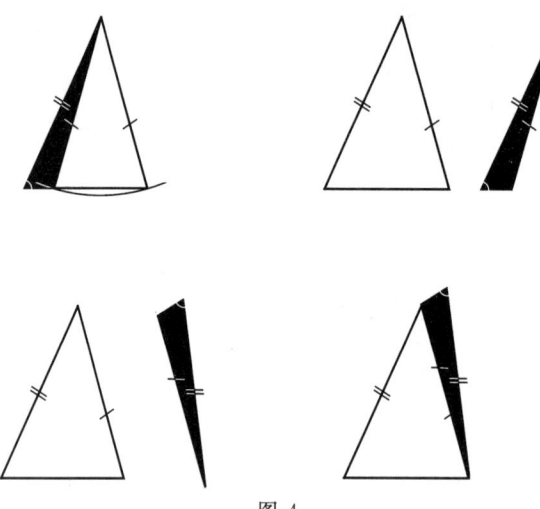

图 4

师:好了,第10条也被我们否定了.

这时课已经临近结束,F老师把第11条作为课后思考题布置了.在小结时,F老师说:如果你是数学家,如果你是教科书的编者,由你来设计平行四边形的判定定理,你会把刚才我们一起证实的哪些真命题列入定理范围?为什么?

……

议:逆向思维是重要的思维方法,从性质定理的逆命题去寻找判定定理,是数学家发现新定理的重要思想方法.本节课就是根据这点设计的,让学生体验了逆向猜测.

如果要说一个命题是真的,要证明;如果想说明一个命题是假的,可以举反例.特别是后者,是很有价值的,在这节课里,学生应该印象深刻.

纵观整节课,学生得到了展现风采的舞台,知识、能力、情感各方面都得到了进一步提升,组织学生探索,活动是有效的.

这两节课的课题是同样的,教学设计是不同的.共同的特点是合理地模拟了当年数学家发现定理的过程,让学生自己来探究法则,这样学生学得有兴趣,记得也牢,而且得到了"发现"的体验,有利于创造型人才的培养.

这两节课还都一下子把5条判定定理全部讲了,有些老师可能对此有看法.因为比较多的老师都喜欢循序渐进,讲一条定理,举几个例子,做一些习题,然后再讲一条定理……笔者认为,还是这句话:教无定法,只要适合学生情况,适合自己的特长,都是可以的.同时,任何一种教法也都有短处.一条条定理讲,一步步落实,比较容易接受,但过于死板,拘泥于细节,对培养学生的能力未必有益;5条定理一起讲,比较"大气",比较宏观,符合西南师大已故的陈重穆教授提出的"积极前进,循环上升"理念的,但学生不容易一下子掌握(也不要求一下子掌握),需要有个巩固、"循环上升"的过程,相信C老师和F老师会在后续课里落实.C老师和F老师的这种教法,一般说应该在基础比较好的班级实施.这两节课的要求不低,但从课堂情况看,学生是能够掌握的.

陈永明 评议数学课

一谈方法——通法和优法

Z老师上了一节"比较分数的大小"课,颇有新意.

师:前几天,在国庆长假里很多人都出去旅游,老师也不例外.在某个旅游景点看到了许多小朋友在进行钓鱼比赛,其中小朋友甲15分钟钓了8条鱼,小朋友乙25分钟钓了12条鱼.同学们,你们认为谁是优胜者?

师:谁是优胜者,怎么来判断?

生1:要定一个判断标准.

师:如何来定?

生1:应该以钓鱼的多少来决定.

生2:不对,因为两个人钓的时间不一样.应该以每分钟谁钓的多来判断.

生3:对,就是以谁钓鱼的效率高来作为评判标准.

师:我赞同以甲、乙两人的效率作为评判标准.

生4:甲的效率为$\frac{8}{15}$;乙的效率为$\frac{12}{25}$.

师:甲、乙的效率都表示出来了,下面该怎么办?

生5:比较$\frac{8}{15}$与$\frac{12}{25}$的大小.

师:同学们,请思考一下,怎么来比较?

生6:化为同分子的分数来比较.(方法1)

生7:化为同分母的分数来比较.(方法2)

生8:可以化为小数来比较.(方法3)

生9:因为$8 \times 25 = 200, 15 \times 12 = 180$,所以$15 \times 12 < 8 \times 25$,

所以$\frac{12}{25} < \frac{8}{15}$.(方法4)

生10:可以在数轴上表示出来比较.(方法5)

评:这个引出很好,说明了比较分数大小是实际需要.老师的问题也可以这样问:"谁钓鱼的效率最高呢?"但这种问法,和Z老师现在的问法相比,思维空间就小多了.根据老师、课本的规则和要求解题,我们的学生已经做惯了,Z老师要他们自己确定标准,这是一种突破.需要注意的是,在实际工作中,评判标准有时候是多元的,不能讲绝对了.

生 11：因为 $\frac{8}{15} > \frac{1}{2}$，$\frac{12}{25} < \frac{1}{2}$，所以 $\frac{8}{15} > \frac{12}{25}$．（方法6）

师：很好，大家都很会动脑筋，下面请同学们比较一下以上这几种方法中，哪几种方法比较好？说一说理由．

（学生讨论后，一致认为方法 1、2、6 最好，对方法 6 尤为感兴趣．教师对这三种方法进行了点评）．

评：这非常符合课改要求，说明低年级学生也能够进行探究．但是并不是探究得出的所有方法都是好的，应该从中挑选出好的方法．所谓好的方法，一是有通用性，就是所谓的通法，其中方法 2 就是通法．二是在某种情况下，更为简单，那就是优法．方法 1 在大多情况下不如方法 2，不能把这两者相提并论，因此教师似应该对方法 2 进一步加以肯定．

师：方法 6 是通过观察，估测数据后找到了"中间量"，通过与"中间量"的比较，确定两数的大小．这种方法称为"中间量比较法"，那么，中间量是否一定是 $\frac{1}{2}$ 呢？

生 12：不一定，可以是 $\frac{1}{3}$．

生 13：可以是 $\frac{1}{5}$，可以是任何一个常数．

师：下面请同学们类似地编几道题．

（教师示范了学生编写的题目，由学生解答）

题 1：比较 $\frac{64}{127}$ 与 $\frac{23}{50}$ 的大小．

题 2：比较 $\frac{32}{99}$ 与 $\frac{41}{120}$ 的大小．

题 3：比较 $\frac{90}{89}$ 与 $\frac{78}{79}$ 的大小．

对于题 3，有的学生讲与"1"比较，有的学生回答是假分数大于真分数．教师指出两者都正确，原来假分数与真分数比较就是与中间量"1"比较．

师：如果把 $\frac{90}{89}$ 中的 90 改为 88，这样一来 $\frac{88}{89}$ 与 $\frac{78}{79}$ 都小于"1"了．又有什么简便方法呢？（教师稍作停顿）改

评：这个点拨很到位，揭示了这种方法的本质．"中间量是否一定是 $\frac{1}{2}$ 呢？"这个问题提得也好，把具体的 $\frac{1}{2}$ 过渡到了一般问题——怎么寻找合适的中间量？

评：让学生编题，是拓展思维的好方法．学术界有定论：提出问题比解决问题更重要，也更难．尽管这里只要求模仿性地编题，其思维价值也不能低估．

变以后,分数 $\frac{88}{89}$ 与 $\frac{78}{79}$ 中的分子与分母有什么关系?

生14:两个分数都是分子比分母小1.

评:这是变式,又有悬念!但是,Z老师似乎过于强调"有什么简便方法呢?"了,似应该问:"有什么方法呢?"解答各种问题,首先要想到通法——比较分数大小的通法是化同分母.在肯定已经找到了解决问题的方法之后,特别是发觉通法比较烦的时候,另找优法.两者不宜倒置,笔者认为应该从小培养这种思维习惯.

生15:老师,我知道了,因为 $\frac{88}{89}=1-\frac{1}{89}$,$\frac{78}{79}=1-\frac{1}{79}$,所以 $\frac{88}{89}>\frac{78}{79}$.

评:这里似乎还可以交代得更清楚些.因为这里还用到了"等量减不等量,减去大的反而小"这一原理.

师:原来是根据分数中分子比分母小1的特征转化为同分子分数 $\left(\frac{1}{89},\frac{1}{79}\right)$ 来比较大小的.

生16:老师,我还有一方法.可以把 $\frac{88}{89}$ 看成是整体"1"分成89等份,拿掉了其中的一等份;$\frac{78}{79}$ 可看成是整体"1"分成79等份,也拿掉了其中一等份,而89等份的每一等份比79等份的每一等份小,所以 $\frac{88}{89}>\frac{78}{79}$.

师:这个方法非常好,用图形来解释一下,原来两种方法的意思一样.一个用图形来解释;一个用算式来表示,本质都是化为同分子分数来表示.

(练习:题4:把 $\frac{579}{580},\frac{42}{43},\frac{1427}{1428},\frac{43866}{43867}$ 用"<"联结起来.)

师:通过这道题目的练习,你发现了什么问题?

生17:分数的分子比分母都小1时,分母越大,分数的值也越大.

生18:不对,应该是最简真分数.否则,还有可能是假分数.

生19:也不对,应该是真分数,因为分子比分母小1的分数一定是最简分数.

(学生通过讨论得出结论:真分数的分子比分母小1时,分母越大,分数值也越大;如果是假分数,结论相反.)

师:这些分数的分子与分母都差 1,对这个特点你有什么联想?

生 20:可以是相差 2.

生 21:可以是相差 7,可以一切自然数.

(然后由学生举例说明)

师:以上这些分数中,不管是相差 1,还是相差 7,最终形式是转化为 1± 同分子分数,然后通过比较同分子分数的大小,从而间接地比较了分数的大小.

评:尽管学生没有回答到位,这个讨论是很好的.最后 Z 老师总结了方法,这当然是可以的.假如教师不作结论,让学生课外研究(这内容已经超出了教学的基本要求),或许有另一番效果.笔者是主张课堂里要"留白"的.另外,假如 Z 老师要总结的话,建议上升到"比较分数大小"的第 7 种方法的高度(在某种特殊情况下,可以采用的一种方法).这样的归类有利于提高学生的元认知的水平.

议:这节课在从实际问题中引入,让学生探究,让学生编题,引导学生提出问题等方面很有特色,笔者认为是很有特色的一节课.但对这节课还是会有些争议.按照常规的教法,肯定是先花较多的时间讲解比较分数大小的两种情况(同分母、异分母)及其方法,并进行操练.而这节课,仅把这些常规教法通常认为是重点的内容一带而过,因此有老师认为这课的双基没有落实.笔者认为,Z 老师这样做是可以的.已故的数学家、数学教育家,西南师大陈重穆教授主张"积极前进",主张像牛吃草那样,先大致把握某个章、或节、或某个小单元的整体,然后再回头细细地品味.这样教,显得大气,能够培养出有思想的学生.Z 老师的这节课,有"积极前进"的味道.我不清楚 Z 老师后续课是怎样的,如果在第二节课上,多做一些比较分数大小的一般方法的题目,以达到巩固知识、熟练技能的目的,这就比较圆满了.

启发式教学和好的导入

有段时间,笔者听了好几节一元二次方程的根与系数关系的课. W老师是这样导入的.

先列表让学生填充:

方　　程	x_1	x_2	x_1+x_2	$x_1 x_2$
$x^2-x-12=0$				
$x^2-6x+5=0$				
$x^2-2x-35=0$				
$x^2-\dfrac{5}{6}x+\dfrac{1}{6}=0$				
$x^2+px+q=0$				

师:你认为根和系数有什么关系?把猜想用命题的形式表达出来.

生:两根之和是一次项系数的相反数,积等于原方程的常数项.

师:这个结论正确吗?

再列表让学生填充:

方　　程	x_1	x_2	x_1+x_2	$x_1 x_2$
$2x^2-5x+1=0$				
$9x^2-16=0$				
$3x^2-11x-4=0$				

师:刚才的结论有点问题吧!请修改你的命题.

接着,证明了这个命题.

师:这是法国数学家韦达首先发现并证明的,这个过程漂亮吗?今天我们也做了一次伟大的数学家韦达.

板书课题:24.4 一元二次方程的根与系数关系

D老师是这样导入的.

师:我们已经会求一元二次方程的根了.但是今天,我们遇到了这么一个问题:

公司的上半年产量和下半年产量,是方程 $x^2-2005x+2006=0$ 的两根,问:公司的全年产量是多少?

评:全年产量,正巧是两根之和.从这个角度看,这个例子让人感到很自然.

(学生低声呼叫:唉!)

师:为什么呼叫?是太难了?

(学生说,不是难,是繁.)

师:试试吧!

……

后来,有人算出来了.

师:有什么窍门吗?

生:算的时候,两个根式正好抵消,两根之和正好等于2005.

师:我们再算一道,方程改为 $x^2-4567.1x+8912.2=0$ 呢?

生:肯定是4567.1

师:为什么?我们需要证明.

师生共同证明完毕后,老师又问:两根之积有没有规律?探究并证明完成之后,又提出若方程改为 $2004x^2-2005x+2006=0$,两根之和、积又是怎样的呢?

……

议:这两节课的导入设计都很好,前者是教师安排好合理的程序,让学生动手,然后发现规律.后者因为教师仅仅提出了一个任务,没有交代完成任务的方法步骤,探究的难度更大些.应该说,这两种做法都是可以的,都能够让学生参与,使学生集中注意,为顺利讲授新课作了准备,并且使学生有所体验,有所感悟,有所建构,而且花费的时间也不多.

上世纪60年代教改时提出启发式教学,近年来温家宝总理重提启发式教学.笔者认为,满堂灌效果一般不会太好,研究性学习对学生来说,好处是可以获得很多创造的体验,但是花时间比较多(日本学者发现:多花时间130%～150%);同时对基础好智力又好的学生有利,对基础差智力也差的并不一定有利(马鞍山13中冯建国),因此,研究性

学习要搞,中学生应该有这种体验,但不能成为中学阶段数学教学的主要形式,笔者认为,中学教学的主要形式应该是启发式教学.而好的导入是启发式教学的重要一环.

导入的方法可以多种多样,各人总结的也都不全一样.譬如有人总结成:铺垫式、认知冲突式、悬念式、生活式、活动式(谢德明).看来 W 老师是基本属于铺垫式和活动式的,而 D 老师大致上是悬念式和活动式的.

下面两个例子很精彩,取自《MM 教学方法》一书:

"上课了,老师不写课题,不说上什么课,令大家做 10 道题,来一个小小数学竞赛:

计算:

1. $(a+b)(a-b)=$

2. $(3m+2n)(3m-2n)=$

3. $(x-6)(x+6)=$

4. $(1-5y)(1+5y)=$

5. $(5ab-1)(5ab+1)=$

6. $(b^2-2a^3)(b^2+2a^3)=$

7. $\left(-\dfrac{1}{2}x+2y\right)\left(-\dfrac{1}{2}x-2y\right)=$

8. $102 \times 98=$

9. $9.9 \times 10.1=$

10. $(m+n)(m^2+n^2)(m-n)=$

3 分钟后有人举手示意已经完成,8 分钟时,多数同学已经完成,但到 10 分钟还有几位同学没有做完.

老师组织大家讨论,大家都说有窍门……

师:我们一起从中总结出公式来,并起个好名字,好吗?

……

师:题 8、9、10 提示了平方差公式的活用,我再出题:

11. $101^2-1=$

12. $(a+1)(a^2+1)(a^4+1)(a^8+1)=$

师:好,课后做,(布置作业)并请大家考虑:

1. 用平方差公式应该注意什么?

2. "应用前景"如何?(何时正用,何时逆用)

3. 平方差公式的发现对我们有什么启示?"

还有一个精彩的例子是关于同类项的.

"师:今天,我们来一个点名做题比赛.我给出一个多项式:

$$17xy^2+337x+73x-35xy^2-410x+18y^2x+xy,$$

对这个多项式,由一个同学给出 x、y 各一个值,并由他指定另一个同学说出这个多项式的值,好吗? 如果能够回答出来,他就有资格出题(给出 x、y 各一个值)问别人.

生 1:$x=0.15$,$y=10$,请生 2 回答.

生 2:……

师:我来回答吧:是 1.5

……

同学们感到很诧异,老师为什么算得这么快?

师:我的秘密是把相同类的项归并在一起了.

$17xy^2 + 337x + 73x - 35xy^2 - 410x + 18y^2x + xy$
$= (17xy^2 - 35xy^2 + 18y^2x) + (337x + 73x - 410x) + xy$
$= xy$
$= 1.5$

我们把相同类的项叫它同类项好不好?那么何谓同类项?给个定义好吗?

……"

这两节课的课题都是很枯燥的计算,而且常常会出现计算错误,但是这样的导入,因为有了活动,有了认知冲突,使课堂气氛活跃起来了,学生的积极性调动起来了,容易犯错误的地方也印象深刻了,实在是很好的导入.

陈永明 评议数学课

启发式教学和好的问题

这是一份S老师有关同分母分数加减法一课的教学实录.是笔者被邀当华东师大数学系数学教育硕士论文答辩导师时,从硕士研究生胡圣团的论文中摘录的.执教老师用好多问题,启发了学生的思维,某种程度上说,可以算是贯彻"问题教学法"的一节课.

一、引入新课

问题1:$\frac{1}{5}+\frac{2}{5}=?$

众学生答:等于$\frac{3}{5}$.

二、讲授新课

问题2:你有几种方法说明$\frac{1}{5}+\frac{2}{5}=\frac{3}{5}$是正确的?

生1:$\frac{1}{5}+\frac{2}{5}=0.2+0.4=0.6=\frac{3}{5}$.

生2:$\frac{1}{5}+\frac{2}{5}=(1\div 5)+(2\div 5)=(1+2)\div 5=\frac{3}{5}$.

(尚有备选答案:如赋予实际意义.)

问题3:那么,$\frac{3}{5}-\frac{1}{5}=?$

生3:因为$\frac{1}{5}+\frac{2}{5}=\frac{3}{5}$,所以$\frac{3}{5}-\frac{1}{5}=\frac{2}{5}$.

(尚有备选答案:化分数为小数;赋予实际意义.)

让学生总结法则,板书.

三、练习

四、提高创新

问题4:你能提出一些新的数学问题吗?

生4:我问一个问题:$-\frac{1}{3}+\left(-\frac{2}{3}\right)=?$

评:一个问题有好多种发问的方法.譬如这个问题可以问:请说明$\frac{1}{5}+\frac{2}{5}=\frac{3}{5}$正确的理由.但笔者以为现在的发问中的"有几种方法"好,它暗示了有多种方法,更能够激发大家的发散性思维.

评:用问题教学法,就得准备各种提问和学生会产生的各种回答.执教老师的教案里准备了多种可能.尽管这个班水平很高,学生用"化小数"和"转化为除法"的两种比较抽象的方法解决了这个问题,但是笔者以为执教老师的备选答案——赋予实际意义——涉及分数加减法的现实原型,还是应该讲的.

评:让学生提问,好.

生1：先把分数化小数，然后做小数的加减，再将结果化成分数，这个方法做分数的加减题，会不会产生无限循环小数的情况？产生了这样的情况后该怎么办？

（尚有备选问题：怎样用小的分数减大的分数？怎样做整数与分数的加减法？怎样把一个分数写成两个分数的和差形式？）

五、作业

……

思考题：你能把 $\frac{3}{5}$ 写成三个分母彼此不同的最简真分数的和吗？能写成两个不同的最简真分数的差吗？

全班有3人做思考题：

生5：$\frac{3}{5}=\frac{12}{20}=\frac{3+4+5}{20}=\frac{3}{20}+\frac{4}{20}+\frac{5}{20}=\frac{3}{20}+\frac{1}{5}+\frac{1}{4}$.

生6：$\frac{3}{10}+\frac{4}{15}+\frac{1}{30}=\frac{9}{30}+\frac{8}{30}+\frac{1}{30}=\frac{9+8+1}{30}=\frac{18}{30}=\frac{3}{5}$.

生7：$\frac{3}{5}=\frac{5}{5}-\frac{2}{5}=\frac{15}{15}-\frac{4}{10}=\left(\frac{15}{15}-\frac{1}{15}\right)-\left(\frac{4}{10}-\frac{1}{15}\right)=\frac{14}{15}-\frac{1}{3}$.

评：这个题目比较难，但有3个学生能够做出来，再次说明这个班的水平很高．思考题难些，问题不大，既然有3人能够做出来，说明这样的难度还是可以允许的．笔者的意见是这个题和本节课的主题——同分母分数的加减——不很一致，偶然为之可以，一般说，在水平一般的班级里，不推荐这样布置思考题的办法．当然实践是检验真理的唯一标准，要看学生的具体情况，要看后果，笔者这里仅是纸上谈兵而已．

议：笔者接触到的一个学校的数学教研组提出要贯彻"问题教学法"，教师们首先要讨论的是什么是"问题"？是一道道数学题呢？还是指课堂上教师指导性的提问，或学生的发问？讨论的结果，两者都可以是，也都可以不是．

问题教学法的宗旨是通过问题启发学生的思维．如果全部是数学题堆砌起来，就成了题海战术了，不分析，不总结，当然起不到启发思维的作用，不能算是"问题教学法"．但是将数学题进行合理的组织，形成题组，步步深入，对学生的思维起到了启发促进的作用，应该算是的．

如果在课堂上教师提的"指导性"问题全部都是一些"傻问题"，如："什么是多项式？""对顶角是不是相等？"对启发学生思维没有什么作用，也就不能算问题教学法了．

在前面的《同课异构：平行四边形判定定理（之一）》里，执教的C老师用一个问题，几乎带出了全课；本节课的执教老师是通过4个问题（既有数学题，也有启发学生的教学性发问）组织全课，可以说是贯彻了问题教学法的（如果这种教学法成立的话）．

用启发式教学，用所谓的问题教学法，第一，教师要提出好问题．什么样的问题是好

陈永明 评议数学课

问题呢？

好问题应该有多种可能，有一定的思维余地，甚至还容易引起学生错误的解答，这样就有了启发性，就会引起讨论甚至争论．我们有的老师，很注意教学的形式，如组织小组讨论，大量的提问等，这都应有好问题来支撑，否则就是形式主义，走过场，反而浪费时间．因此，我们要让学生互动的话，首先要在学科内部找有启发性的问题，千万不要本末倒置，为互动而互动．

好问题一般还应该是学生熟悉的、感兴趣的，这样的问题学生有亲切感．好的老师往往用日常生活中的例子，譬如姚明的得分、火箭上天的数据、班级的成绩等，这种"外在"的例子可以成为好问题，但"内在"的、纯数学的例子有时也是学生感兴趣的．

同时，好问题又应该是学生"跳一跳"可以完成的，也就是难度适当．难度太低，一两句话就回答了，难度太高，会形成"无人喝彩"的尴尬局面，都是不恰当的．这就要求我们的老师熟悉学生的情况．

第二，教师要做好多种准备．因为你提了问题，学生就可能会这样回答，也可能会那样回答．有时候回答在你的意料之中，有时候出乎你的意料，这需要你的功底和智慧，也要求我们做好多种准备．从这份教案里可以看到教师的精心准备，想好的对策．

第三，更高的要求是鼓励、激发学生提出问题来．本节课里，这一点是做了，应该大加赞扬．爱因斯坦说过，提出一个问题，比解决一个问题更重要．我们现今的课堂，一言堂、满堂灌的是不多了，但都是老师问，学生答．而美国的教学就不一样，教授讲完了，总要留几分钟让学生提出问题．他们认为，讲得学生没有问题了，这不算好课．这一点实在是我们应该学习的．上海世界外国语中学黄建立老师设计"我来问"栏目，上课前2分钟，每天由一位学生提问，大家抢答．可以是自己不明白的地方，也可以考考别人，这是一个好办法．

读 读 议 议

F 老师上了一节增长率的课.

先是复习性的问题：

师：如果你将本金 1000 元存入银行，年利率 2%，一年后你可以得到多少利息？连本带利可得到多少？

生 1：1000＋1000×2%＝1020 元．利息 20 元．

师：如果两年后领出来，连本带利可得到多少？得到的利息是多少？

生 1：1000＋2×1000×2%＝1040 元．利息 40 元．

接着，F 老师就从这题着手，进入本课的主题.

师：很好．都答对了．如果是一年后自动转存（银行把第一年应得的利息 20 元也当作本金存入），那么两年后你可以得到多少？

……

评：这个引入，很朴实．

接着是举例．

例 1　第一季度产值 100 万元，后面的季度比前一季度递增 20%，问：第三季度产值是多少？

例 2　商品卖 1000 元，连续 2 次降价 20%，问：售价是多少？

解完后，老师请大家总结公式：

（板书）1. 公式

增长率公式：实际产量＝原产量·(1＋增长率)^{时间}，

下降率公式：实际产量＝原产量·(1－下降率)^{时间}．

师：时间可以是"年"、"月"、"季度"，也可以是"次"．问题中，不一定是产量，也可以是人数、钱款．

运用这个公式，可以是已知原产量、增长率、时间，求实际产量，也可以是反过来．这里要用到方程思想．

评：让学生总结公式，很不错．而且，交代得比较细致，如说明"这里的时间，可以是'年'、'月'、'季度'，也可以是'次'"，"不一定是产量，也可以是人数、钱款"．特别是交代了"运用这个公式，可以是已知原产量、增长率、时间，求实际产量，也可以是反过来．这里要用到方程思想．"

但是，似乎可以把公式上升到用字母表示的一般公式（这个学校的生源是很好的）.

下面,F老师让学生自己阅读书上例6和例7.

例6 某工厂7月份产值100万元,计划9月份产值要达到144万元,如果每月产值增长率相同,求增长率.

分析:根据题意,可得

9月份产值=144,
‖
100(1+增长率)²
↓
未知数

解:设每月产值增长率为 x,则
$100(1+x)^2=144$, $(1+x)^2=1.44$,
$1+x=1.2$(−1.2 舍去),
$x=0.2=20\%$.

答:略.

例7 如果某农场总产值预计今年比前年翻一番,那么平均每年总产值约增长百分之几?

分析:翻一番即是2倍,

预计今年总产值 = 前年总产值的2倍
‖ ‖
前年总产值(1+增长率)² 前年总产值×2
↓
未知数

解:设平均每年总产值约增长 x,则
$(1+x)^2=2$,$1+x≈1.414$(−1.414 舍去),
$x≈0.41=41\%$.

答:略.

师:大家读懂了吗?

生:懂了.

师:那么我提几个问题:

问1:增长率设为 x,可不可以设为 $x\%$? 如果可以,这个 x 有什么区别?

问2:两例中分别是根据什么等量关系列方程的?

生:……

师:例6是产量相等;例7是倍数相等.

问3:两例都是用什么方法解方程的?为什么不用其他方法?

生2:开平方法.没有必要用其他的方法.

问4:为何舍去负根?增长率的范围怎样?

(板书)2.增长率>0,0<下降率≤1.

评:"产量相等"就比较具体,"倍数相等"在一些学生头脑里是"看不见,摸不着"的.因此,"倍数相等"这个问题,似乎可以再讲解得透些.设前年总产量为 a,那么可以列出方程:$a(1+x)^2=2a$,然后因为其中的 a 最后被约去,所以,我们可以直接写方程$(1+x)^2=2$.而且这样做,可以早点让学生接触"设参数,然后消参数"的思想.

评:粗看起来,这个问题问得没有思维容量,其实不然,笔者想,F老师是想让学生回忆一下解二次方程有多少种解法的.

问 5：例 7 的结果为什么不写作 1.414，而是 1.41？

生 3：写作 1.414，相应的百分数是 41.4％，因为题目问"百分之几"，没有必要有小数点．

生 4：这个道理不能令人信服，很多百分数都带小数点的．

生 5：教科书编得不明确，应该在题目里写明"精确到……"．

师：我同意生 5 的意见．但这类问题涉及答案对和错，涉及得分多少的问题，是很头痛的．我们暂不纠缠，但是大家表现出来的质疑精神是值得发扬的．

最后，F 老师出了几道练习题，是由例 6、例 7 改编的．

议：上世纪 60 年代，上海育才中学在著名教育家段力佩校长的创导下试验了"读读议议"的教学法，取得了瞩目的成果．在当今，这样的教学法几乎是见不到了．今日得见，令人欣喜．

总的说，F 老师提出的问题还是有质量的，但多为细节，宏观的则少了些，仅仅是"根据什么等量关系列方程式的？"带点宏观性．譬如可以问：三年后的产量怎么算？四年、五年……呢？这是一种"留白"，对后续教材是一种"预告"和铺垫．另外对公式本身的剖析还可以深入些．

任勇在《数学学习指导与教学艺术》中，对于公式提出了 12 项注意事项：注意公式的引入、注意公式的推导、注意公式的串联、注意公式的变式、注意公式的演变（与一般变式不同，普通变式只能解决同类问题．演变就不一样了，如等比数列求和公式演变为新公式 $1-q^n=(1-q)(1+q+\cdots+q^{n-1})$ 或 $a^{n+1}-b^{n+1}=(a-b)(a^n+a^{n-1}+\cdots+b^n)$））、注意公式的特例、注意公式的几何解释、注意公式的记忆、注意公式成立的条件、注意公式的应用、注意公式的推广、注意公式所揭示的思想方法．这 12 项提得十分精彩，的确是我们每位教师值得注意的．

下面，笔者就公式的变形问题谈一些学习体会．笔者以为，公式的变形有下面四种：

第一种是方向的变化，即公式的逆用，要培养学生有逆用公式的意识．会不会逆用公式往往可以反映出这个学生是不是灵活．

$$(a+b)(a-b)=a^2-b^2$$

是乘法公式，反过来是因式分解公式；

$$\sin^2 x+\cos^2 x=1$$

反过来是

$$1=\sin^2 x+\cos^2 x,$$

在不少场合里要用到.

第二种是要素的角色变化.有些公式往往是通过若干个数据,求出另一个数据,如增长率问题,就是用原产量、增长率、时间,求实际产量.要带领学生进行公式的要素分析,要素的观念是一种数学修养.数学学得好的学生,对公式的要素一定很敏感,要素缺了,他马上知道这道题是不能解的,而数学学得不好的学生还是糊里糊涂地盲目地做着.增长率问题里就是有四个要素,而且知三可求一,譬如用原产量、实际产量、时间,可以求增长率,原来求实际产量,现在求增长率了,这就是要素的角色变换了.F老师的这节课里,在这方面似乎还可以加强.F老师最后出了几道练习题,是由例6、例7改编,这是好的,是一种变式教学.但是只是将原来增长的问题改为下降的问题,没有要素的角色变换.

第三种是字母的泛化.对于公式
$$(a+b)(a-b)=a^2-b^2,$$
有些学生会求当 $a=1,b=2$ 时候的值,但不知道其中的字母不一定就是代表数,可以用别的字母来代替,譬如 $a=x,b=y^2$,得
$$(x+y^2)(x-y^2)=x^2-y^4,$$
甚至还可以将 a、b 分别用 $2a$、$3b$ 来代替,得
$$(2a+3b)(2a-3b)=4a^2-9b^2.$$
在初学三角时,从倍角公式
$$\cos 2x=1-2\sin^2 x,$$
经过角色转换,得到
$$\sin^2 x=\frac{1-\cos 2x}{2},$$
再用泛化,用 $\frac{x}{2}$ 代替 x,得到半角公式
$$\sin^2 \frac{x}{2}=\frac{1-\cos x}{2},$$
有些学生对这个过程就是想不通.

第四种是公式的弱化.有些学生知道三角形面积公式是 $S=\frac{1}{2}bh$,但是不知道当底边一定时,三角形的面积和高成正比;知道圆柱的体积等于底面积乘高,但不会做"一个圆柱底面积缩小3倍,高扩大3倍,那么它的体积如何变化?"这样的题目.从"三角形面积 $S=\frac{1}{2}bh$",可以推出"底边一定时,三角形的面积和高成正比",但反过来推不出.从前者到后者,结论是弱化了,但这个弱化的结论,有时恰恰是学生不清楚的.

这四种变式,笔者认为都有相当的价值,值得我们在教学中予以重视.

一谈难点:初遇待定系数法[1]

听了一节正比例函数的新授课.X老师引出正比例函数的概念之后,就开始举例.

> **例** 已知 y 是 x 的正比例函数,且当 $x=3$ 时,$y=24$,求 y 与 x 之间的比例系数,并写出 y 与 x 之间的函数解析式.
>
> X老师很有条理地解了这道题.解毕,指出了这个方法叫待定系数法,并小结了步骤:
> 一设(设函数式 $y=kx,k\neq 0$),二代(将 $x=3$ 时,$y=24$ 代入),三解(解出 k),四回(把解出的 k 值回代到函数式里).

评:这个小结不错,把解题步骤归结为若干步,并提炼了几个关键词,易记易用.

议:但是综观整堂课,刚刚讲了正比例函数的意义,出现的第一个例子竟然是利用待定系数法求函数式,这似乎不适当.

第一,一般说,一个新概念出现后总是先正面巩固,譬如给出一个正比例函数,已知 x 的值,求 y 的值.而该例题从 x、y 的一对数值求函数式,恰恰是从反面来认识函数的.

第二,更严重的是,待定系数法也是第一次出现,函数概念已经不容易理解了,再来一个待定系数法,不是把两个难点集中在一起了吗?

另外,尽管在解这道例题的时候,X老师把解题过程阐述得很清楚,方法步骤小结得很清晰,但就是没有讲怎么想到这个方法的.按照这样的教法,学生没有感悟,只会就事论事地利用待定系数法做这种题目,这也是不妥当的.

下面,笔者就待定系数法的教法谈些看法.

我想,待定系数法是不是可以这样教:

先铺垫:讲了正比例函数式子之后安排下面的例题习题:

1. 辨别哪些式子是正比例函数.

2. 已知一个正比例函数(如 $y=5x$),给出 x 的值 $\left(\text{譬如 } x=2,4,6.2,-2.1,\dfrac{4}{15},\cdots\right)$,

---

[1] 本文曾刊载于《数学教学》2007年第7期,收入本书时有修改.

求 y 的值.给出的 x 的值应该面广一些,有正有负,有整数,有小数分数.再反过来,已知 y 的值求 x 的值.这既是对正比例函数的具体化,又是对后面的待定系数法教学的铺垫.

3. 给出两个不同正比例函数,譬如 $y=2x, y=3x$,给出相同的 x 值,求 y.这样的例子还可以适当增加,而且可以出现生活中的实例,譬如"某天汽油单价是 3 元/升,得到的汽油数量和总价的正比例函数式是 $y=3x$,过了一个月之后,汽油单价是 3.2 元/升,得到的汽油数量和总价的正比例函数式是 $y=3.2x$,某驾驶员加 50 升汽油,付出的钱款分别是多少?"这类问题的意义在于:体会两个正比例函数的差别实质上在于系数 k,这是十分重要的思想方法.这个思想方法——一个函数(或者别的什么)决定于某个参数——不是每个学生都能够理解,更不是每个学生都能够在头脑里牢牢扎根的.

然后讲解待定系数法:

1. 可以利用前面的例子 $\left(\text{已知 } y=5x, \text{当 } x \text{ 等于 } 2,4,6.2,-2.1,\frac{4}{15}\text{时},\text{求 } y\right)$,反过来,若一个正比例函数,当 x 等于 $2,4,6.2,-2.1,\frac{4}{15}$ 时,y 分别等于 $10,20,\cdots$ 这个函数应该是怎样的?大家联系前面的例子,一定很快得出结果.

2. 接着指出,这里我们遇到了相反的问题.本来是"已知正比例函数式,求与给出的 x 的值相应的 y 的值",现在,知道了"与 x 的值相应的 y 的值",求"函数式".后者的本质就是求 k.

3. 再问:只求一个值 k,要不要这么多的数据啊?

4. 研究怎么从一对数据,求 k.出现书上例子:$x=3, y=24$,求正比例函数式.

讲解时一定要引导大家先凑:假如这个函数是 $y=2x, y=3x$ 行吗?不对! 这样"笨"做一下,是有好处的,可以体会待定系数法的本质.而且在这个时候往往会有学生能够直接做出,这时候教师要"压制"一下先进,让"笨"办法冒出来,以便教育全体学生.

然后,让大家体会到:苦就苦在 k 不知道.想一想:当初学习方程时是不是也遇到过这样的情况?那时我们把未知的数设为一个字母,让它参与运算.

我们假定 k 已知,那么 $y=kx$ 应该满足 $x=3, y=24, \cdots \cdots$ 然后指出具体的解法.

这样的讲授过程,要点在于:第一,先正面巩固正比例函数.第二,让学生初步体会不同的正比例函数,式子里的 k 是不同的,反过来 k 不同,正比例函数也就不同.初步体会确定一个正比例函数式的是系数 k(而不是 x, y).第三,不要直接给出待定系数法解题的过程,而一定要先凑,先"笨"做,然后再如华罗庚先生说的"巧从拙中来".让学生初步体会待定系数法本质上是方程思想,初步感悟到待定系数法是怎么想出来的.

其中第二、第三两点十分重要,但是要注意只要"初步"体会就可以了,千万不要过高要求.这两点往往可以判断一个学生的数学素质的高低.如果不理解这一点,而只是以总结的若干步解题,那么我们的学生并没有学到待定系数法的精髓.

不少专家批评当前的数学教学是"掐头,去尾,烧中段",意思是不讲数学知识的形成过程(掐头),不讲数学知识的应用(去尾),只讲数学知识本身,并进行反反复复地操练(烧中段).笔者认同这样的批评.知识的形成过程很重要,有的知识直接来源于实际问题,有的则是数学内部发展的结果,只有了解了知识发生的过程,才能理解当初数学家为什么要引出这个概念,怎么会想到这种方法的,日积月累,学生才有可能将数学家的这种创造性的思维方式学到手,并迁移到其他的场合,这样,数学才没有白读.当然,人不可能事事都亲身实践,接受间接知识,是教育的重要手法,但是重要的概念、法则、方法,一定要舍得花些时间让学生动动手,动动脑,设置些障碍,让学生走些弯路……使学生经历一个弗赖登塔尔说的"再创造"的过程,对这个过程有所感悟.

待定系数法就是一个复杂的、重要的方法.在它解决的问题中,涉及了参数,涉及了函数族的概念;它本身是方程思想的一种体现;又涉及了"在某些条件下,从特殊(函数的一对数值)可以导出一般规律(列出函数式)"这样的深奥的、有哲理的问题,如果仅就是"一设、二代、三解、四回"这样教,让学生依样画葫芦地操练,不理解它的本质是什么,不感悟一下是怎么想出来的,我觉得有"掐头"之嫌.

笔者呼吁:在教重要概念、法则的时候,千万不要"掐头"!

最后,笔者借这个问题发挥一下,谈谈对数学教学中的难点的看法.

笔者认为,数学教学中的难点大致有六种:

第一种是"想不通",譬如遇到抽象的概念,原来没有遇到过的新的思维方式,如参数、极限定义、异面直线、数学归纳法、反证法等.

第二种是"想不到",如添辅助线.

"想不通"和"想不到",是完全不同的难.对"想不到",是自己的思维不够灵活,譬如辅助线,只要别人一提醒,马上就能够做下去了.而"想不通",不是这样的,即使老师一遍遍解释,你可能还是没有弄清楚.

第三种是"理不清",这是遇到了复杂问题,顾此失彼了.如配方法,既要加一项减一项,又要减半,还要平方——最后弄错了.

第四种是干扰,如学有理数加减法的时候,有些学生做得蛮好的,但讲了乘除法之后回头再做加减法的题目,譬如$(-2)+(-4)$,有些学生把乘法法则"负负得正"用到加法上去了——后续知识对前面的知识产生了干扰.

第五种是准备知识不足或遗忘.

第六种是生活经验不足.

待定系数法的问题是新的思想方法,应该属于"想不通"一类.但是它不是"绝对地"想不通,如果就事论事地看,有些学生好像是会做的,好像是想通的.对于这类难点,处理的主要方法,一是通过解释(具体的、形象的、换角度的解释)和活动,理解其意义;二是分散难点(课前孕伏的和课内的小步子),逐步深入,直至理解.

二谈难点:数学归纳法的教学

数学归纳法是很重要,又是很难理解的一个内容,要讲清楚,让学生掌握并真正弄懂,是很显功力的. 这里展现的是 X 老师上的数学归纳法.

一、归纳法介绍

1. 从三个命题引出归纳法的概念

(1) 三角形的内角和是 180°,四边形的内角和是 $2 \times 180°$,五边形的内角和是 $3 \times 180°$,六边形的内角和是 $4 \times 180°$,所以,凸 n 边形的内角和是 $(n-2) \times 180°$.

(2) 因为
$$6 = 3 + 3,$$
$$8 = 3 + 5,$$
$$10 = 3 + 7,$$
$$12 = 5 + 7,$$
所以,每一个不小于 6 的偶数都可以表示为两个奇数的和.

(3) 设 $a_n = n^2 + n + 11$,因为
$$a_1 = 13,$$
$$a_2 = 17,$$
$$a_3 = 23,$$
$$a_4 = 31,$$
都是质数,所以对所有自然数 n,$a_n = n^2 + n + 11$ 都是质数.

教师指出,归纳法是由一系列有限的特殊事例得出一般结论的推理方法.

2. 通过实验操作、数学史例等说明归纳法的局限性

(1) 实验操作

操作 1:拿出第一根是白粉笔,拿出第二、三根也是白的……

评:X 老师是比较典型的讲授法,其实可以让学生算算,也可以让学生猜猜.

提问:你知道盒里装的粉笔是什么颜色的?

引出:

不完全归纳法:通过对某类事物中的部分对象的研究,概括出关于该类事物的一般性结论.

操作2:从盒中拿出一根红粉笔.这说明不完全归纳未必正确.和不完全归纳法相对,有完全归纳法:研究了某类事物中的每一个对象,然后概括出这类事物的一般性结论.完全归纳法一定正确.

(2) 前面遇到的三个命题都是由不完全归纳法得出的结论,他们是否正确?

(3) 数学史例

法国数学家费尔马,由 $n=0,1,2,3,4$ 时,$2^{2^n}+1$ 是质数,从而推测:

"n 为非负整数时,$2^{2^n}+1$ 都是质数."

而将近一个世纪后,瑞士数学家欧拉发现 $n=5$ 时,

$$2^{2^n}+1=4294967297=641\times 6700417,$$

却是合数.

X老师说,用完全归纳法推出的结论一定是正确的,用不完全归纳法得出的一般性结论未必正确.数学中有许多和自然数有关的命题,用不完全归纳法证明是不可靠的,但如果改用完全归纳法则又是不可能的,因为自然数有无限多个,我们不可能对所有自然数都一一加以验证,如何解决这一有限和无限的矛盾?

评:这个问题提得好,把矛盾摆了出来.

二、数学归纳法

1. 多米诺骨牌成功的条件

师:请同学观察多米诺骨牌游戏,如何才能保证骨牌被成功推倒?(没有反应)

(1) 第一张骨牌被推倒;

(2) 骨牌排列必须保证前一张牌倒下之后,后一张牌也倒下.第二条件用数学语言如何叙述?

(没有反应)

评:这里学生没有反应是正常的,这个问题实际上是教师的设问,也就是说教师是准备自问自答的.

2. 数学归纳法的步骤

数学归纳法是一种证明和自然数有关的数学命题的重要方法,它的步骤是:

(1) 验证当 n 取第一个值 n_0 时,命题成立;

(2) 假设当 $n=k(k\in \mathbf{N}^*,$ 且 $k\geqslant n_0)$ 时命题成立,证明 $n=k+1$ 时命题也成立.

完成了这两步之后,就可以断定命题对于从 n_0 开始的所有自然数都成立.

三、例题

在学习等差数列的通项公式时,我们用的是不完全归纳法:

因为
$$a_1=a_1+0\times d,$$
$$a_2=a_1+1\times d,$$
$$a_3=a_1+2\times d,$$
$$a_4=a_1+3\times d,$$

所以,$a_n=a_1+(n-1)\times d$,

其实,等差数列的通项公式需要用数学归纳法来证明.

例 1 用数学归纳法证明:公差为 d 的等差数列的通项公式是 $a_n=a_1+(n-1)d$.

证明:(1) 当 $n=1$ 时,左边等于 a_1,右边等于 a_1,等式成立.

(2) 假设当 $n=k$ 时等式成立,即
$$a_k=a_1+(k-1)\times d,$$

则当 $n=k+1$ 时,
$$a_{k+1}=a_k+d$$
$$=a_1+(k-1)d+d$$
$$=a_1+[(k+1)-1]d.$$

根据(1)、(2)可以断定,等式对任何 $n\in \mathbf{N}^*$ 都成立.

接着,X 老师的例题是:

例 2 错在哪里?

1. 有人用数学归纳法证明了这样一个命题:
$$2+4+6+\cdots+2n=n^2+n+1 \quad (n\in \mathbf{N}^*).$$

"证明:假设 $n=k$ 时等式成立,即
$$2+4+6+\cdots+2k=k^2+k+1,$$

则当 $n=k+1$ 时,

左边 $=2+4+6+\cdots+2k+2(k+1)$
$$=k^2+k+1+2(k+1)$$
$$=(k+1)^2+(k+1)+1,$$

评:数学归纳法的第一节课上,第一个值取 n_0,要求太高了,这不是分散难点,而是集中难点了.通常都先取 1,待学生对数学归纳法掌握得很好之后,再这样讲也不迟.

评:X 老师用多媒体展示,其实还是一步步板书好.

等式也成立.

可以断定,等式对任何 $n\in \mathbf{N}^*$ 都成立."

缺了第一步,结论不一定能够成立. 这是不难说清楚的.

2. 用数学归纳法证明:
$$\frac{1}{2}+\frac{1}{4}+\frac{1}{8}+\cdots+\frac{1}{2^n}=1-\frac{1}{2^n}.$$

X 老师问了两个学生,学生都没有回答. 接着 X 老师给出下列证明:

"(1) 当 $n=1$ 时,左$=\frac{1}{2}$,右边$=1-\frac{1}{2}=\frac{1}{2}$,所以等式成立.

(2) 假定当 $n=k$ 时等式成立,即
$$\frac{1}{2}+\frac{1}{4}+\frac{1}{8}+\cdots+\frac{1}{2^k}=1-\frac{1}{2^k},$$
则当 $n=k+1$ 时,
$$\frac{1}{2}+\frac{1}{4}+\frac{1}{8}+\cdots+\frac{1}{2^n}+\frac{1}{2^{k+1}}$$
$$=\frac{\frac{1}{2}\left(1-\frac{1}{2^{k+1}}\right)}{1-\frac{1}{2}}$$
$$=1-\frac{1}{2^{k+1}}.$$

等式也成立.

根据(1)、(2)可以断定,等式对任何 $n\in \mathbf{N}^*$ 都成立."

在第二步里,实质上没有用到 $n=k$ 时的假定,而是直接用了等比数列求和公式,因此从数学归纳法的角度看,这也是错误的.

四、练习

1. 用数学归纳法证明凸 n 边形的内角和等于 $(n-2)\times 180°$ 时,n 所取得的第一个值是 _____.

2. 用数学归纳法证明"$1+a+a^2+\cdots+a^{n+1}=\frac{1-a^{n+2}}{1-a}(a\neq 1,n\in \mathbf{N}^*)$"时,在验证 $n=1$ 成立时,左边应为 _____.

评:这两个错题很典型,说明 X 老师对学生学习数学归纳法的情况是知道得很清楚的,但是,没有巩固练习,学生还没有感性认识,就给他们呈现做错的例题,效果不怎么好.

评:这题的答案是 3,不是 1,显然,X 老师是为了配合第一个值取 n_0 而设置的. 应该说,前后呼应的做法还是正确的.

生 1：1.

生 2：$1+a$.

都错了，$n=1$ 时，左边有三项：$1+a+a^2$.

3. 用数学归纳法证明"$1+2+3+\cdots+2n=n(2n+1)(n\in \mathbf{N}^*)$"时，由"假设 $n=k$ 命题成立"，到"$n=k+1$"时，左边增加了 ＿＿＿＿＿＿.

生：$2k+2$.

很多学生想不通，教师板演：

$n=k$ 时，

左边 $=1+2+\cdots+2k$；

$n=k+1$ 时，

左边 $=1+2+\cdots+2k+(2k+1)+(2k+2)$，

还有学生还是想不通.

4. 用数学归纳法证明：

$$\frac{1}{2^2-1}+\frac{1}{4^2-1}+\frac{1}{6^2-1}+\cdots+\frac{1}{(2n)^2-1}=\frac{n}{2n+1}(n\in \mathbf{N}^*).$$

五、小结

1. 步骤(1)是归纳假设的基础，起着奠基的作用，步骤(2)是以一次逻辑推理代替了无限次验证过程，是归纳的依据，起着递推作用，两者不可缺一，在证明命题正确时，一定要用到归纳假设，否则就不叫数学归纳法.

2. 不完全归纳法的可靠性虽不是很大，但它在科学研究中有着重要作用，许多数学猜想都来源于不完全归纳法."归纳—猜想—论证"是人们发现新的结论的重要途径，得出假设或猜想，再经过严格证明，可望得到一般真理，因此，它是人们用以探索规律时常用的方法之一.

评：X 老师企图分散难点，没有直接出个完整的证明题，而是出了个填空题，作为铺垫，这是正确的. 但是这题本身太难了，因为 n 变动时，左边不但值变了，连项数也变了. 笔者建议先练习整除的题目，譬如"求证 n^2+3n+2 被 6 整除"，n^2+3n+2 的项数与 n 是无关的.

评：在数学归纳法的学习过程中，项数是个大难点，练习 2 和 3，应该说是 X 老师精心安排的，试图化解项数这个难点. 可惜这个第三题还是太难，n 每增加 1，左边的项数要增加 2 项（而不是 1 项）. 如果一定要用这个例子，应该从 $n=1,2,3$ 开始慢慢分析，让学生弄明白. 或者将原式左边添些括号：$(1+2)+(3+4)+\cdots+(2n-1+2n)$，或许就容易弄明白了.

评：这个小结是很精练的.

议：X 老师的教学设计较有条有理，引入部分就内容而言，选择得也很精彩，例题选择得很典型，对学生容易犯错误的地方也很清楚，显示了 X 老师本人具有不错的数学功底，知识面也比较宽.

X 老师年纪不大，已经多次教过高三，但从没有教过高二. 因此对学生学习数学归纳法入门时(高二)的困难可能了解得不够.

数学归纳法,是重点,又是难点.对学生来说,是一种完全新的思想方法,很不容易懂,是属于"想不通"一类的难点.可以毫不夸张地说,有相当一部分学生要相当长的时间才能真正弄懂.因此作为第一节课,教学要求不能过高.基本上弄懂意思,进行一些模仿性练习,就是成功.本节课的要求高了.

对于重点,我们常常说突出重点,因此就要削枝强干.本节课是数学归纳法的第一节课,不可能把有关数学归纳法的知识都讲得十分清楚,而应该把重点放在理解数学归纳法的原理和可靠性及证明的模仿上,并通过练习进一步理解数学归纳法的原理.对理解掌握重点知识暂时关系不大的,应该忍痛割爱.X老师引言部分的内容选择得很精彩,但是,第一节课不一定要讲那么多,省下时间用在突出理解数学归纳法的原理上面为妥.

对于这种"想不通"的难点,要设法让学生理解,这就需要解释,譬如用生活中的例子来作比喻,甚至亲身感悟.多米诺骨牌的例子是可以的,但应该分析透.第一张牌倒下,是开端;而由训练有素的人员认真地把牌一一搭建,是保证了"前面倒下了,确保后面的自动倒下",是保证了倒下的连续性,或者说是递推性.二者缺一不可.光是第一张牌倒下了,后面的牌搭建得不合要求(不能保证连续性),肯定是不会全部倒下的;光是搭建得很规范,但第一张牌没有倒下(没有一个开端),这些牌也不会全部倒下的.这个问题理解了,还可以让学生举别的例子.

对于难点,我们常常说分散难点.数学归纳法的难点太多,原理本身是难点;在证明时,"形式上像数学归纳法,实质上在证明 $n=k+1$ 时,没有用到 $n=k$ 时的假定"是常见的一类错误;对于证明数列的和的公式时,弄不清楚 $n=k$ 时,数列有哪些项,$n=k+1$ 时,数列又有哪些项,也是一个难点;再加上 n_0,这个不难避开的难点……因此,笔者建议,n_0 完全应该在第一节课里避开.在举例做练习的时候,要先做和项数无关的题(如整除).有经验的老师,会在以后讲数列例题的时候,先把项数的问题做铺垫.至于学生常见错误,笔者认为,应该在学生进行模仿性的练习,有了点感性认识之后再出现,甚至就用学生当场出现的错误进行剖析,效果就会更好.

三谈难点："一贴二靠"好

我听过一节平面几何的入门课——过直线外一点画这条直线的垂线.

这是一位经验丰富的 T 老师,她教了一句口诀:"一贴二靠",就是说,第一步,将一块三角板的一边紧贴直线 MN,第二步,用另一块三角板,将它的一条直角边靠着直线外的点 P,另一条直角边靠着第一块三角板,即紧靠直线 MN.然后过点 P 画垂线(如图1).

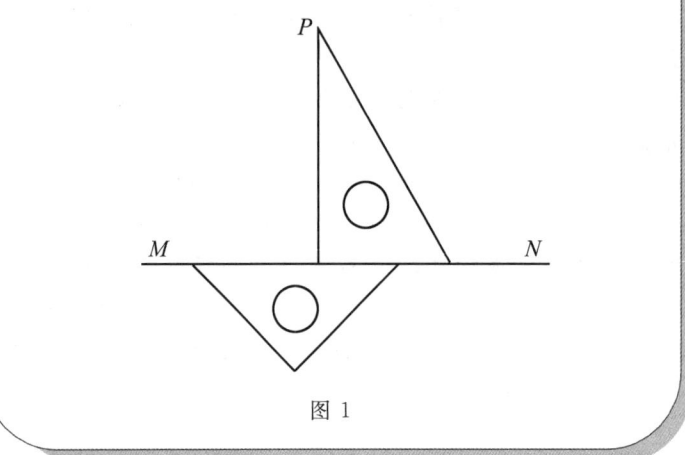

图1

那是一所位于城郊结合部的学校,学生水准不高,但是从这节课上可以看出,学生都能够画垂线.说明 T 老师的教学是有效的.特别是归纳的"一贴二靠"这句口诀,我很欣赏,多次在笔者的培训课里提到.

为什么我对这句口诀这样欣赏呢?

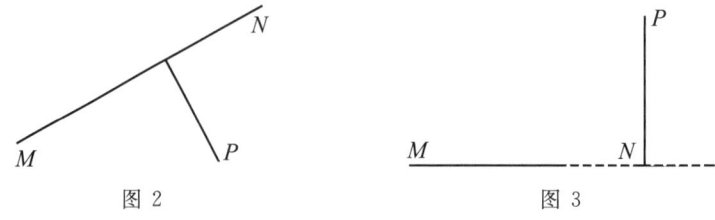

图2　　　　　　　　图3

首先我认为画垂线,对初学几何的学生来说,是个难点,特别在两种情况下:一是所给直线处在非标准的位置时(如图2),二是所给的直线(我们总是画直线的一段),画得比较短的时候(如图3),学生常常把三角板颠三倒四地放来放去,却难以画出垂线.如果在初次接触垂线时没有学好,那到画三角形的高时,困难就会再次出现,而且也是两种情况特别困难:一是处于非水平位置的边上的高不会画,二是钝角三角形钝角边上的高不会画.他们只是记得,画高,一定要画垂线,一定有直角,至于和哪条边相交成直角,要经过哪个点,就糊涂了,于是,图4的情形是常常出现的,而且会在相当长的时间内反复出现.因此,画垂线是今后进一步学习的基础.

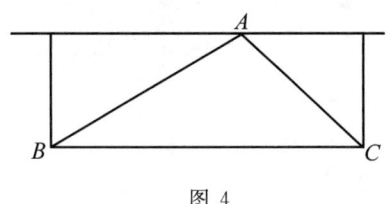

图 4

而"一贴二靠",把这个难点化解了. 它化解这个难点时,分为两步. 第一步"贴"的时候,可以准确地找到我们要画哪条直线的垂线,即使这条直线的位置处于非标准的位置,即使这条直线画得比较短,我们目标十分明确;第二步"靠",指出了画垂线要经过哪个点,我们的出发点十分清楚. 目标明确,出发点清楚,画垂线当然就不难了.

在这里,笔者顺便再谈谈对难点的看法.数学里的难点其实多种多样.笔者在讲课时,把数学的难点分成6种,画垂线之所以难,是难在信息太复杂,学生不熟悉,因此顾此失彼,手忙脚乱,从心理学角度看,是注意分配水平不高.解决这类难点的有效方法是把要处理的事情条理化,第一步关心什么,做什么,第二步关心什么,做什么……"一贴二靠",就是在纷乱的情况中理出了条理.好多家长向笔者抱怨说,自己的孩子太粗心,考试成绩不好.粗心,这个提法太笼统,但大体上就是顾此失彼,手忙脚乱的缘故.笔者的建议总是把要做的事情有序化.

现在笔者上了些年纪,做事情常常丢三落四,我的学化学的女儿"教育"我说,出门时背句口诀:"水、电、门、窗、(煤)气",意思是不要忘了关电源、水源、气源和门窗,说这是实验室的常规.后来我自己又加了一句:"药、钥、钱(包)、(眼)镜、(手)机",意思是,离家时,往身上摸一摸,这五件东西不要忘了带.两句话还挺压韵,容易记忆.真的,我强迫自己有序思考和操作,丢三落四的事情就少多了.

笔者印象最深的有这么一件事情.笔者读高中的时候,有过一次数学单元测验,全班只有我一个人得了满分.这次测验的内容是令人头痛的对数计算.现在由于计算机的飞速发展,复杂的对数计算在中学里已经不学习了.为了说明有序思考和操作的重要性,笔者对此大致作个介绍.

对数的好处是可以将乘除转化为加减. 为了求 $M\times N$,第一要取对数:
$$\lg(M\times N)=\lg M+\lg N,$$
然后,求出对数 $\lg M$ 和 $\lg N$,这是第二步.

做加减法,求出 $\lg M+\lg N$ 即 $\lg(M\times N)$,这是第三步,

第四步,由 $\lg(M \times N)$,求出 $M \times N$ 的值.

其中第二步求出对数 $\lg M$ 和 $\lg N$,还有两个步骤:先根据规则,确定对数的首数;再查对数表,确定对数的尾数.

第四步也有两个步骤:先查反对数表,得到 $M \times N$ 的各位上的数字,再根据法则决定小数点的位置.

一会儿查对数表,一会儿查反对数表;一会儿查表,一会儿要根据法则,确定首数和小数点位置,的的确确容易出错,所以全班总体考得不好.笔者为什么能够独领风骚呢?笔者的诀窍就在于有序思考和操作.下面以计算

$$32.1 \times 3400^2 \div \sqrt{123.4}$$

为例来说明.

笔者先把要做的工作设计成一张表:

设 $x = 32.1 \times 3400^2 \div \sqrt{123.4}$,

则 $\lg x = \lg 32.1 + 2\lg 3400 - \dfrac{1}{2}\lg 123.4$

列表:

	$\lg 32.1 =$	
$\lg 3400 =$	$2\lg 3400 =$	(+
$\lg 123.4 =$	$\dfrac{1}{2}\lg 123.4 =$	(−
	$\lg x =$	
	$x =$	

表一

接着,第二步把需要求的三个对数 $\lg 32.1$、$\lg 3400$、$\lg 123.4$ 的首数一下子全定下来.得下表二:

	$\lg 32.1 = 1.$	
$\lg 3400 = 3.$	$2\lg 3400 =$	(+
$\lg 123.4 = 2.$	$\dfrac{1}{2}\lg 123.4 =$	(−
	$\lg x =$	
	$x =$	

表二

然后第三步,查对数表,一口气得到这三个对数的尾数,得

$$
\begin{array}{r}
\lg 32.1 = 1.5065 \\
\lg 3400 = 3.5315 \quad 2\lg 3400 = \qquad (+ \\
\hline
\lg 123.4 = 2.0912 \quad \tfrac{1}{2}\lg 123.4 = \qquad (- \\
\hline
\lg x = \\
x =
\end{array}
$$

表三

第四步,其中两个对数分别乘以 2、除以 2,得

$$
\begin{array}{r}
\lg 32.1 = 1.5065 \\
\lg 3400 = 3.5315 \quad 2\lg 3400 = 7.0630 \quad (+ \\
\hline
\lg 123.4 = 2.0912 \quad \tfrac{1}{2}\lg 123.4 = 1.0456 \quad (- \\
\hline
\lg x = \\
x =
\end{array}
$$

表四

第五步,做加减:前两个对数相加,之后再减去第三个对数,得

$$
\begin{array}{r}
\lg 32.1 = 1.5065 \\
\lg 3400 = 3.5315 \quad 2\lg 3400 = 7.0630 \quad (+ \\
\hline
8.5695 \\
\lg 123.4 = 2.0912 \quad \tfrac{1}{2}\lg 123.4 = 1.0456 \quad (- \\
\hline
\lg x = 7.5239 \\
x =
\end{array}
$$

表五

到这里,$\lg x$ 已经求出,接下去,第六步,查反对数表,得到 x 的各位数字,第七步,再确定小数点位置,x 就算出来了.

笔者花了这么多的口舌,讲了一段现在不教的内容,有些老师可能有点不耐烦了.其

 **陈永明** 评议数学课

实,笔者也不要大家细读全过程,只要从中体会到这个操作过程的特点是先设计好合适的程序,然后再一步步计算;要定首数时把所有的全定下来;要查对数表的时候,把要查的全部查好;要扩大(缩小)倍数时,就做扩大(缩小)的工作;要加减的时候,就做加减……这样就避免了手忙脚乱.总之,有序思考和操作是克服信息多,信息复杂这类难点的有效方法.

回过头来再谈"一贴二靠"."一贴二靠",这是一句很简洁的口诀,琅琅上口,容易记忆.

运用口诀教数学,是好多优秀教师的经验,也是符合心理学原理的.普遍认为,对于重点的手段之一是突出重点,而运用口诀、图画、活动等多种感觉器官,是突出重点的方法之一.上海市著名的南洋模范中学已故校长、著名的数学教育家赵宪初先生,就是一位善于运用口诀的老师.王选院士等南洋模范中学校友在回忆母校时,都提到赵先生运用口诀进行教学的事情,以致他们还能够记得赵先生当年所教的公式和教这个公式时他的样子和他的嘉兴口音.流传最广的是,"文革"中有位美籍华人一定要见赵先生,见了赵先生,他深深地一鞠躬,并说,我尽管不从事数学工作,但赵先生您当年教的公式我还记得,接着就背了几个三角公式,一时传为美谈.

但是,现在的教学好象流行"大容量"、"快节奏":定义—定理公式—举例—大量做题,好像很少有人细腻地教口诀,以为口诀是小儿科.其实,南洋模范中学这样的名校,学生的接受能力肯定是比较强的,而这所名校的名师,却还运用口诀教数学,不正说明了运用口诀不是小儿科吗?现在,精英教育已经转为大众的义务制教育,在这样的情况下,口诀难道反而不值得运用了吗?值得深思.

不要为亮点而亮点①

有一节圆周长的课,W老师是这样上的:

先从圆形跑道引出圆周.

组织学生动手测圆周长:展开法(用一根线绕圆一周,然后将线展开成直线段),滚动法(将圆柱状物体在纸上滚动一周),然后测直径.

师:怎么测直径?

生1:周长除以2.

生2:最长的一条线段.

生3:找圆心.

教师介绍方法:(见图1)

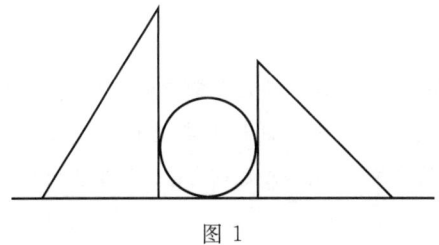

图1

组织学生动手测几件圆状物体的周长和直径,并提问结果:

	周长 C	直径 d	比值(计算器算)
硬 币	8	2.5	3.2
瓶 盖	2.5	0.6	4.17
纪念币	11	3.3	3.33
胶带圈	13.1	4.2	3.12

---

① 本文曾刊载于《数学教学》2008年第1期,收入本书时有修改.

师:周长和直径之间有什么关系?

议论一会儿之后,教师用多媒体演示:直径分别是1、2、3时,圆的周长与直径的比值是固定的数,记为π,π=3.14……

接着教师介绍历史:祖冲之割圆(多媒体演示).

师:昨天我让大家在网上查关于圆周率的资料,在网上查到了什么?

生4:π是无限不循环小数.

生5:2000位.

生6:画三角形法(实际是割圆)可以求圆周率.

生7:祖冲之比外国人早1000多年.

再接着教师出示圆的周长公式 $C=πd, C=2πR$,并出例题(已知半径,求周长).

最后小结:

师:你学到了什么?

生8:圆周长公式.

生9:展开法,滚动法.

议:应该说这节课基本能够达到预定的教学目的,还有不少可圈可点之处,譬如组织学生动手测量,让学生参与感悟,渗透了德育,应该说这些都是课的亮点.

在最后学生做题的时候,和我一起听课的G教授走到学生中间察看情况,问学生:怎么求周长?

生10答:乘2.

生11答:不知道.

当然不能以偏概全,说明学生都不懂,但至少说明,这节课上下来,还不是人人都懂了.应该说,这课基本可以,为什么还有人没有弄懂呢?

究其原因,可能是在测量、介绍祖冲之等地方花费比较多的时间,对公式这个重点不够突出,练习数量还少了些的缘故.其实说重点不够突出也有点冤枉,因为W老师也讲了.

我的看法可能有点别出心裁,我觉得是W老师的过渡词用得不好.大家都知道,电视节目主持人很重要,其实过去没有主持人这个名称,那时叫"报幕",或者"司仪",他们的任务只是报一报下面一个节目的名称和演员名字,或者报一报下面一个议程而已.而现在节目主持人几乎是整个节目的灵魂了.除了事先的策划之外,节目主持人就是用串联词来实现这个灵魂的作用的.好的串联词,不但让观众了解节目、演员的基本情况、特点和影响等,而且让大家有一种迫切期待的心情来观看下面一个节目.

教师上课时的过渡词有点类似节目主持人的串联词,要起到交代来龙去脉的作用.

这节课,分成几个部分:先是引入,再是测量得出规律,介绍祖冲之,例题,小结.每一个部分都交代得还是清楚的,但每一个部分起什么作用,并不是都交代得很清楚.这可能是一部分老师的通病.备课时设计了几个"亮点",心里颇得意,因为这些是符合课改的理念的,或者说比较时髦的,脑子里对这节课里的几个"亮点"很关注,上课前记得很牢,表述得也会有声有色,但忽视了"亮点"和"亮点"之间的串联.

譬如,动手测圆周长和直径,并找它们之间的关系,这个过程起什么作用? 应该是为了引出圆周长公式.但W老师似乎对"测量"本身比较关注,也花了比较多的时间,对"为什么要测量?"没有足够的关注.

同时,对"为什么要引出圆周长公式"也没有足够的关注,其实测量是为了引出圆周长公式,找到直径和圆周长之间的关系,为了今后可以避免用复杂的、精确度不高的测量方法求圆周长,简言之,测量是为了不测量.老师没有用具有一定吸引力的过渡语言,把测量这个环节过渡到引出公式的环节.

公式出来了,对祖冲之的事迹进行了介绍,为什么要介绍? 从数学来说是因为公式必须证明.

公式讲完了,到例题的环节,过渡语言也没有把握好,这里应该交代公式的作用:既然圆周长和直径之间有关系,那么求圆周长(一般说比较难求)可以转化为求直径(一般说比较容易求).G教授发现学生中的问题,可能说明学生没有理解公式的作用和公式本身.其实当时我心里有点担心,花了那么多时间让大家测量,对测量的印象根深蒂固,会不会学生在做求圆周长的练习的时候产生负迁移,说:"求圆周长么,只要展开法和滚动法就行了!"这可能是我过分担忧了,事实上也没有发现学生有这种情况出现.我认为动动手测量一下,让学生有个感性认识,是好事,也符合课改的理念,但是要弄清测量这个环节的作用.

由此看来,过渡语的问题不一定完全是语言问题,可能是教师本身对数学的理解,对课改精神的理解.如果对数学理解得比较透彻,对课改精神理解得比较深刻,那么就不会孤立地,就事论事地,为"亮点"而"亮点",而是知道这些"亮点"之间的关系,有些"亮点"应该为教学的重点内容服务,同时也为从根本上提高学生的能力服务.

陈永明 评议数学课

附:"量的目的是为了不量"

张奠宙 赵小平

本刊 2008 年第一期有陈永明的文章,题为"不要为亮点而亮点". 文章说有一节"圆周长"的课,只是要学生量"圆的直径和周长",却没有关注"圆周长公式 $C=2\pi r$"的产生. 作者认为不值得去追求那种表面热闹的"亮点". 文中有一句话:"量的目的是为了不量",非常精辟,值得仔细琢磨.

数学课堂教学的目的是帮助学生掌握数学的本质. 但是,许多时髦的公开课,单纯追求学生动手操作,分组得到结果,各组分别报告,只为显示课堂里热闹非凡. 这种"学生动手量、折纸、操作"等活动,确实是新的教育理念所提倡的,但是其目的必须有助于数学学习. 为"量"而量,就背离了数学教育的基本目标.

那么为什么要量呢? 在数学教育的许多场合,"量是为了不量". 这是由数学的抽象性所决定的. 例如,我们可以组织学生度量三角形的内角和,可以量出 180 附近的各种不同结果,但最后我们需要知道,量是不准确的,必须由平行公理严格地推出结论,即最终是为了不量. 同样,圆周长也可以量,但最后必须强调说明,π 是一个常数,不可能用量的方法得到 π 的精确值,即动手量是不准确的. 如果没有后面的那些说明,笼统地"量",就没有数学味道了,甚至成为数学的误导.

问题还有另一方面:"不量是为了更好的量". 用逻辑演绎方法推论得到的结果,固然不能量出来. 但是,这些"不能量"的结果,最后却用来更好地度量. 三角形内角和是 180 度,π 是无理数等结果,构成了宏伟的数学大厦. 于是我们用数学度量嫦娥绕月工程的轨道,度量人口增加的速率,度量国土的面积等. 用数学为各种实际事物提供数学模型,进行更精确的度量.

"量与不量",辩证地依存着.

---

① 本文曾刊载于《数学教学》2008 年第 3 期. 作者是该杂志的主编和副主编.

二谈方法——理解方法的深层意义

Z 老师讲极限运算法则，应该说表达清晰，条理清楚，尽管她的讲法，就是通常所"认可"的方法，但我总觉得有研究讨论的必要．

Z 老师先复习三个基本极限：

(1) $\lim\limits_{n\to\infty}\dfrac{1}{n}=0$；

(2) $\lim\limits_{n\to\infty}q^n=0$ （$|q|<1$）；

(3) $\lim\limits_{n\to\infty}C=C$ （C 是常数）．

评：这是非常好的．在很多微积分的教材上，对这往往不加以总结．其实，求简单的数列极限的解题模块是这样的：

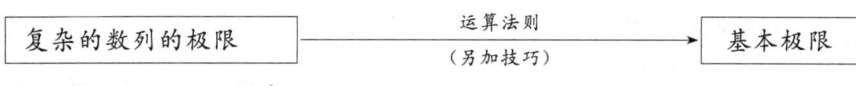

如果再细致些，可以这样表述：

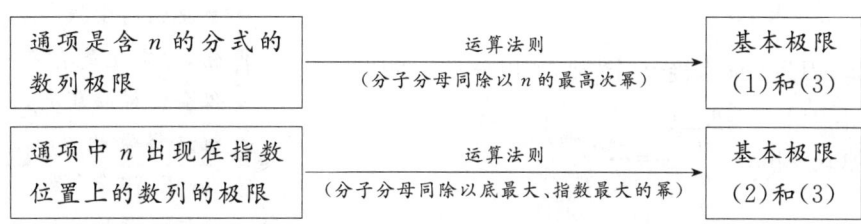

即通过极限的运算法则（还包括一些技巧），将复杂数列或函数的极限转化为基本极限．不把基本极限整理一下，学生即使会做极限的题目，但思路仍不清楚．

接着，Z 老师讲解新课：极限运算法则，很注重让学生用语言表述，这也是不错的．然后讲解例题．

例 1 求 $\lim\limits_{n\to\infty}\left(7-\dfrac{2}{n}\right)$．

师：运用极限运算法则，"拆开来"：

原式 $=\lim\limits_{n\to\infty}7-\lim\limits_{n\to\infty}\dfrac{2}{n}=\cdots\cdots$

评：尽管各种教材、教辅书上都是这样写的，大多数老师也都这样讲解，但笔者一直认为这样"传统"的讲解法有缺陷．笔者认为，这里，特别是第一个例题，一定要花一点时间，让学生感悟这是怎么回事情，为什么要这样"拆开来"．

否则学生会依样画葫芦,但没有真正理解.笔者认为应该这样讲解:

1. 要把数列 $\left\{7-\dfrac{2}{n}\right\}$ 各项一一列出:

$$7-\dfrac{2}{1},7-\dfrac{2}{2},7-\dfrac{2}{3},\cdots,7-\dfrac{2}{n},\cdots.$$

说明我们要求的是这个数列的极限.

2. 根据极限意义,是要通过观察这个数列无限趋近于某个数,才能得到极限.这是很复杂的,而且有时根本观察不出来,所以要另想办法.

3. 这个办法就是利用极限运算法则,将给出的数列转化为两个数列的差.这两个数列是

$\{7\}:7,7,7,\cdots;$

$\left\{\dfrac{2}{n}\right\}:\dfrac{2}{1},\dfrac{2}{2},\dfrac{2}{3},\cdots,\dfrac{2}{n},\cdots.$

而这两个数列的极限属于基本极限（讲得更细致些,第二个数列还可以看作常数 2 乘以数列 $\left\{\dfrac{1}{n}\right\}$），这样就把复杂数列的极限转化为两个基本极限的差,达到了化难为易的目的.

笔者认为,这样讲解,学生才能理解极限运算法则,"拆开来"的真正意义——将通项"拆开来",意味着将一个复杂数列的极限转化为两个简单数列的极限.表面看是通项的变化,背后是数列的变化.

例 2 求 $\lim\limits_{n\to\infty}\dfrac{3n+4}{n}$.

师:因为不能直接套用法则,所以分子分母同除以 n:

原式 $=\lim\limits_{n\to\infty}\dfrac{\dfrac{3n+4}{n}}{\dfrac{n}{n}}=\cdots.$

评:这样讲解法,看起来容易掌握,但笔者相信,肯定还是有不少学生仅会依样画葫芦,而不理解这样做的真正含义所在.还得"笨"做一次,说明这样做的具体意义.

1. 写出给出的数列的各项:

$$\left\{\dfrac{3n+4}{n}\right\}:\dfrac{3\cdot1+4}{1},\dfrac{3\cdot2+4}{2},\dfrac{3\cdot3+4}{3},\cdots,\dfrac{3n+4}{n},\cdots.$$

2. 这个数列可以认为是两个数列的商,但是这两个新数列的极限不存在,因此没有办法运用极限运算法则.

3. 为了把给出的数列转化成几个极限存在的数列的和(或差、积、商),将所给的数列各项变形,分子分母分别同除以 $1,2,\cdots,n,\cdots$（这样的变形,不影响各项的值,当然也不影响数列的极限）:

$$\dfrac{3+\dfrac{4}{1}}{\dfrac{1}{1}},\dfrac{3+\dfrac{4}{2}}{\dfrac{2}{2}},\dfrac{3+\dfrac{4}{3}}{\dfrac{3}{3}},\cdots,\dfrac{\dfrac{3n+4}{n}}{\dfrac{n}{n}},\cdots.$$

（为什么不乘以 n，或者除以 n^2？这是对照了基本极限(1)的思考结果）变形后数列，可以用极限运算法则了.

> 例3　求 $\lim\limits_{n\to\infty}\left(\dfrac{1}{n}+\dfrac{2}{n}+\cdots+\dfrac{100}{n}\right)$.
>
> 师：极限运算法则中的和差法则，可以推广到有限项的情形，因此本题可以直接使用推广后的法则，进行分拆.
>
> 例4　求 $\lim\limits_{n\to\infty}\left(\dfrac{1}{n^2}+\dfrac{4}{n^2}+\dfrac{7}{n^2}+\cdots+\dfrac{3n-2}{n^2}\right)$.
>
> 师：不能直接分拆，一定要先加，再用法则.

评：把这两道题放在一起，可以对比，很好. 但是对于例4，为什么不能直接分拆？没有把道理揭示出来.

还是应该具体写出数列各项：

$n=1$，得第一项：它由一个小项组成 $\dfrac{1}{1^2}$，

$n=2$，得第二项：它由两个小项组成 $\dfrac{1}{2^2}+\dfrac{4}{2^2}$，

$n=3$，得第三项：它由三个小项组成 $\dfrac{1}{3^2}+\dfrac{4}{3^2}+\dfrac{7}{3^2}$，

……

随着项数增加，各项的小项数也在增加！也就是说，这个数列的各项排列起来是这样的：

$\dfrac{1}{1^2}$，$\left(\dfrac{1}{2^2}+\dfrac{4}{2^2}\right)$，$\left(\dfrac{1}{3^2}+\dfrac{4}{3^2}+\dfrac{7}{3^2}\right)$，…，$\left(\dfrac{1}{n^2}+\dfrac{4}{n^2}+\dfrac{7}{n^2}+\cdots+\dfrac{3n-2}{n^2}\right)$，….

和例4不同，例3的各项是这样的：

$n=1$，得第一项：$\dfrac{1}{1}+\dfrac{2}{1}+\cdots+\dfrac{100}{1}$，

$n=2$，得第二项：$\dfrac{1}{2}+\dfrac{2}{2}+\cdots+\dfrac{100}{2}$，

……

各项里所含的小项数是相同的——始终是 100 个小项. 数列的各项排列起来是这样的：

$\left(\dfrac{1}{1}+\dfrac{2}{1}+\cdots+\dfrac{100}{1}\right)$，$\left(\dfrac{1}{2}+\dfrac{2}{2}+\cdots+\dfrac{100}{2}\right)$，…，$\left(\dfrac{1}{n}+\dfrac{2}{n}+\cdots+\dfrac{100}{n}\right)$，….

所以例3可以直接用法则（将所给数列转化为 100 个数列的和），而例4是不能的（它的小项数目从 1, 2, …, 以至无限，而数列极限运算法则只能推广到有限项）. 因此要运用技巧——先求和.

和笔者一起听课的 L 老师轻轻地问我，学生问她，"为什么无限项不能直接用法则？" 她回答说："无限项时误差积累太多了." 学生不理解，进一步问："有限项的项数如果很多

很多的话,误差也大的啊!".L老师说,我回答不出来.

其实,有限项的和,还是加法的结果.而无限项的和,本质上已经不是加法的结果了,而是极限 $\lim\limits_{n\to\infty}S_n$,因此加法的性质(包括其他性质)不完全能够迁移到无限项的情形(如果有限项时的某个性质,在无限项时还是有的,必须重新证明.)如无限项的和

$$1-1+1-1+1-1+1-1+\cdots$$

不能随便套用有限项和的性质,譬如结合律就不能用了.假如这样结合:

原式$=(1-1)+(1-1)+(1-1)+\cdots=0+0+0+\cdots=0$,

换个结合方式:

原式$=1-(1-1)-(1-1)-(1-1)-\cdots=1-0-0-\cdots=1.$

两个结果完全不一致了.因此有限项的极限运算法则不能随便套用到无限项的情形.

L老师很感慨地说:"看来我在误人子弟啊."又说,"看来要让学生感悟解法的真正含义,否则,虽然用依样画葫芦的办法,做题目照样可以得高分,但实际上没有真懂."

议:综观这节课,是按课本上的方式讲解的,没有什么不对.但是笔者认为,教师的劳动应该是创造性的劳动,我们不必要,也不应该拘泥于教材,拘泥于教参,"人云亦云".

再举一个例子.集合部分,有的教材是这样处理的:集合的意义;子集;交集;并集……把子集和交集、并集放在同一个层面上讲解.其实,子集是涉及集合之间的关系时的概念,而交集、并集是集合运算的结果.关系和运算是两码事.这些名称尽管差不多,子集和交集、并集不在一个层面上.这种讲法,初学者容易把两个集合"有公共元素的这种关系"和"求交运算"混为一谈,常常以为$\{1,2,3\}$和$\{2,3,4\}$是可以求交集的(有公共元素),而$\{1,2,3\}$和$\{4,5,6\}$是不能求交集的(没有公共元素).其实,不管两个集合有没有公共元素,都可以求交集.如果把关系和运算区分开来,这种情况就不容易发生.

简单说,1和2,什么关系?从大小来说是$1<2$的关系(当然也可以从别的角度看它们之间的关系),不产生什么后果.而运算则有运算的结果,譬如,1和2进行加法运算,那么得到的结果是3.

当年,笔者经过独立思考,把集合间的关系列成下表:

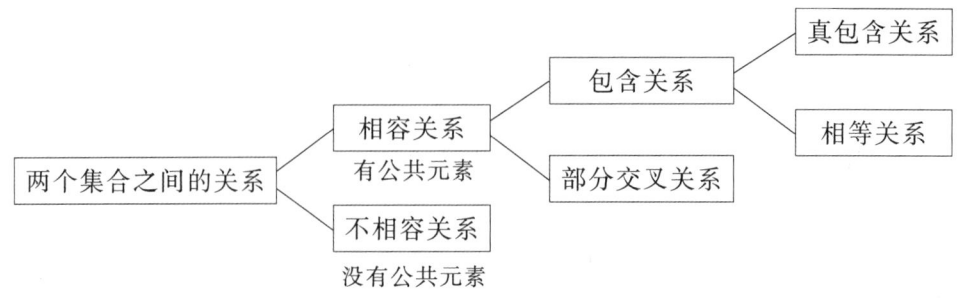

然后指出,不管两个集合是什么关系,都可以求它们的交集(或并集),关系和求交集(或并集),是两码事.这样讲,效果是比较好的.

三谈方法——习拳容易改拳难

W 老师口齿清楚,那天讲的是科学记数法.

> 在涉及 $A=a\times 10^n$ 里的 n 怎么确定的问题时,W 老师让学生进行比较充分的讨论. 课上,学生提出 4 种方法(这里以 $0<A<1$ 为例,此时 n 为负,下面讨论的实际上是研究 n 的绝对值):
>
> 1. 小数点后面连续的 0 的个数加 1;
> 2. 从小数点后面的 0 开始一直数到第一个非 0 数字的个数;
> 3. 小数点向后移动到第一个非 0 数字后面止,移动的位数;
> 4. 老师否定 3,认为这样的话,还是 2 好. 主张从小数点前一 0 开始数,数到第一个非 0 数字前的个数. 即教材上的办法.

讨论很热烈,这肯定是很好的. 但是笔者在思考:

第一,这些方法都对,究竟哪一种方法更好些?

第二,要不要寻找一种比较好的方法推荐给学生?

对于第一个问题,我觉得第三个方法更好些,理由如下:

1. 不管是小数点前的 0 数起(方法 3),还是小数点后的 0 数起(方法 1 和 2),当时都可以记住的,过后常常会弄错. 因为这要刻意记忆的,而且,各方法差别微小,因此容易搞错.

2. 方法 3 不要刻意记忆,因为它更朴素,更符合本质. 向后移动 1 位,扩大了 10 倍,为了值保持不变,就应该乘以 $\frac{1}{10}$,即乘以 10^{-1};向后移动 2 位,扩大了 100 倍,就应该乘以 $\frac{1}{100}$,即乘以 10^{-2},…,移动几位,就得到几,不会忘记.

3. 方法 3 更可以将 $0<A<1$ 和 $A>1$ 两种情况统一:$0<A<1$ 时,小数点向后移动,n 为负;$A>1$ 时,小数点向前移动,移动 1 位就是缩小为原数的 $\frac{1}{10}$,为了保持数值不变,

应该扩大 10 倍,即乘以 10^1,移动 2 位就应该乘以 10^2,…,此时 n 为正.

4. 科学记数法是将一个数化为 $a \times 10^{\pm n}$ 的形式,方法 3,在小数点移动的过程中,可以将科学记数法里的两个要素 a、n(包括它的符号和绝对值)一并解决:

a,小数点移动到指定的地方,就立刻确定了;

n 的正负,是小数点移动的方向决定的,小数点向后移,n 为负,小数点向前移,n 为正;

n 的绝对值,就是小数点移动的位数.

因此,和教材以及 W 老师不同,笔者以为方法 3 为好.

第二个问题,要不要将比较好的方法,譬如这里的方法 3 推荐给学生?这个问题目前是有争论的.有一种观点认为,重要的不是结论,是过程,因此只要学生想出的方法都是好的,推荐比较好的方法给学生,会抑制学生的创造性.另一种观点认为就是要把好的方法教给学生,才是有效的学习.

数学里的方法其实有两种,一种是比较机械的"术",另一种是思维力度比较大的方法,譬如几何中的证明题.

对于前者,比较机械的"术",我认为可以让学生发表些创见,作些讨论,但笔者不主张过分展开.

我们的教学,有发展学生思维的任务,也有高效地学习知识的任务,两者应该是不矛盾的.学生的思维发展了,学习知识的效果会更好;知识掌握得多了,思维也更可以上层次.但对不同的内容,这两个任务可能会有所侧重.我以为,对于"术"一类方法,应该以高效地学习知识技能作为主要任务.

首先是因为这类方法思维价值一般不很大.

其次,这类问题经过千百年的摸索,往往已经有了定论,某几种做法是最有效的,其他的做法就是不太好.譬如整数的乘法,利用乘法口诀和直式乘最好.而在千百年数学发展的长河中,人们实际上是摸索过很多做乘法的方法的,像手指算法、格子算法、加倍算法、利用平方的算法等.

37×19,用格子算法是这样的:

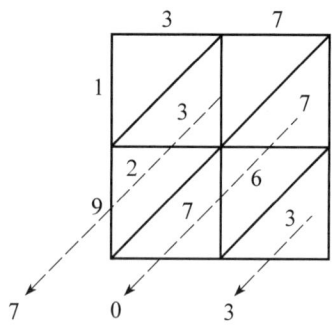

具体做法是这样的:先画 2×2 的方格,如图画对角线.在 2×2 的方格的上方和左侧的对应部位写上数字 3、7 和 1、9.然后,将数字 3、7 和 1、9 一一相乘,把积填进相应的三角形里,如 7×9=63,把 6、3 分别填进右下方的方格中的两个三角形里.最后按图中箭

头方向,把若干个数字相加(该进位时要进位),就得到 37×19 的积 703.

37×19,用加倍算法是这样的:
$$37\times1=37$$
$$37\times2=74(加倍)$$
$$37\times16=592(加倍\ 4\ 次)\qquad(+$$
$$\overline{\qquad\qquad\qquad\qquad\qquad\qquad\qquad}$$
$$37\times19=703$$

它的依据是将 19 转化为 $1,2,4,8,16,\cdots$ 中一部分之和,然后原题就转化为 37 乘以 $1,2,4,8,16,\cdots$ 中的一部分,再相加.而乘以 $1,2,4,8,16,\cdots$ 就是不断地加倍.

用"平方算法"是这样的:因为
$$ab=\frac{1}{4}[(a+b)^2-(a-b)^2],$$
所以
$$37\times19=\frac{1}{4}[(37+19)^2-(37-19)^2]$$
$$=\frac{1}{4}[56^2-18^2]$$
$$=\frac{1}{4}(3136-324)$$
$$=703.$$

那时候,有个平方表,一查,就可得平方数.

至于手指算法,不同的题目有不同的算法,这里只介绍乘以 9 的方法.

将两个手的十个手指伸开排好.譬如 3×9,则将(从左数起)第三个手指弯曲,这时候,这个弯曲的手指的左边有两个手指是伸开的,右边有 7 个手指是伸开的,于是,$3\times9=27$.

$4\times9,5\times9,\cdots$,可以如法炮制.

你看,从思维角度说,这些解法都很巧妙,但是都被直式乘法淘汰了(加倍算法在速算时有时还会用),我们也不需要学它.为什么?就是因为学习是要讲究效率的.

第三,有句古话说:习拳容易改拳难,如果在一些欠优的方法上过分展开,有些学生可能会形成定势,抱住不好的方法,改不了了.譬如十以内加法,就有学生离不开扳手指,这就是习拳容易改拳难的缘故.所以,在教加法的一开始就要注意这个问题,只允许经过一定时间的实物(包括手指)运算,之后,就要适时地引导学生放弃扳手指,利用好的方法做加法.

"结果并不重要,过程才是最重要的"的认识,不是完全没有道理,但至少在这种场合是有失偏颇的.回到本文开头的科学记数法,笔者认为这还是属于"术",应该在讨论基础上,把好的方法推荐给学生,笔者认为应该把第三种方法推荐给学生,以保证高效地学习.

陈永明 评议数学课

值得重视的"去数学化"倾向①

课改的方向是正确的,但是有些老师在把握上有些过头.我国传统的和近年来从国外学来的教育思想和方法都各有利弊,顾泠沅说,要寻找中间地带,是十分有道理的.

下面一个案例,就说明了执教教师在教育方式的改变上是动了脑筋的,但是在落实双基上有不足之处.

执教老师 S 刚工作一年多,口齿清楚,条理清晰.S 任教的学校是一所教育质量很高的学校.

这节课是讲不等式性质1,即
"如果 $a<b$,那么 $a+m<b+m$."
一开始,S 老师就用多媒体展现一组交通标志,如"红圈里写了 40"等,问学生:这些标志是什么意思?学生很高兴地一一作了回答,譬如上面的问题就是:"车速小于 40 千米/时."

接着,学习根据语言表达的意思写不等式,S 老师设计了一个游戏,名字叫"挑战 60 秒",要求在 1 分钟里回答用多媒体闪出 8 个题目,如
"x 减去 3 所得的差大于 -5"
"8 与 y 的 2 倍的差是负数"
等.学生把答案写在纸上,在多媒体闪现结束之后,教师提问让学生回答.

再接着一个游戏有点意思:教师让大家各自心中选一数,然后同桌两人比一比,谁心中想的数大,教师命令:"大者举手,小者举拳头.""刷"地几十个手和同样数目的拳头举起来了.然后,

师:"每个人在心中想的数的基础上都加 0.5,再比一比,谁的大?"

评:这个开场是不错的,从大家熟悉的问题引入不等式的概念,很自然,也很新鲜.

评:这个要求高了些,学生有些错误,如对上述的第二个问题,有学生回答是"$2(8-y)\leqslant 0$",这是错误的,正确答案应该是"$8-2y\leqslant 0$".

---

① 本文曾刊载于《数学教学》2006 年第 10 期,收入本书时有修改.

并再次命令:"大者举手,小者举拳头"……

师:"加-3呢","加-2.1呢"

……

然后通过议论,得到性质1.

再接着教师又组织了几次"挑战60秒",来体现不等式性质1的应用.大多数的题目,学生还是能够回答的,但是也出现了一些"思维阻塞".譬如:

例1　解释:$a<a+1$(例题的编号是本文作者加的).

学生回答:都减a,得$0<1$.

师:应该反过来.因为$0<1$,所以$a<a+1$.

例2　解释:$a-10<a-9$.

生:都减a.

师:……

例3　填空:若$a>b$,则$a+3$ _____ $b+3$.

例4　填空:若$a<b$,则$a-3$ _____ $-3+b$.

这两题的困难不大,但下面的题就有困难了:

例5　选择:$1-c<$ _____ $-c$.

(A) 0.5　　(B) 0　　(C) 1　　(D) 10

评:这个活动很好,比起过去常用的天平来得更好,因为天平往往只能教师演示,而这样做,不费多少时间,人人都操作了几遍,这是一种建构,学生的印象深.

评:这两个问题的回答,反映了学生对性质1的条件、结论没有弄清楚.对学生来说,这确实是个大难点.

议:听课时,笔者带了自己教学研讨班上的几位学员和S老师所在学校的几位骨干教师,而且事先我就声明,评课时你们先评.评课时,大家都肯定S老师在发挥学生自主、互动方面做了有益的尝试,问题是出现了6个"挑战60秒",每次8题,太多,太紧张了,以至学生听说再来游戏发出"唉"的叹息.这样的评论是正确的,S老师也接受.

但是笔者认为,这样的评课还没有评到点子上.这课从活泼方面说的确不错,但数学知识技能落实方面有商量的余地.

第一,应该分析性质1的条件结论.

1."如果$a>b$,则$a+m>b+m$",前者是条件,后者是结论,要学生分清条件与结论是个难点.

2.而且,前者有两种可能:一是绝对的,譬如$2>1$,则$2+c>1+c$.二是假定的,(假定)$a>b$,则$a+1>b+1$.

3.结论的成立是依赖于条件的.譬如$3>2$,可以直接得到,不是用性质1得到的.而$a+1>b+1$成立与否是直接算不出来的,依赖于条件$a>b$得到,如果$a=b$,这个结论就不成立了.

笔者在上面说的几点,是老师对性质1应有的理解,并不是要老师一古脑儿灌给学

生,对学生可以陆陆续续讲一点,而且要通过形象的方法,举实例的方法讲解或让学生感悟.

第二,分析性质 1 的组成.

性质 1 的条件与结论中一共涉及了 3 个字母 a、b 与 m,其中 a、b 是在条件中就出现的,m 仅在结论中出现,而且两边都出现.

第三,例 1、例 2 太难,正面分清条件与结论的题目还没有接触过,先出现反面的问题,当然会遇到困难.应该先把后面的例 3 与例 4 提前,做铺垫:

如果 $a > b$,则 $a + 3$ _____ $b + 3$;

如果 $a < b$,则 $a - 3$ _____ $-3 + b$.

解的时候还要扣住性质 1,问:哪个是条件?哪个是结论?性质里的 a、b、m 分别是什么?

第四,对于例 1,"解释 $a < a + 1$",分析时,应该这样讲:要我们"解释 $a < a + 1$",那说明 $a < a + 1$ 是成立的,但是要我们说出理由,这应该是一个需要判断的结论.那么,可不可以直接算呢?不行,于是就要依赖于某个条件,所以这题目是要找某个合适的条件:

如果?$<$?,则 $a < a + 1$,

再分析哪个是公式中的 a、b、m.题目中的 a,两边都出现,应该是公式中的 m,余下的 0、1 是公式中的 a、b.

第五,在做例 5:$1 - c <$ _____ $- c$.

(A) 0.5　　　　(B) 0　　　　(C) 1　　　　(D) 10

时,学生也有困难,说明性质 1 里的 a、b、m 三个字母在具体运用时,弄不清楚了.首先,也是要找合适的条件;其次,如这里的 $-c$ 是性质 1 里的 m.

第六,由语句列代数式也是个大难点,要细水长流,不可能在这节课彻底解决的.但这节课既然遇到了"8 与 y 的 2 倍的差是负数,生答:$2(8-y) \leqslant 0$"这样的错误就应该做文章.

S 老师在讲了性质 1 之后,又讲了性质 2.就是性质 1,有些地方也不是一节课可以弄懂弄清楚的,再讲性质 2,有可能半生不熟了.

总的来说,这节课要求高了些.互动方面有特色,但双基落实上还有不足之处.这不能责怪 S 老师,她太年轻,没有经验,不是她不想加强双基,而是她不知道哪些地方学生不容易掌握,不知道哪些地方学生的思维会"阻塞".但是,听课的老师也仅在多媒体使用、游戏的频度等方面提出意见建议,并没有指出在双基方面的问题,这说明,这可能是个倾向性的问题:现在有些教师比较注意了形式上的改革,对数学本身,譬如重点与难点的处理,没有引起重视.这恐怕就是项武义教授、张奠宙教授指出的"去数学化"的倾向,实在是值得我们重视的.

把文章做足

听了 Z 老师的一节三角函数课,内容是同角三角函数关系.

Z 老师基本功很好,教材也很熟悉.原先他不想介绍"三角比六边形",因为听说他们学校的校长赞同使用"三角比六边形",于是上课时,Z 老师临时增加了这个内容.

课一开始,Z 老师复习上节课的任意角三角函数定义,并将六个公式排列成三行:

$$\sin\alpha = \frac{y}{r}$$

$$\cos\alpha = \frac{x}{r}$$

$$\tan\alpha = \frac{y}{x}$$

$$\cot\alpha = \frac{x}{y}$$

$$\sec\alpha = \frac{r}{x}$$

$$\csc\alpha = \frac{r}{y}$$

评:建议把中间两个三角比写得分开些,让它们排列成六边形的形状,如下图.

$$\sin\alpha = \frac{y}{r} \quad \cos\alpha = \frac{x}{r}$$

$$\tan\alpha = \frac{y}{x} \quad \cot\alpha = \frac{x}{y}$$

$$\sec\alpha = \frac{r}{x} \quad \csc\alpha = \frac{r}{y}$$

并且可以对学生说,"我为什么将它们的距离拉开这么大?请听下文分解."

Z 老师还复习了各三角比的符号规律.接着就开始新课,将同角三角比的关系一一列出并进行证明:

1) 倒数关系
2) 商关系
3) 平方和关系

之后,Z 老师画出了"三角比六边形"(如图 1),说明它可以帮助记忆上述公式.

接着出示了例题.

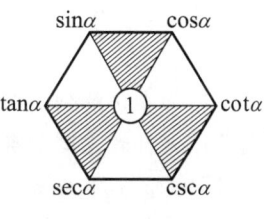

图 1

例1 已知 $\sin\alpha = -\dfrac{4}{5}$，$\alpha$ 是第四象限角，求 α 的其余三角比的值.

例2 已知 $\cot\alpha = -2$，求 α 的其余三角比的值.

议：很多教师都是这样授课的，这很正常．可能 Z 老师临时改了教法，笔者觉得这种教法只是简单地把"三角比六边形"呈现一下，犹如蜻蜓点水，还没有把它的内涵充分挖掘出来，没有把它的神韵显示出来．笔者不才，在这里谈点自己的想法．

第一个想法，就是刚才说到的，把正切、余切两个式子写的时候距离拉大，让六个式子大致呈六边形状．之后，可以问学生：从六个三角比的定义式子中，能找到它们之间有什么关系？学生肯定可以正确回答出三对倒数关系来．然后用直线（譬如红线）把三对倒数关系连起来．告诉学生，干脆把这六个三角比连成六边形，反映倒数关系的三条连线（红线）就是六边形的对角线．这样引出"三角比六边形"比较自然．

我们知道，"三角比六边形"仅仅是帮助记忆的方法而已，但从以往的经验看，常常有学生误解，以为它是同角三角关系的证明，这可能是有些老师不喜欢介绍"三角比六边形"的原因之一．现在自然引出，可能对消除这种误解有一定好处．

第二个想法，证明三个平方和关系可以用勾股定理切入．在 $x^2 + y^2 = r^2$ 中，分别除以 r^2、x^2、y^2 即可．而且要讲：这三个平方和关系，在这个六边形中"恰巧"成倒三角形状．

第三，要指出这"三角比六边形"，也就是这三组公式的特点，笔者觉得至少应该有三点：

1) 倒数关系、平方和关系的公式是"知一（可以）求（得）一"，而商的关系式是"知二求一"．

2) 平方和关系在求三角比的值时，会出现开方，因此有个取符号的问题，要尽量少用它．

3) 别看一个角可以有 6 个三角比，因为它们之间有关系，所以它们是不独立的，原则上说，知一即可求其他五个．但是在求的时候，一定会遇到开方的问题，于是需要讨论符号．但如果知道了正弦和余弦两个值，其余三角比都可以一一表示出来，并且不会遇到开方，就不需要讨论符号．为今后证题时常常切化弦，作个孕伏．

第四，不但要利用这个"三角比六边形"帮助学生记忆，而且还要在解题时发挥作用．

学生在做"已知 α 的一个三角比，求其他的三角比"这类题时，难点之一在于，先求什么，后求什么．

譬如在讲解例 2 时，已知是 $\cot\alpha$，可以在"三角比六边形"的相应位置上圈一下．应该先求什么？考虑到倒数关系是"知一求一"，可以先求对角位置上的 $\tan\alpha$，并在"三角比六边形"的 $\tan\alpha$ 那里圈一下．这是第一步．

接着，平方和关系也是"知一求一"，于是可以求 $\csc\alpha$（圈一下），但是这里有个符号问题,所以要讨论(恕不细述).

现在,"三角比六边形"的 6 个顶点处,有 3 个已知或可求,反映在图上,有三个圈.再接着,可利用倒数关系求得 $\sin\alpha$(圈一下);再利用商的关系得 $\cos\alpha$(圈一下);最后用倒数关系得 $\sec\alpha$(圈一下).至此,"三角比六边形"的 6 个顶点处都"圈"上了,即都可求了.

这样,利用这个"三角比六边形"找到了求各三角比的"路线图",直观形象,可以顺利解决这类题的难点.

如果这样运用"三角比六边形",或许可以说,"把文章做足"了,可以收到比较大的效益.

对这节课,并不是说,非要介绍"三角比六边形"不可.教无定法,各人都可以使用自己喜欢的方法教学.一般说,每种方法都有利有弊.无非有两种情况:第一种是,经过历史的检验,A 方法确实最好,B 方法确实不好,那我们应该取 A.譬如小孩子学加法,扳手指肯定不好,那就不要用这个办法教了(但扳手指也决不是一无是处,对某些人的某个认识阶段会有益).第二种情况是,某种方法,这个老师用得得心应手,而另一位老师用不好;在这类班级里用得顺顺当当,对另一类班级不合适……这时就需要教师衡量利弊,选择合适的方法.一旦确定利用某个方法,要尽量扬其利,使它的效益发挥到最大,并避其弊.

第三部分 习题课

例题的典型性

听了 W 老师一节很好的习题课,内容是不等式证明.

例 1 求证:$x^2 > 2x - 2$.

证明:$x^2 - 2x + 2 = (x-1)^2 + 1 > 0$……

把这作为一个引子,W 老师回头写课题:不等式证明

师:今天先介绍第一种方法:比较法.上面的题目就是用比较法解的.

师:比较法的步骤是怎样的?

大家总结,步骤是:作差—变形—与 0 比较—得出结论.老师指出关键是变形.

接着 W 老师对例 1 作了几何解释.

例 2 求证:$a^2 + b^2 \geq ab + a + b - 1$.

生 1:证明:$(a-b)^2 \geq 0$,

$(a-1)^2 \geq 0$,

$(b-1)^2 \geq 0$,

所以,$(a-b)^2 + (a-1)^2 + (b-1)^2 \geq 0$,

即 ……

师:你是怎么想出来的?

生 1:反推.

师:找完全平方式(的和),它和 0 可以比较——变形方法之一.

生 2:证明:$a^2 + b^2 - ab - a - b + 1$

$= \frac{1}{2}[2(a^2 + b^2 - ab - a - b + 1)]$

$= \frac{1}{2}[(a^2 + b^2 - 2ab) + (a^2 - 2a + 1) + (b^2 - 2b + 1)]$

$= \frac{1}{2}[(a+b)^2 + (a-1)^2 + (b-1)^2]$

※ 这里应为 $(a-b)^2$

≥ 0.

评:W 老师这里说的比较法,其实是作差比较法,除了作差比较法之外,还有作商比较法.

评:简洁地指出了步骤和关键.学生头脑里容易形成良好的认知结构.

评:从例题,从学生的解答归纳方法,很好.

师：我给出第三种证明方法：在解方程时，我们遇到过未知数和参数，也就是都是字母，但是可以有主次. 这里 a、b 是对称的，能否也分出主次？我们以 a 为主，将原式变形：

$$原式 = a^2 - (b+1)a + (b^2 - b + 1)$$
$$= \left[a^2 - \frac{b+1}{2} \cdot 2a + \left(\frac{b+1}{2}\right)^2\right] - \left(\frac{b+1}{2}\right)^2 + b^2 - b + 1 \quad (配方)$$
$$= \left(a - \frac{b+1}{2}\right)^2 + \frac{3}{4}(b-1)^2$$
$$\geq 0.$$

评：出现了主元思想，思维的广度大.

第四种证明方法：

$$原式 = a^2 - (b+1)a + (b^2 - b + 1),$$

这可以看作 a 的二次式，要证明其恒大于 0，可以用图像解，

$$\Delta = (b+1)^2 - 4(b^2 - b + 1)$$
$$= \cdots$$
$$= -3(b-1)^2 \leq 0,$$

同时二次项系数是 1，

所以，$a^2 - (b+1)a + (b^2 - b + 1) \geq 0$ 恒成立.

师：这是变形方法之二：把原式看作某个元的二次函数，利用判别式或配方法做.

第五种证明方法：利用基本不等式（前面讲过），留给大家自己做.

例 3　设 $a > b > c$，$bc^2 + ca^2 + ab^2 < b^2c + c^2a + a^2b$.

师：这里有个条件，就要用条件，怎么用？

生 3：$a - b > 0, b - c > 0, a - c > 0$.

生 4：$bc^2 + ca^2 + ab^2 - b^2c - c^2a - a^2b$
$= bc(c-b) + ac(a-c) + ab(b-a)$
（不行）.

生 5：$bc^2 + ca^2 + ab^2 - b^2c - c^2a - a^2b$
$= c^2(b-a) + a^2(c-b) + b^2(a-c)$
（不行）.

师：都企图通过变形，转化为含有 $(a-b)$、$(b-c)$、$(a-c)$ 的式子. 生 5 转化后的式子里出现了平方，和目标比较接近，有进步的.

生 $6: bc^2+ca^2+ab^2-b^2c-c^2a-a^2b$
$=c^2(b-a)+c(a^2-b^2)+ab(b-a)$
$=(a-b)[-c^2+c(a+b)-ab]$
$=-(a-b)(c-b)(c-a)$
$<0.$

师:怎么想出来的?

生 6:考虑凑 $a-b$.

师:由条件,$a-b$ 等符号可定.

师:这是变形方法之三:化为某些式子的积(或商),而这些式子的符号是可定的.

最后小结.

议:这是很好的一节习题课.目前,大多数老师奉行的是题海战术,弄得学生很苦,而且还是摸不着规律.而 W 老师认真钻研了相关的内容,她肯定做了很多的题目,把这些题目理出了思路;不等式证明有多种方法,第一种是比较法,比较法的关键是变形,而变形又常用三种方法:变形为完全平方的和;把它作为二次函数来处理;变形为某些式子的积(这些式子的符号可定).这显出了 W 老师的数学功底是很好的.

根据这些,W 老师选择的例题就很有典型性了.典型的题目,应该是反映这类问题的本质,而且最好有多种解法.W 老师就是运用了一题多解来激发学生的兴趣,活跃了学生的思维.而且,笔者认为,W 老师的多解,不完全是技巧,视野比较宽.譬如例 1 的几何解释,例 2 的证明 3 和 4,涉及了主元思想.

如果大家都像 W 老师那样,例题讲究典型性,又有方法的归纳,关键点的点拨,又进行一题多解培养思维的灵活性,还需要题海战术吗?有句话叫"为了让学生跳出题海,要求我们教师先跳进题海",其实"先跳进题海"是第一步,跳进去了还要思考整理.

W 老师的这些内容,不是自己一个人讲,而是调动了学生的思维,大家一起来思考讨论.学生课堂的活跃不活跃,不是看形式,而要看思维状态.从课堂情况看,学生的思维活跃.有些老师是为活跃而活跃,W 老师有放有收,在指导下放,活跃之后,进行了方法的提炼,体现了学生是主体,教师是主导.经过提炼,用比较法证明不等式的"解题模块"在学生头脑里就可以确立了.

笔者在前面的文章里,曾经表达一个观点:老师的劳动是创造性的劳动,不要人云亦云.不等式的证明方法,一般参考书上都这么讲:比较法,综合法,分析法(或者大同小异的别的分类)……笔者的观点,不等式证明方法应该分为直接法和间接法.直接法从左证到右,或反之.间接法是证明它的等价的不等式.比较法是将原来的需要证明的不等式 $a>b$ 转化为 $a-b>0$,因此是间接法之一.在证明它的等价不等式(如 $a-b>0$)时,还得是从左到右,或反之.或许这样归类更科学些.

陈永明 评议数学课

关键还是对数学的理解

笔者在培训教师的时候,对习题课提出的要求是:典型性,层次感,变式,兼顾巩固和发展.而要做到这个要求,教师对数学的理解是十分重要的.

最近听了一节习题课,常被笔者引作讲课时的案例.执教的 S 老师首先说明,今天讲代数式的求值,但是和过去的简单代入求值不同.这段开场白不错,话不多,但让学生有个认知的框架.

接着,教师出示了例题:

> 例1 (1) 已知 $x+y=1$,求 x^3+y^3+3xy 的值.
> 师:已知和所求关系不大,怎么办?
> 解:原式 $=(x+y)(x^2-xy+y^2)+3xy$
> $\qquad =x^2-xy+y^2+3xy$ ($x+y$ 用 1 代)
> $\qquad =\cdots=1$.
> (2) 已知 $x^2+y^2-4x+4=0$,求 $xy+2x-y-2$ 的值.
> 解:$x^2+y^2-4x+4=0$
> $\qquad (x-2)^2+y^2=0$,
> $\therefore \ x=2, y=0$,代入原式……

讲完这两个例题,教师出了两道类似的题目让学生进行模仿性的练习,这是可以的.而且这位教师板书很工整,练习题就写在例题的旁边.

> 练习 1. 已知 $a+b=2$,求 a^3+b^3+6ab 的值.
> 2. 已知 $5x^2-4xy+y^2-2x+1=0$,求 $(x-y)^{2001}$ 的值.

接着教师出示例 2,然后又是模仿性的练习.

---

① 本文曾刊载于《数学教学》2006 年第 9 期,收入本书时有修改.

例2　$a^2-3a+1=0$,求 $a+\dfrac{1}{a}$,$a^3+\dfrac{1}{a^3}$ 的值.

解:$a^2-3a+1=0$,

同除以 a,得

$a-3+\dfrac{1}{a}=0$,

$a+\dfrac{1}{a}=3$,

……

练习 1. 已知 $(x^2+y^2)(x^2+y^2-5)=6$,求 x^2+y^2 的值.

2. 已知 $b^2-2b-1=0$,求 $b^3+\dfrac{1}{b^3}$ 的值.

议:应该说,这节课条理清晰,让同学可以形成一定的认知结构.

现在有为数不少的老师,在选择例题时是"拉在篮里便是菜".笔者曾经听过一节课,这位老师在一系列例题中突然夹了一个和主题不相干的题目,事后我问她:"这道题,你的意图是什么?"她回答说:"我在做题目的时候,觉得这道题蛮好的,我就加进去了."相比这种情况,S 老师对例题的选择是有思考的,例题有一定的典型性,难度也适当.

但是 S 老师过于强调模仿,下面的话,S 老师在课堂上说过两遍:"以后遇到这样的类型就不怕了."这样的话,我在其他老师嘴里也经常听到.看来,S 老师企图依靠把典型题目让大家做个遍,来达到提高质量的目的,这样恐怕免不了还是要走进题海的路子.

我们常常说,为了让学生跳出题海,教师首先要跳进题海.教师跳进题海做什么?是要去芜存精,还要理出头绪.去芜存精就是要选择典型的题目,理出头绪则是要根据数学内在的结构和学生的认识规律,安排出一个题目的层次.这是两件很见功力的事情.

这节课的选题还是可以的,可以改进的地方,主要就是应该根据数学的结构和学生的认知规律安排一个合理的层次.

首先,S 老师指出今天的求值和过去的求值不同,那就是:过去求值是"已知 x、y 的值,求关于 x、y 的代数式的值",今天的"已知条件"不那么具体,而只是"知道了某个关于 x、y 的条件".学生固然可以意会两者的差别,如果点明:今天讲的是"条件求值",以有别于以前学过的"简单求值题"是大有益的,因为这有利于学生形成更好的认知结构.

第二,点明条件求值的主题后,怎么办?不应该急着就事论事地解这道题,而应该是组织大家思考:能不能转化为普通求值.这样的思考,符合"化未知为已知"的化归思想,有利于学生的认知水平的提高.因此,把能够求出 x、y 的值的例1(2)提前比较合适,因为它是化为简单求值题解决.这个次序上的调整,符合了这类问题的数学结构和认知规律.

第三,接着再呈现例1(1).这时候,应该让学生思考:能不能像例1(2)那样转化为普通的求值题?因为两个未知数、一个方程,通常情况下,x、y的值是不确定的,所以不能像例1(2)那样转化.这时候,可以引导同学"笨"算:假如找一组满足条件的数值,譬如$x=2,y=-1$代入,得值为1;$x=0,y=1$代入,得值为1……但是这是特例,这不能算数.因此要另想别法.不要以为,这对解答例题没有直接作用,而否定这个"笨"算过程.这个"笨"算法,可以让学生有个体验,转而有寻找有效方法的迫切性.我以为凡是遇到一类新的问题,"凑一凑"这样的"笨"方法是十分重要的,必须组织学生经历一下,这是合理的建构.同时,从这个"笨"方法里可以看出,"不管x、y取值如何,只要满足$x+y=1$,所求的代数式的值都等于1".实际上,像这样的条件求值的题,都隐含了"不管……都……"这样的条件.这真应了华罗庚说的"巧从拙中来",因此,这"凑一凑",不但是合理的建构,又使我们的认识有了很本质的提高.事实上,例1(2)和例1(1)形式相似,但有本质的区别.例1(2)本质上就是过去做过的"简单求值题",它的x、y的值其实是能够确定的,只是把条件写成了一个式子,需要你先求一下而已;而例1(1)x、y是不能够确定的.

第四,直接求出x、y的值不可能,那么用什么方法求解?

第一个:若把$x+y$当作一个整体(u),把需要求的式子尽可能地析出u.这样u可用1代入了,就如S老师解这道题那样.

第二个:尽管从已知条件求不出x、y的数值,但可以求出y等于x的某个关系式,这里是$y=1-x$.将它代入所求式子之后应该是什么结果呢?通常情况下,应该得到也是含有x的式子.但是这类题目蕴涵了一个前提:"不管x、y取什么值,只要满足$x+y=1$,那么所求的式子的值都是相同的",所以所求的式子应该得到和x无关的具体的数值.

解的过程如下:因为$x+y=1$,

所以$y=1-x$,代入得

$x^3+y^3+3xy=x^3+(1-x)^3+3x(1-x)$

$\qquad\qquad\qquad =\cdots=1$.

因此,条件求值问题是不是可以有三种方法:

1. 从条件求出x、y的值,即转化为普通求值.

2. 整体代入,如例1(1),在所求的式子中尽可能析出$x+y$,然后$x+y$用1代入.

3. 代入消元法,由已知条件中,将一个元用其他元表示,代入所求式子.

如果这样选择、安排和讲解例题,不需要做很多的题目,不需要机械的模仿,学生可以容易地掌握这方面的知识技能,而且对各种方法的来龙去脉——为什么要用这种方法?怎么想到用这种方法的?怎样用这种方法?——比较清晰,不但知其然,而且知其所以然了,也就是说可以帮助学生形成良好的认知结构.而要做到这样的安排,关键在于教师对数学的理解.正因为,S老师对这段数学知识理解上还不够深刻,所以她的这节习题课,尽管比"拉在篮里便是菜"式习题课好得多,但还没有完全跳出"罗列+模仿"的框框.

教师对数学的理解深不深,或者说数学功底好不好,这话不容易讲清楚.陈景润是大数学家,但做不好老师;我认识有位老师,在上级的解数学题的测试中表现良好,但就是教不好书,面临换岗的局面.所以,对数学理解深刻,未必就是求学时代数学成绩好,或者会做数学题.

张奠宙教授说数学有三种形态:原始形态,学术形态和教育形态.原始形态是数学家创造时的数学,弯弯曲曲的;学术形态则是数学家表达自己成果的形态,板起面孔的;而教育形态则是用学生容易接受的方式整理的,又是有利于学生发展的形态.我想,我们通常所说的教师对数学理解,本质上是对数学的教育形态掌握得比较好,运用得比较得当.这就要求我们研究每章每节的双基要求和结构,重点难点,以及学生容易造成错误的地方.

陈永明 评议数学课

一谈解题模块——条件求值

听过一节关于条件求值的习题课. 执教的 A 老师举了几个很精彩的例子,解题方法也比较巧妙.

> 例1 若 $xyz\neq 0, x+y+z\neq 0$,且 $\dfrac{y+z}{x}=\dfrac{z+x}{y}=\dfrac{x+y}{z}$. 求 $\dfrac{(y+z)(z+x)(x+y)}{xyz}$.
>
> 解法一:设 $\dfrac{y+z}{x}=\dfrac{z+x}{y}=\dfrac{x+y}{z}=k$,
>
> ∴ $y+z=kx$,①
> $z+x=ky$,②
> $x+y=kz$.③
>
> 代入所求代数式,
>
> 即 $\dfrac{(y+z)(z+x)(x+y)}{xyz}=\dfrac{kx\cdot ky\cdot kz}{xyz}=k^3$.
>
> 又①+②+③,得
> $2(x+y+z)=k(x+y+z), x+y+z\neq 0$,
> ∴ $k=2$,
> 于是 $y+z=2x, z+x=2y, x+y=2z$,
> 代入所求式子,得
> $$\dfrac{(y+z)(z+x)(x+y)}{xyz}=8.$$
>
> 解毕,A 老师很好地点出了一个解题技巧:当条件中有等比时,据等比性质,将它们的比值设为常数 k,这个方法常称为设 k 法. 同时 A 老师正确地指出若没有条件 $x+y+z\neq 0$,则要分两种情况讨论:
>
> 当 $x+y+z=0$ 时,原式$=-1$;
> 当 $x+y+z\neq 0$ 时,原式$=8$.

---

① 本文曾刊载于《数学教学》2007 年 5 期,收入本书时有修改.

然后又介绍了下面的解法.

解法二：由 $\dfrac{y+z}{x}=\dfrac{z+x}{y}=\dfrac{x+y}{z}$,

得 $\dfrac{y+z}{x}+1=\dfrac{z+x}{y}+1=\dfrac{x+y}{z}+1$,

可得 $\dfrac{1}{x}=\dfrac{1}{y}=\dfrac{1}{z}$,

于是 $x=y=z$, ……

不难求出所求式子的值.

例 2 已知 $\dfrac{1}{x}-\dfrac{1}{y}=2$, 求分式 $\dfrac{x-2xy-y}{2x+3xy-2y}$ 的值.

解法一：由 $\dfrac{1}{x}-\dfrac{1}{y}=2$, 可知 $x\neq 0, y\neq 0$. 等式两边同乘 xy, 得
$$y-x=2xy,$$
即
$$x-y=-2xy.$$
所以
$$\begin{aligned}\dfrac{x-2xy-y}{2x+3xy-2y}&=\dfrac{(x-y)-2xy}{2(x-y)+3xy}\\&=\dfrac{-2xy-2xy}{2(-2xy)+3xy}\\&=\dfrac{-4xy}{-xy}=4.\end{aligned}$$

A 老师又讨论了其他的解法：如果直接利用条件 $\dfrac{1}{x}-\dfrac{1}{y}=2$, 得 $y=\dfrac{x}{1-2x}\left(\text{或 } x=\dfrac{y}{1+2y}\right)$, 代入需要求值的分式也可以求解（也是消元代入）, 但计算较繁琐. A 老师重点讲了下面的解法.

解法二：由 $\dfrac{1}{x}-\dfrac{1}{y}=2$, 可知 $x\neq 0, y\neq 0$. 所求的式子的分子分母同除以 xy, 得
$$\dfrac{x-2xy-y}{2x+3xy-2y}=\dfrac{\dfrac{1}{y}-2-\dfrac{1}{x}}{\dfrac{1}{y}+3-\dfrac{1}{x}}=\dfrac{-2-\left(\dfrac{1}{x}-\dfrac{1}{y}\right)}{3-\left(\dfrac{1}{x}-\dfrac{1}{y}\right)}=4.$$

例 3 设 $abc=1$, 求 $\dfrac{a}{ab+a+1}+\dfrac{b}{bc+b+1}+\dfrac{c}{ca+c+1}$ 的值.

解：∵ $\dfrac{a}{ab+a+1}=\dfrac{a}{ab+a+abc}=\dfrac{1}{bc+b+1}$.

> 又 $\because \dfrac{c}{ca+c+1} = \dfrac{c \cdot b}{(ca+c+1)\cdot b}$
>
> $\qquad\qquad\quad = \dfrac{bc}{bca+bc+b} = \dfrac{bc}{bc+b+1}.$
>
> $\therefore$ 原式 $= \dfrac{1}{bc+b+1} + \dfrac{b}{bc+b+1} + \dfrac{bc}{bc+b+1}$
>
> $\qquad\quad = \dfrac{bc+b+1}{bc+b+1}$
>
> $\qquad\quad = 1.$
>
> 这个解法很妙,先是将 1 用 abc 替代,后来又用到了 abc 用 1 替代. 教师说,这叫做"1 的妙用",在数学里,特别是将来在三角里经常用到.

议:这三个例子,选择得比较集中,也比较精彩,教师进行了一题多解,对开拓学生的思维是有益的;教师还在解完题目之后作一些点评,归纳出一些经验,也提出了一些注意事项,这些都是很好的.

这些例子解法颇巧妙,但是式子间变来变去,很容易让人弄不清运算的方向,这样做成功了,也不知道为什么成功,那样做不成功,也不知道为什么不成功,特别是例 3 中"1 的妙用",足以让人感慨不已:数学真奇妙!

这个奇妙,可能会引起更多学生爱上数学,但是也可能让人感到数学难以捉摸,特别是基础较差的学生. 因此,对多数学生来说,有一个需求:掌握这类题目的解题基本规律.

已故的上海老一辈的数学教育家赵宪初说,要先"举三反一",才能"举一反三". 已故的北京名师孙维刚提出"一题多解,多解归一,多题归一". 这里的"一"就是规律. 因此,"一题多解"之后,还要"多解归一","多题归一".

笔者曾经写了一篇文章《关键还是对数学的理解》,发表在《数学教学》2006 年第 9 期上. 这篇文章是分析了条件求值问题,提出这类问题可以进行有规则的思考,也就是这类问题的解题模块. 这个思考过程可以用下图表示:

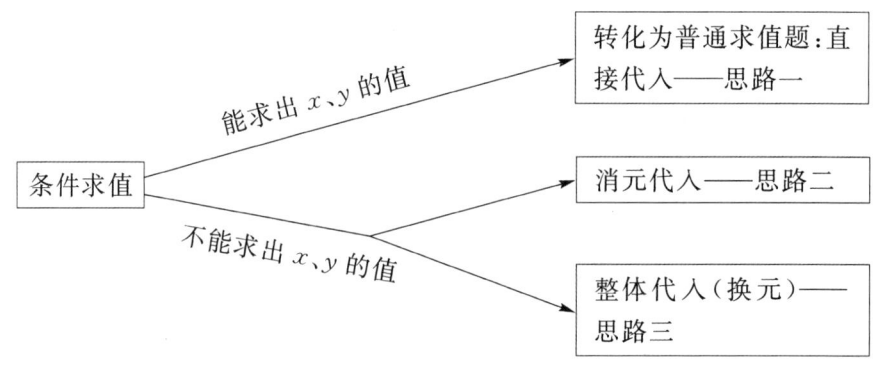

这三道题,能不能用此方式进行思考呢?

首先,这三道题,从条件里都无法解出变元的值,因此思路一是不行了.接着,我们来分析可不可以用另外两个思路来处理.

先看例 1 的解法一,前面的运算是将条件化简,不予过多的讨论.得出

$$\begin{cases} y+z=2x, \\ z+x=2y, \\ x+y=2z \end{cases}$$

后,笔者认为可以这样讲授:似乎三个变元三个方程,可以解出三个变元来,其实这三个式子不独立,剔除一个方程(譬如第三个方程)之后,还是三个变元两个方程.在这情况下,其中的两个变元可以用第三个变元表示.不难解得:

$$\begin{cases} y=x, \\ z=x, \end{cases}$$

代入所求的式子,应得到只含 x 的式子,最终求出值来.

这就是消元代入,就是思路二! 这样讲解,方向明确,在解题的时候不会被运算弄晕了头.然后可以再讲(也可以不讲),其实不必解出 $y=x,z=x$,像前文那样,把

$$y+z=2x, z+x=2y, x+y=2z$$

直接代入所求式子,作用也是一样的.

对于例 2,解法二比解法一更清楚.解法二显然是整体代入法(思路三).至于解法一,如果要讲的话,应该点出:实际上我们是进行了换元.

观察所求分式,可看作由 $(y-x)$ 和 xy 构成,而经过变形,已知条件也是由 $(y-x)$ 和 xy 构成的.如果把 $y-x$ 设为 u,xy 设为 v,那么条件是

$$\frac{1}{x}-\frac{1}{y}=\frac{y-x}{xy}=\frac{u}{v}=2,$$

所求式子是

$$\frac{x-2xy-y}{2x+3xy-2y}=\frac{-u-2v}{-2u+3v}.$$

从条件 u 和 v 的关系中解出 u,即 $u=2v$,代入到所求的式子,立得结果.不难看出这就是运用了消元代入(思路二).

最后看例 3,A 老师的解法看来很妙,但本质上是消 a(最后将所求的式子转化为只含 b、c 的式子,就是消去 a).因此,笔者认为,可以先利用更朴素的解法来讲解这题:

从 $abc=1$,得 $a=\dfrac{1}{bc}$,代入所求式子,

$$\because \frac{a}{ab+a+1}=\frac{\frac{1}{bc}}{\frac{b}{bc}+\frac{1}{bc}+1}=\frac{1}{bc+b+1}, \frac{c}{ca+c+1}=\frac{c}{\frac{c}{bc}+c+1}=\frac{bc}{1+bc+b},$$

$$\therefore 原式=\frac{1}{bc+b+1}+\frac{b}{bc+b+1}+\frac{bc}{bc+b+1}=\frac{bc+b+1}{bc+b+1}=1.$$

因此,本题是利用消元代入法(思路二)解的,这样做,避免了花俏的"1 的妙用".这

个朴素的解法讲完之后,也可以根据学生的情况,决定是不是要介绍 A 老师的解法.

总之,这三个例题,都可以用消元代入和整体代入的思路去解.这样做看起来不花俏,容易理解每一步在做什么,使这些题目有章可循.

笔者认为,现在之所以题海战术盛行,原因之一是教师对数学的理解不深.要通过对若干个习题的分析讲解,让学生掌握一类习题的解法,这就要整理出一个有效的通法.美籍著名的数学家、数学教育家项武义教授在他主持编写的中学数学实验教材里,就十分强调通法.当然我们不排斥优法,但花俏的解法不一定是优法.

笔者认为,我们所说的数学的教育形态,是容易让学生接受的形态,同时有利于学生发展的形态.这三个例题,按笔者介绍的讲授法,学生肯定更容易接受,一般说也有利于发展.但是如果学生的水平很高,考虑到学生更大的发展,也可以先按 A 老师的讲法,然后让学生讨论:这些解法有没有规律?

这三个例题,还给我们一个启示.我们教师自己经常做题目,也经常看参考书上的习题解答,或许,A 老师的这三个解法是从三本不同的参考书上看到的.当同类习题,出现不同的解法的时候,我们应该反思一下,为什么解法似乎没有规律?想一下,这类题究竟有没有规律、有没有通法可以遵循?遇到花俏的解法,我们应该加以改造,使之还原为通法,纳入到原有的认知结构中去.经常这样思考,深入地问几个为什么,将多种不同的解法予以比较分析,而不是"拿来主义"、"照搬主义",长期这样做,必有大收获.笔者就有这样的体会.

要不要讲题目的类型[①]

下面是一份某校高三的数学复习提纲(有的附了笔者听课时记录的简单解法).

> 数形结合(1)
>
> 前言:数形结合就是通过数与形之间的对应和转化来解决数学问题.它包含以形助数和以数解形两个方面.其实质是将抽象的数学语言与直观的图像结合起来,关键是代数问题与图形之间的相互转化.利用它可使复杂问题简单化,抽象问题具体化,它兼有数的严谨与形的直观之长,是优化解题过程的重要途径之一,是一种基本的数学方法.
>
> 例1 方程 $\sin x = \lg x$ 的实数解的个数有_____个.
>
> 解法是在同一坐标系里分别画出
> $$y = \sin x, y = \lg x$$
> 的图像,其交点的横坐标就是方程的实数解.
>
> 例2 已知方程 $|x^2 - a| - x + 3 = 0$ 有两个实数根,求实数 a 的取值范围.
>
> 解:$|x^2 - a| = x - 3$,
>
> 然后在同一坐标系里先画 $y = x - 3$ 的图像,再画含参数 a 的 $y = |x^2 - a|$ 的图像.只有当 $\sqrt{a} > 3$,即 $a > 9$ 时方程有两实数根(如图1).
>
>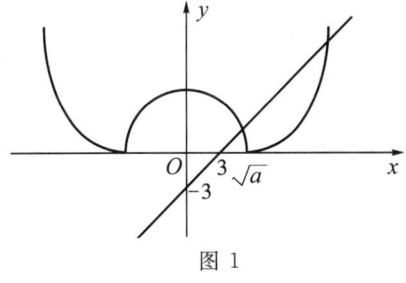
>
> 图1

[①] 本文曾刊载于《上海中学数学》2007年第3期,收入本书时有修改.

例3 若方程 $|x|-ax-1=0$ 有且仅有一个负根,求实数 a 的取值范围.

简解:在同一坐标系里分别画出函数 $y=|x|$ 和 $y=ax+1$ 的图像……

例4 方程 $\lg(-x^2+3x+m)-\lg(3-x)=0$ 在 $[0,3]$ 上有唯一解,求实数 m 的取值范围.

解:$-x^2+3x+m=3-x$,
$-x^2+3x=-x+3-m$,

在同一坐标系里分别画出函数 $y=-x^2+3x$ 和 $y=-x+3-m$ 的图像……

例5 设 a 是实常数根,求方程 $\lg(x-1)+\lg(3-x)=\lg(a-x)$ 的实数解.

议:这份提纲,应该说编写者是花了点工夫的,至少把有关的习题汇集在一起,这有利于让学生掌握.但是总体上说只是题目的罗列,提纲的前言基本上是空话,没有指出本质,也没有操作性.如果能够加以更好的总结归纳,效果会好得多.

提纲的题目很大——数形结合(虽然这里刊出的是"数形结合(1)",笔者看过"数形结合(2)"是差不多的几道例题),其实,整个提纲涉及的仅是数形结合的一个方面:利用图形解方程和研究方程(特别是已知方程的某种性质求方程所含的参数).所以说提纲没有对这一习题类型的意义进行界定,也没有指出这类方法适用的范围.适用范围应该是常规方法难解的方程,譬如含有超越函数的方程,但这个超越函数的图像是会画的.这是第一.

第二,没有分类.

第一题和后面的题目,尽管都是利用图形解方程和研究方程,但有区别.第一题是不含参数,任务是解方程,因为不含参数,因此可以直接画图像,找交点就可以得解;而后面的题目都含参数,任务往往是已知根的某种性质(譬如有两实数根),求参数值.

第三,没有指出解题步骤.

在研究含参数的这类方程时,第一步应该是分离,即将含参数的某个部分放在一端,其余的放在另一端.通常含参数一端应该比较简单,如一次函数,便于变动.

对于例4,其实变形为
$$m=x^2-4x+3,$$
然后设
$$y=x^2-4x+3=(x-2)^2-1, y=m$$
更为简单.因为这时候含参数的一端是 $y=m$,即平行于 x 轴的直线,m 变化时,该直线在上下平移(如图 3). 而原先的分离法, 变动的直线是 $y=-x+3-m$, 尽管也是上下平移, 但因为不平行于 x 轴, 终究复杂些(如图 2).

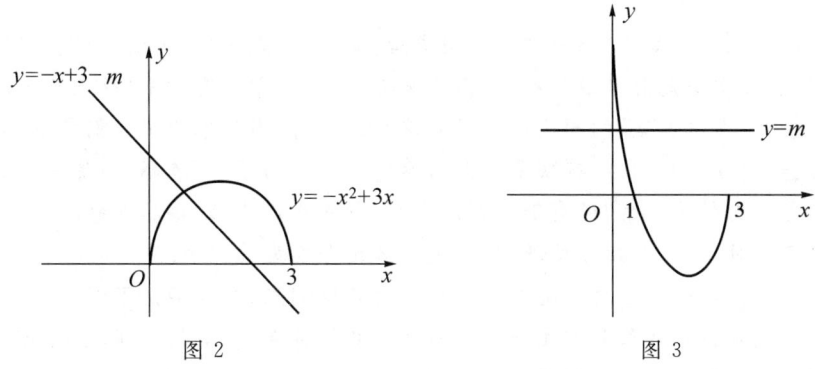

图 2　　　　　　　　　　　图 3

第二步是设两端的式子分别为两个函数, 并在同一坐标系里画出这两个函数的图像, 其中一个图像是固定的, 另一个, 也就是含参数端的那个函数图像是可变动的. 这里实际上包含了一个重要的思想: 与其两个都变动, 不如先固定一个. 这是解决复杂问题时的常用手法.

第三步是研究含参数端的那个图像变动时和不动的那个图像相交的情况, 特别注意的关键点, 从而得到解. 这里当然有量变到质变的思想.

大凡一种习题类型应该总结归纳以下几点: 类型意义的界定和适用范围、分类、一般解题步骤、特殊情况的特殊处理方法等.

可以这样说, 这份提纲总体上说还没有跳出"罗列式"的框架, 缺少归纳分类总结. 如果像上面这样进行分析之后, 学生对解答这种类型的习题应该会掌握得更好些.

近年来, 对习题类型的教学有些不同看法. 为数众多的老师热衷于给学生讲习题类型, 但是常常只是"罗列", 没有归纳总结, 或者归纳得不十分得法, 不十分到位; 另一种相反的观点是, 课改之后也有人认为要淡化类型.

我认为, 第一, 类型是认识过程中的重要中介产品. 心理学上也肯定"图式"的作用, 专家和新手之间的重要差别之一就是专家头脑里有很多图式, 新手则面对已经成熟的 "图式"还得从头想起. 譬如下象棋, 有很多格局, 像"闷宫将"、"抽车将"……这些格局已经有定论, "闷宫将"是一定要死的, "抽车将"也有几种可能的结局, 假如我们对这些图式不掌握, 看到它们还得从头想起, 那怎么能够成为好棋手呢? 因此, 习题的类型很重要.

第二, 要指导学生正确运用类型. 有些类型是从表面现象来分的, 譬如工程问题, 行程问题, 作为类型的名称, 已经约定俗成了, 其实本质的区别在于归结得到的数学模型的不同. 在这种情况下, 学生常常容易套错类型. 戴再平教授的《数学习题理论》里有这么两个例子:

例　妈妈买布, 所带的钱刚好可买某种最好的布 2 米, 或者次布 3 米, 她决定两种布买同样多的米数. 问: 最多能买几米?

此题属于工程问题, 尽管表面看没有工作量什么的.

例　甲、乙两人织毛线, 甲 5 小时织的数量和乙 8 小时织的数量相等, 现在乙织了 2

小时后甲才开始织.问:再过几小时,甲、乙所织的数量相等?

学生往往在判断类型的时候,在"追及问题"还是"工程问题"之间犹豫.其实这题是追及问题.

第三,反对死套类型.解题教学中使用类型,属于"模式识别"方法.模式识别方法,有优点,也有缺点.类型是前人经验的总结,不掌握类型,教学没有效率;缺点就是不容易培养创造力,提出"淡化类型"的同志就是针对这种缺点的,因此不能说他们完全没有道理.在使用模式识别方法的时候,确实要注意培养创造力的问题.一道题,即使是有类型可以借鉴的,但是还要引导学生"还有别的解法吗?",即寻找优法,以培养思维的灵活性;特别是,在特殊情况时,应该有特殊处理方法,更不必死套类型的解法.

第四,要引导学生自己总结类型.譬如,前面的提纲里,在老师讲了例1、2之后,可以让学生总结,或者在教师帮助学生一起总结这类题的特点、步骤等规律(举三反一),然后再做后面的习题(举一反三),这样,既学到了解题规律,又培养了总结归类能力.

这样对待类型的问题,我想应该是正确的.

二谈解题模块
——求一次函数的解析式[①]

H老师的一次函数习题课很吸引人.

她事先准备了一些小纸条,随着课的深入,将这些纸条用黏纸逐一贴在黑板上.黑板上左侧的纸条写的是题目的条件,右侧的纸条是题目的要求.要求比较简单,就是"求一次函数的解析式".条件是一步步变化的.

> 1. 开始的条件是:"一次函数图像,在 y 轴上的截距是 3,平行于 $y=1-2x$."
>
> 2. 解完这题之后,左侧的纸条换成:"一次函数与 x 轴交于点 $A(3,0)$,与 y 轴交于点 $B(0,4)$."
>
> 接着,继续变:
>
> 3. 直线 AB 沿 x 轴平移,所得直线交 x 轴于点 C,交 y 轴于点 D,使 $AC=AB$,求平移后所得直线的解析式.
>
> 4. AB 沿 y 轴平移,使 $AB=BD$……
>
> 5. AB 绕点 O 逆时针旋转 $90°$,交 x、y 轴于点 B_1、A_1……
>
> 6. AB 绕 x 轴翻折,点 B 落在点 B',求 AB' 的解析式.
>
> 7. AB 绕 y 轴翻折……
>
> 8. M 是 OB 上一点,$\triangle ABM$ 沿 AM 翻折,点 B 落在 x 轴上的点 B',求 AM 的解析式.

评:变式教学好.

整节课左侧的条件变化了近 8 次,每次变化,常常是变化不大.

最后 H 老师进行了小结:

> 我们常常遇到,已知某些条件求一次函数解析式这样的问题.即:
>
> 两个独立条件——求一次函数解析式.

评:在一起解完题之后,对这类题的本质、解法进行总结,是十分有效的教学方法.

[①] 本文曾刊载于《数学教学》2007 年第 11 期,收入本书时有修改.

> 关于两个独立条件,有过已知点、已知截距、已知和某直线平行等;关于求解析式,用待定系数法.
>
> H 老师在黑板上画出了这样一个简图:
>
>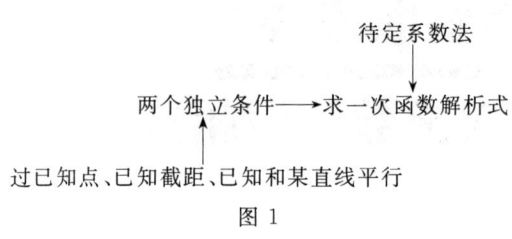
>
> 图 1

议:总的说,这节课是不错的.首先是充分利用了变式教学.变式教学的好处是把相关的问题集中在一起,学生通过比较可以对这类问题掌握得比较圆满;上面一个问题到下面一个问题,有局部的变化,容易引起学生的兴趣,也能够节省时间.其次是有总结,而且这个总结是大家在解题的基础上讨论出来的.

但是,我觉得总结的功夫还可以提高.H 老师总结的第一句("我们常常遇到,已知某些条件求一次函数解析式这样的问题.即:两个独立条件——求一次函数解析式")很好,第二句("关于两个独立条件,有过已知点、已知截距、已知和某直线平行等;关于求解析式,用待定系数法")没有到位.

关于两个独立条件,我觉得可以这样概括:无非是两种情况,第一是已知两点;第二是已知一个点,和直线的走向(其实这就是确定一条直线的两种方式).已知截距,是表面现象,本质上是已知了一个点.已知与某直线平行,也是现象,本质上是已知直线的走向.

关于求解析式的方法,不光是待定系数法,应该说有两种思路,第一是直接求参数,譬如已知和某直线平行,本质上就是已经知道或求出了 k;第二是间接求参数,就是用待定系数法.

因此,这个总结的图应该改成:

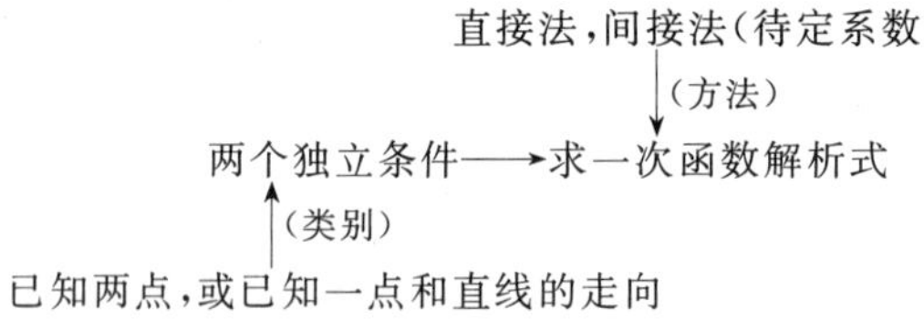

```
                    直接法,间接法(待定系数法)
                              ↓
                             (方法)
        两个独立条件 ────→ 求一次函数解析式
              ↑
            (类别)
        已知两点,或已知一点和直线的走向
```

图 2

现在不少老师上数学复习课和习题课的弊病之一,是收集一些相关的题目放在一起一一讲授,我把这种状况称为"拉在篮里就是菜".这是需要坚决反对的.前几年,我在给教师培训班讲课的时候,我提出上习题课要注意典型性和层次感,经过最近一段时间的实践思考,特别是学习了张奠宙教授的《中国数学双基教学》和张景中院士的"中巧说"①之后,我的想法又有些发展,我认为,对有些题,应该找到一个可操作的、有序的方法来,即组建"解题模块".

也就是说,在上一节习题课之前,要研究有关这个章节的习题有哪些? 基本特征是什么? 相互之间的区别和联系是怎样的? 解这些题目的时候有没有什么规律? 基本方法和基本步骤是怎样的? 里面包含了什么思想? 适用的范围是怎样的,有什么应注意的事项? ……也就是要把这些习题背后的知识结构弄清楚.图 2 反映了"已知某些条件求一次函数解析式"这类习题的解题模块.同样地,我在《关键还是对数学的理解》和《一谈解题模块——条件求值》两文中列出的是条件求值问题的解题模块.

弄清楚解题模块之后,才能找到这类题的典型例题,并用合适的呈现方式展开(这就是典型性和层次感).

要弄清楚某类题的"解题模块",是一件很见功力的事情.一是自己先要进入题海,更重要的是还要在这许许多多的习题中,理出一个结构.还是那句话:关键是对数学的理解!

---

① 张景中院士说过一段话:"练武功的上乘境界是'无招胜有招',但武功仍要从一招一式入门.解题也是如此……这种'无招胜有招'的境界,就是'大巧'吧! 但是小巧固不足取,大巧也确实太难.对于大多数学子,还要重视有章可循的招式……大巧法无定法,小巧一题一法,中巧呢,则希望用一个方法解出一类题目.也就是说,把数学问题分门别类,一类一类地寻求可以机械执行的方法,即算法."

三谈解题模块——解直角三角形

有一段时间去听课,内容几乎都是解直角三角形.先看 W 老师的一节课.

例1 如图1,已知在 $\triangle ABC$ 中,$AB=AC=15$,$\angle A=30°$,求 $S_{\triangle ABC}$.

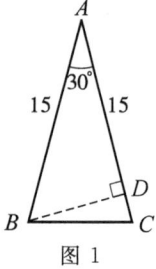

图1

添高 BD,在 $\triangle ABD$ 中可解得 BD,则面积可求了.

例2 已知在 $\triangle ABC$ 中,$AB=8$,$AC=10$,$S=20\sqrt{3}$,求 $\angle A$.(不给出图形)

例3 如图2,已知在 $\triangle ABC$ 中,$\angle B=30°$,$\angle C=45°$,$BC=4$,求 $S_{\triangle ABC}$.

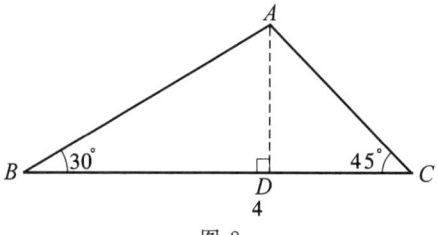

图2

添高 AD,并设 $AD=x$,则 BD、DC 都可用 x 表示,再利用 $BC=4$,列出方程即可.

例4 如图3,已知 $\triangle ABD$ 中,$\angle B=30°$,$\angle ACD=45°$,$\angle ADB=90°$,$AC=a$,求 BD.

从 $\triangle ADC$,可得 $AD=\dfrac{\sqrt{2}}{2}a$,

评:本题有两解,并且不给出图形,比例1难了一步.说明层次感还是有的.

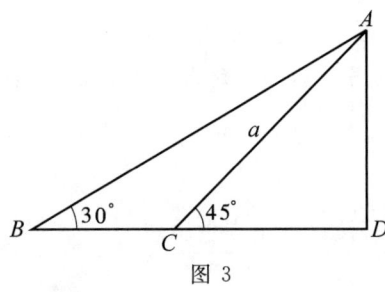

图 3

再从 $\triangle ABD$,可得 $BD=\sqrt{3}AD=\dfrac{\sqrt{6}}{2}a$.

例 5 如图 4,已知 $AD \perp BD$,$AC=BC$,$\angle ACD=45°$.

求(1) 所有内角;

(2) $\tan 22.5°$;

(3) 可不可以求 $\tan 15°$?

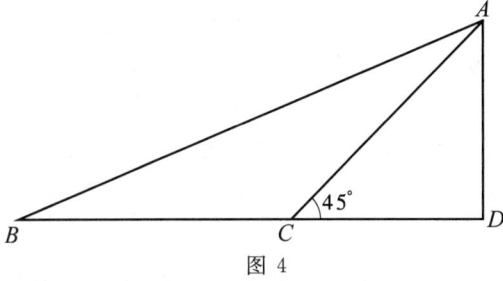

图 4

利用外角定理,不难求出 $\angle B=22.5°$,其余内角也可以一一求出.

设 $AD=a$,$BD=(1+\sqrt{2})a$,$\tan 22.5°$ 即可得出.

评:第(3)小题有发散性,很好.

议:应该说这节课还是不错的.例题也不算太多,W 老师的讲解也很清晰.但是学习了这些例题之后,学生能不能得到解直角三角形的一般规律呢?好像还达不到这个要求.

在另外听的一些解直角三角形的课上,老师们讲了一道又一道例题,布置大量的作业,笔者在想:要讲这么多的例题,布置那么多的作业吗?

笔者思考了一下,解直角三角形恐怕有这么三个要点:

第一,解直角三角形一定要有直角三角形,所以有直角三角形的话,要观察出来;没有直角三角形的话,要构造直角三角形,如第 1、2 题.

第二,千方百计找两个独立条件.如果一个直角三角形里有两个独立的已知条件,可

以直接求解,如第 4 题的 △ADC. 这是基本量思想.

第三,如果边角中只知道一个条件,往往可以设一个未知数,然后三角形的各元素都可以用这个未知数表示,然后利用题目中的另外的条件列出方程解之.如第 3 题.这里面有方程思想.

可以列成图表如下:

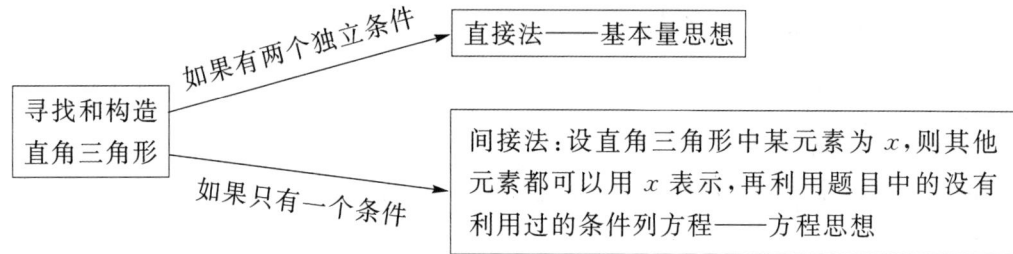

这是笔者对解直角三角形解题模块的认识(或许也可以有别的方式总结),这样一来,解直角三角形就有章可循了.按照这个认识,解直角三角形的习题课,笔者感到用不到很多例题习题.根据这个认识,W 老师的课似乎可以作点改进.

可以先呈现一个图形,让学生找其中的直角三角形,并给出一些数据,直接计算出某些数据.这是观察直角三角形,并且运用直接法解直角三角形.还可以给出某些数据,运用间接法解直角三角形.

接着可以呈现需要添线,构造直角三角形的题目,构造出直角三角形之后,还先呈现直接法求解的问题,然后再呈现间接法求解的问题.例 4 可以用直接法,而例 3 则需要用间接法求解,因此,两题换一下顺序为好.

另外,这两个题目,可以利用变式教学的方式展开.譬如例 4,开始可以改造为

例 $4'$ 如图 5,已知在 △ABD 中,∠B=30°,∠ACD=45°,∠ADB=90°.

(1) 已知 $AC=a$,求 BD;

(2) 已知 $BC=b$,求 BD;

(3) 将 △ADC 沿 AD 翻折,得到下面的图 6,请给出一些数据,求 BD'.

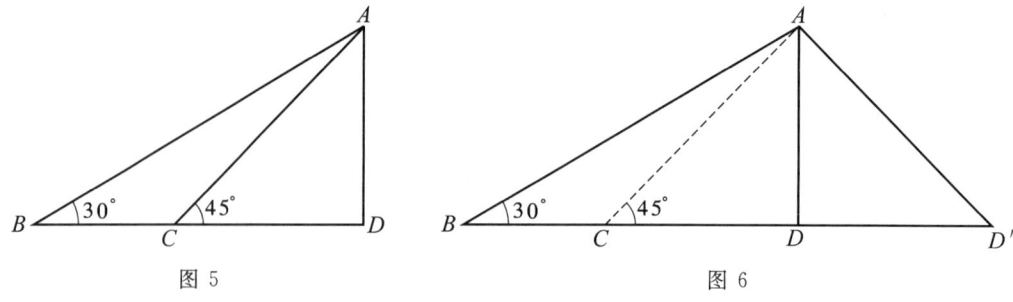

图 5   图 6

其中(1) 是已知 AC,求 BD,这是用直接法求解;

(2) 是已知 BC,求 BD,这就要间接法了:

设 $AD=x$,则 $CD=x$,$BD=\sqrt{3}x$,

于是可列方程:$\sqrt{3}x-x=b$.

这样,学生比较容易体会直接法和间接法的差别.

(3) △ADC 沿 AD 翻折后,得到类似例 3 的图形.给出数据不同,有的题可以解,有的题不能解(条件缺少或过多且发生矛盾);有的题可以直接解,有的要设未知数列方程.这样学生就能够更深刻体会解直角三角形的规律.如此的一道题目,把基本的方法都囊括进去了,而且因为有发散性,可以引起学生对规律的思考.可以说,这一道题起了好多道题的作用.

有些老师可能是数学功底不够,总结的规律,教给学生的解题策略并不恰当.有位 C 老师在举了好多例子之后说,解直角三角形应用题的策略是:

一、构成直角三角形.

二、找等量关系.

三、建立方程.

第一点是对的,第二点不怎么恰当(后面还会论述),事实上 C 老师在讲解某一道题目时,不管有没有需要,找了好多好多等量关系,花了好多时间,同时因为 C 老师没有用一个小写字母来表示线段长,而是用大写字母表示,如 $AB=AC+BC$,看得学生头晕脑胀的,最后只用了其中一个式子.第三点不完全对.因为有的题目,是直接可解的.

构造了正确的解题模块之后,解某类问题就有了一个通法.而且笔者建议在分析讲解习题的时候,要坚持总结出来的通法,这样对训练有好处.在《一谈解题模块——条件求值》一文中,笔者已经强调了这一点(笔者绝不排斥多解,特别是优法).用通法解决了问题之后,视需要和可能,再讨论其他方法.

有位 Y 老师讲解下面这道应用题,是这样分析的:

题:如图 7,为了测建筑物 AC 的高度,测得 $\angle 1=32°$,$\angle 2=40°12'$,$BD=115$ 米,求 AC 的高.

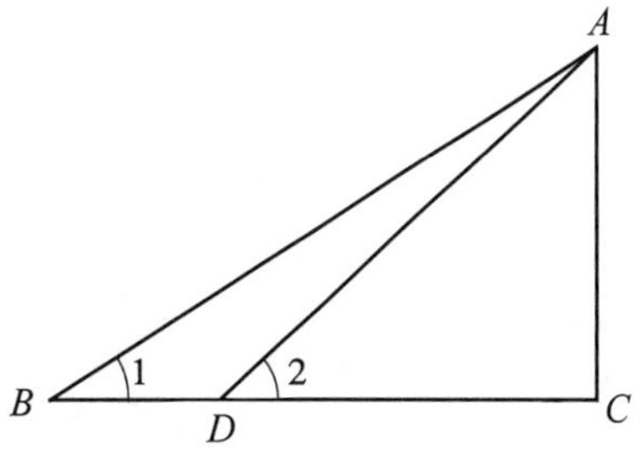

Y 老师的分析是从一个等式着手,说:$BD=BC-CD$,

将 BC、CD 代换掉:$BC=AC \cdot \cot\angle 1$,$CD=AC \cdot \cot\angle 2$,

得 $BD=AC \cdot \cot\angle 1 - AC \cdot \cot\angle 2$,

因为 BD 是已知的,等于 115 米,$\angle 1=32°$,$\angle 2=40°12'$,于是可以求出 AC.

图 7

这样讲完全正确,没有错误,事实上,在列方程解应用题时,就遇到过类似的分歧.有的教师喜欢先整理数据(譬如用列表法和线段图法),设元,再找等量关系列方程;有的教师喜欢先找等量关系,再把等量关系转化为方程.笔者是主张前者的.事后,和笔者一起听课的该校的老教师 Z 评价说,这样讲,没有突出方程思想.笔者认为,一个解法好不好,看:一是否简单;二是不是容易接受;三是可不可以推广.这种"从某个式子着手"的分析法,不很简单,也难以推广,不如笔者前面总结的好.Z 老师当场就举了个例子.

如图 8,已知 $\angle C=90°$,$BD=3$,$\angle B=45°$,$\angle ADE=$

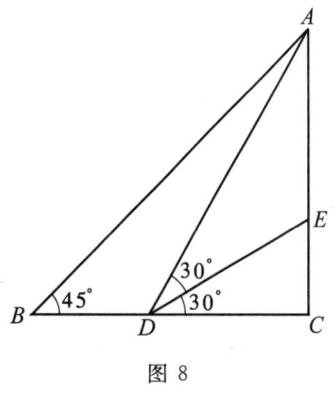

图 8

陈永明 评议数学课

$\angle EDC=30°$,求 AE.

对这样的题目,从哪个式子着手呢?

Y老师自己反思说,对于解含特殊角的直角三角形的题目,我常要学生先设未知数,再列方程.这题不是特殊角,我就这样从式子着手分析了.这说明,Y老师是有时候这样分析,有时候那样分析,没有遵循通法讲解.这样做,学生不容易形成良好的认知结构.笔者估计,有些老师从参考书上看到某个题目,某种解法,就记下来了.这本书这么说,那本书那么说,多种解法,没有经过自己的思考整理,照单全收,也照单传授给学生.所以看参考书不是越多越好,重要的是要消化.

话说回来,Y老师的方法还是可以讲的,但是只能把它作为一题多解中的一个,但不要强化它.要展示奇思妙想,但不忘强调通法.

四谈解题模块——函数的"借值求值"[①]

近几年,"抽象函数"成了时髦的新名词. 前一阵子听了一节课, A 老师在课上展示了好多有关"抽象函数"的例题. 譬如:

> **例 1** 设 $f(x)$ 是定义在 **R** 上的函数, $f(10+x)=f(10-x)$, $f(20-x)=-f(20+x)$, 那么函数 $f(x)$ 是不是周期函数? 是不是奇函数? 是不是偶函数?
>
> **例 2** $f(x)$ 是周期函数, 周期是 4, 同时, 又是奇函数. 如果 $f\left(\sin\dfrac{11\pi}{2}\right)=1$, 那么 $f(5)$ 等于多少?
>
> **例 3** 函数 $f(x)$ 对于任何 $a,b\in\mathbf{R}^+$, 恒有 $f(ab)=f(a)+f(b)$. 若 $f(8)=3$, 求 $f(\sqrt{2})$.
>
> **例 4** $f(x)$ 是 **R** 上的奇函数, $f(x+2)=-f(x)$, 当 $0\leqslant x\leqslant 1$ 时, $f(x)=x$, 求 $f(7.5)$.
>
> A 老师一道道地解, 解法很巧妙. 譬如例 3 的解:
> 显然性质
> $$f(ab)=f(a)+f(b)$$
> 可以推广到 $n>2$ 的情形. 于是
> $$\begin{aligned}f(8)&=f(\sqrt{2}\cdot\sqrt{2}\cdot\sqrt{2}\cdot\sqrt{2}\cdot\sqrt{2}\cdot\sqrt{2})\\&=f(\sqrt{2})+f(\sqrt{2})+f(\sqrt{2})+f(\sqrt{2})\\&\quad+f(\sqrt{2})+f(\sqrt{2})\\&=6f(\sqrt{2}),\end{aligned}$$
> 因为 $f(8)=3$, 所以
> $$f(\sqrt{2})=\dfrac{1}{2}.$$
>
> 譬如例 4 的解:
> 利用给出的性质 $f(x+2)=-f(x)$, 有

[①] 本文曾刊载于《数学教学》2008 年第 6 期, 收入本书时有修改.

$$f(7.5)=f(5.5+2)=-f(5.5)$$
$$=-f(3.5+2)=f(3.5)$$
$$=f(1.5+2)=-f(1.5)$$
$$=-f(-0.5+2)=f(-0.5),$$

再利用奇函数的性质,可以继续演算:
$$f(-0.5)=-f(0.5),$$
0.5 落在 0 和 1 之间,根据题意,$f(0.5)$ 是个已知函数值,它等于 0.5. 于是有
$$f(7.5)=-f(0.5)=-0.5.$$
例题讲完,课也就结束了.

议:A 老师没有讲这类习题的基本规律,就题论题,学生不能得其要领,因而也不能举一反三.这样的习题课经常看到,笔者不认同.

我们暂时不管"抽象函数"这个名词是否合理,根据不少文章的所述,所谓"抽象函数"是指解析式不明确的函数.有一种和"抽象函数"相关的题目,是要根据给出的某些条件,求这个"抽象函数"的某个函数值.上面的例2、例3、例4就是.

我们知道,如果函数表达式明确,当 x 等于某值时,求函数的值,相对比较容易些;而函数的表达式不明确,只知道函数的某些特性,要求出函数的某个值,就比较困难了.

这样的题目就凭借小聪明来做?我们应该研究它的规律,就是要建立这类题的"解题模块".

首先,这样的题目,欲求"抽象函数"的某个函数值 $f(b)$,总是先给出这个函数的某个函数值 $f(a)$.

其次,还应该给出这个函数的某些性质.只知道这个函数的一两个函数值显然是难以求出另一个函数值的.

根据这样一些条件,求这个函数的某个函数值,当然要想一些办法,第一个反应是(而且应该是):能不能把这个"抽象函数"的解析式求出来?如果函数解析式求出来了,再求 $f(b)$ 那应该是比较方便的了.但是遗憾的是,一般说,就这样两类条件,常常难以求出函数解析式,因此要另想办法.这就要利用已经给出的这个"抽象函数"的性质,在 $f(a)$ 和 $f(b)$ 之间找到一个关系(而不企图找到反映整体性质的函数解析式),然而借 $f(a)$,求出 $f(b)$.笔者把这样的题目叫做函数的"借值求值".

笔者认为,建立解题模块,首先应弄清楚问题的本质——这是怎样的一类问题?和以往遇到的问题有什么异同?笔者认为,"借值求值"的本质是:

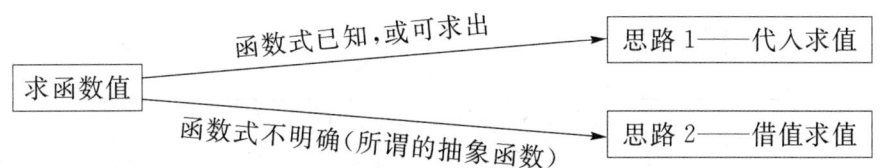

1. 求函数值一般有上述的两条思路,思路2"借值求值"是不企求通过求函数式来求某函数值的.

2. 至少有一个函数值 $f(a)$ 是已知的,这是"借"的基础.

3. 函数还应该有某种性质,这种性质是涉及已知的函数值 $f(a)$ 和欲求的函数值 $f(b)$ 之间关系的,这种性质往往是奇偶性、对称性、周期性等,这好像一座"桥",把已知函数值 $f(a)$ 和所求函数值 $f(b)$ 联系起来.

如果这样的讲解和分析,就揭示了这类习题的本质.这比解题技巧重要.

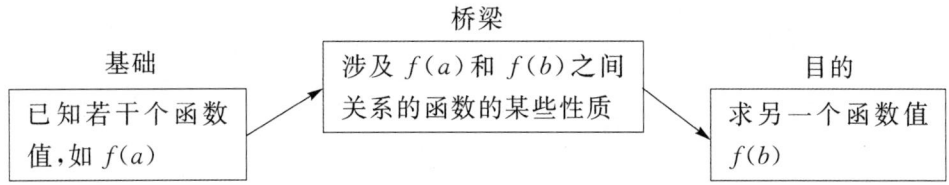

"借值求值"的一般方法有以下几种,本质上都是用了化归法.

第一种,利用奇偶性.有奇偶性的函数,函数值 $f(a)$ 和 $f(-a)$ 之间有关系.利用这种关系,常可以实现"借值求值",譬如知道 $f(5)$,就可以求出 $f(-5)$.

第二种,利用周期性.有周期性的函数,函数值 $f(a+T)$ 与 $f(a)$ 之间有相等关系.利用这种相等关系,也可以实现"借值求值".

第三种,利用对称性.众所周知,奇函数和偶函数,它的图像有对称性,但是有些函数的图像有对称性,但不是奇函数,也不是偶函数,这种对称性也可以用来作为"借值求值"的"桥梁".譬如例1中,由
$$f(10+x)=f(10-x)$$
知道,$f(x)$ 的图像关于直线 $x=10$ 对称,那么,如果已知 $f(9)$,就可以求得 $f(11)$,因为这两者是相等的.

最后,有的"抽象函数"是非奇非偶的函数,也不是周期函数,也没有对称性,没有这样的明显的"桥梁",但给出了别的特殊性质,有时也可以"借值求值".这时候的思考重点是,把给出的特殊性质,转化为连接已知函数值和欲求的函数值之间的"桥梁".

如果 A 老师在这节课想集中讲"借值求值"的话,我觉得例题要整理.后三题都是"借值求值",例1应该改造为"借值求值"题,这样就能够集中力量.要有些简单的,光用奇偶性、周期性就能够解决的习题;接着安排难一点的.讲解时,还需突出化归思想.

最后例4的讲解法可以研究.A 老师这样讲解无疑是正确的.通过连续使用给出的性质,找到了欲求的函数值 $f(7.5)$ 和 $f(0.5)$ 之间的"桥梁",而 $f(0.5)$ 的值可以求出,于

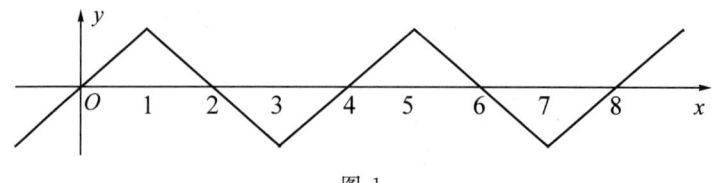

图 1

是欲求的函数值 $f(7.5)$ 也是可以求出的了. 其实, 这道题中的函数式 (分段函数) 是可以求出的, 它的图像如图 1 所示. 也就是说, 利用思路 1, 也是可以求出, 而且应该是首先想到的. A 老师之所以仅讲了一种解法, 原因可能很多, 但没有把握这类题目的"解题模块"是原因之一.

五谈解题模块
——复合函数的"限制分解"

这里展示的是 M 老师的一节关于"抽象函数"的习题课：

> 例 1　$f\left(x+\dfrac{1}{x}\right)=x^3+\dfrac{1}{x^3}$，$g\left(x+\dfrac{1}{x}\right)=x^2+\dfrac{1}{x^2}$，求 $f[g(x)]$．
>
> 例 2　$f(\log_a x)=\dfrac{a(x^2-1)}{x(a^2-1)}$，求 $f(x)$．
>
> 例 3　若 $f\left(\dfrac{1}{x}\right)=\dfrac{1}{1-x^2}$，求 $f(x+1)$．
>
> 例 4　已知 $f(x+1)=x^2-3x+2$，求 $f(x)$．
>
> ……

议：虽然 M 老师讲解得还是清楚的，但笔者总觉得遗憾：又是一堆题目！学生对这类问题，常常感到困难，而一旦老师把这些题目解决了，只是惊叹解法的巧妙，自己动手又感到是云里雾里．不过，M 老师的这些题目基本上还是有共同点的，这说明她还是下了功夫，是归了类的．

这几道题目都涉及复合函数．复合函数是一个重要的数学概念，在初等数学里，尽管不出现复合函数的名称，但现在时行的习题中，有些数学概念实质上是涉及了复合函数，而且还常常难度不低．

已知函数 $f(x)$ 和 $g(x)$，求复合函数 $f[g(x)]$ 的过程叫函数的复合．如果函数 $f(x)$ 和 $g(x)$ 的解析式都给出，一般说，复合函数还是容易求出的．为了方便，笔者把 $f(x)$ 叫做外层函数，把 $g(x)$ 叫做内层函数．

和复合反过来，就是复合函数的分解，即给出一个复合函数，将它看成某两个或几个函数的复合．这往往是大学生求导数时最感困难的地方．但是，只要概念清晰，还是有章可循的．

这节课里涉及的问题比单纯的复合和分解复杂．笔者认为，这类问题的结构，或者说解题模块，很值得研究．

我们先看一个具体的例子.

已知 $y=f(u)=u^2-5u+6, u=g(x)=x+1$, 求 $y=f[g(x)]$.

不难知道, $f[g(x)]=(x+1)^2-5(x+1)+6$. 这是函数的复合.

反过来, 若问:

已知 $y=(x+1)^2-5(x+1)+6$, 它是由哪两个函数复合而成的?

不难知道, 是 $y=f(u)=u^2-5u+6$ 和 $u=g(x)=x+1$ 复合而成的. 这是复合函数的分解.

如果
$$y=(x+1)^2-5(x+1)+6$$
经过整理, 得到 $y=x^2-3x+2$, 情况就复杂多了. 问题就变成:

"已知(复合)函数 $y=x^2-3x+2$, 它的内层函数是 $g(x)=x+1$, 问: 外层函数是什么?"

这样提, 比较直白, 其实上面的例 4:

"例 4 已知 $f(x+1)=x^2-3x+2$, 求 $f(x)$."

就是这个意思. 只不过, 在例 4 中, 内层函数是隐含的, 没有直接指出内层函数是 $g(x)=x+1$.

看来例 4 的本质还是在做复合函数的分解, 但不是让你"自由"分解, 而是"限制了内层函数是 $g(x)=x+1$"的分解. 其实, 如果给出同样的(复合)函数 $y=x^2-3x+2$, 但是限制内层函数是 $u=g(x)=x+2$, 也是可以分解的, 结果是
$$y=f(u)=u^2-7u+12, u=g(x)=x+2.$$

现在的问题清楚了. 这类题本质上还是复合函数分解, 是一种特殊的分解题, 笔者把它叫做复合函数的"限制分解"题. 这就是这类题的本质. 讲解例题时, 首先要让学生弄清, 已知的(复合)函数是什么? 隐含的内层函数是什么? 目标是什么(求外层函数)?

怎么解复合函数的"限制分解"题? 实际上, "限制分解"问题之所以难, 就是因为给出的复合函数是整理后的形式(上面例 4 中的 $y=x^2-3x+2$). 如果给出的是复合函数的"原始"形式($y=(x+1)^2-5(x+1)+6$)那就是一个普通的复合函数分解的问题了. 因此, 找到复合函数的"原始"形式是解某些"限制分解"题的关键(有时也可以不找原始形式, 这里不展开). 下面说到的三种方法是解"限制分解"题的有效方法.

1. 凑配法

为了使函数 $f(x+1)=x^2-3x+2$ 转化为 $(x+1)$ 的表达式("原始"形式), 我们可以逐步凑. 先凑 x 的平方项.

$$f(x+1)=x^2-3x+2=x^2+2x+1-3x+2-2x-1=(x+1)^2-5x+1.$$

再凑一次项, 上式继续演算:
$$=(x+1)^2-5x-5+5+1$$
$$=(x+1)^2-5(x+1)+6.$$

这样复合函数的原始形式就找到了, 于是外层函数立刻就能够得到:
$$f(x)=x^2-5x+6.$$

2. 代换法

例 4 还有另外的解法. 因为内层函数 $g(x)=x+1$ 是已知的, 将它设为中间变量 u,

那么 $x=u-1$,将 $f(x+1)=x^2-3x+2$ 中的 x 代换掉,就变成 u 的表达式了.

设 $u=x+1$,则 $x=u-1$,代入
$$f(x+1)=x^2-3x+2$$
中,得到
$$f(u)=(u-1)^2-3(u-1)+2=u^2-5u+6.$$
于是求得外层函数.

凑配法和代换法是解"限制分解"题的基本方法. M 老师的一堆题目显得有点无序,例 4 是最简单的,却安排在最后,显然是不妥当的,应该将它安排在最前面. 同时应该抓住例 4,深入剖析,揭示这类问题的本质,同时引出凑配和代换两种基本方法. M 老师没有把这篇文章做足,是最大的不足.

接着可以讲解例 2,这是方法的简单应用,同时可以说明:这两个方法并不是都有效,有时代换法有效,凑配法无效或者太复杂;有时,代换法无效或者太复杂,凑配法却是有效的. 例 2 用代换法解较合理.

为了使这节课比较完整,笔者建议增加一个例题,因为它可以引出第三种方法——待定系数法.

3. 待定系数法

例 5 $f^{-1}[f^{-1}(x)]=\dfrac{1}{25}x-24$,求一次函数 $f(x)$.

显然本题应该先求 $f^{-1}(x)$,然后再求 $f(x)$. 本题给出的复合函数是由 $f^{-1}(x)$ 自己和自己复合而成的. 函数 $f^{-1}(x)$ 虽然不知道,但是它们的基本形式——是一次函数——是可以肯定的,这是因为 $f(x)$ 是一次函数,它的反函数 $f^{-1}(x)$ 必定是一次函数.

于是我们设 $f^{-1}(x)=ax+b$.
$$f^{-1}[f^{-1}(x)]=a(ax+b)+b=a^2x+ab+b.$$
根据题意,
$$a^2x+ab+b=\dfrac{1}{25}x-24,$$

有
$$\begin{cases}a^2=\dfrac{1}{25},\\ ab+b=-24,\end{cases}$$

解得
$$\begin{cases}a=\dfrac{1}{5},\\ b=-20\end{cases} \text{或} \begin{cases}a=-\dfrac{1}{5},\\ b=-30.\end{cases}$$

所以,(1) $f^{-1}(x)=\dfrac{1}{5}x-20, f(x)=5x+100$;

(2) $f^{-1}(x)=-\dfrac{1}{5}x-30, f(x)=-5x-150$.

待定系数法适合于内层或外层函数的基本形式明确的情形.

这样我们可以给学生总结,目前复合函数的"限制分解"题有三种常用的解法. 这样模块的结构更清晰了.

例 1 和例 3 是综合题,应该在后面讲.如例 3:

"若 $f\left(\dfrac{1}{x}\right)=\dfrac{1}{1-x^2}$,求 $f(x+1)$."

是这样综合的:先由

$$f\left(\dfrac{1}{x}\right)=\dfrac{1}{1-x^2} \qquad \left(\text{隐含了内层函数是 }u=\dfrac{1}{x}\right),$$

求出外层函数 $f(u)$.这只要用代换法即可求出:

$$f(u)=\dfrac{1}{1-\dfrac{1}{u^2}}=\dfrac{u^2}{u^2-1}.$$

再把 $f(u)$ 和 $u=x+1$ 复合,求出结果.

再如例 1:"$f\left(x+\dfrac{1}{x}\right)=x^3+\dfrac{1}{x^3}$,$g\left(x+\dfrac{1}{x}\right)=x^2+\dfrac{1}{x^2}$,求 $f[g(x)]$."

则是先由

$$f\left(x+\dfrac{1}{x}\right)=x^3+\dfrac{1}{x^3},\text{求出 }f(x);$$

由

$$g\left(x+\dfrac{1}{x}\right)=x^2+\dfrac{1}{x^2},\text{求出 }g(x),$$

最后进行复合得到 $f[g(x)]$.

本题如果用代换法,设 $u=x+\dfrac{1}{x}$,从中解出 x,即用 u 来表示 x 是很复杂的.所以我们用凑配法比较合理.进一步可以说明这三种方法要灵活应用.

复合函数的"限制分解"问题的解题模块大致有如下两个要点:

第一,复合函数的"限制分解"问题的本质是已知了复合函数和内层函数(常常是隐含的),求外层函数.

第二,复合函数的"限制分解"问题的解法,目前有三种常用方法:凑配法、代换法、待定系数法.前两种是基本方法,后者适用于函数的基本形式已知的情形.

如果给学生揭示这类问题的本质和常用的几种解法,还用得到题海战术吗?

六谈解题模块
——"二限"排列问题

早年听过 B 老师的一节排列习题课.例子很多,如

> 例 1　用 0~9 这 10 个数字,可以组成多少个没有重复数字的五位数?
>
> 例 2　3000 到 8000 之间有多少个没有重复数字的奇数?
>
> 例 3　在 6000 到 9000 之间有多少个没有重复数字的 5 的倍数?

B 老师讲解是清楚的,但是整体上,总给人一种凌乱的感觉.

议:其实,深入研究一下,可以发现,例 1 和后面的两个例题有一定的差别.

例 1 是 10 个元素安排到 5 个位置里去,但是第一个位置里不能安排元素"0",这是限制条件.

例 2 和例 3,都是 10 个元素安排到 4 个位置里去的问题.例 2 的限制条件是第一个位置里只能安排元素"3"、"4"、"5"、"6"、"7",或者说不能安排元素"1"、"2"、"8"、"9"、"0";最后一个位置里只能安排元素"1"、"3"、"5"、"7"、"9",或者说不能安排元素"2"、"4"、"6"、"8"、"0".

例 3 的限制条件是第一个位置里只能安排元素"6"、"7"、"8"或者说不能安排元素"1"、"2"、"3"、"4"、"5"、"9"、"0";最后一个位置里只能安排元素"0"、"5",或者说不能安排元素"1"、"2"、"3"、"4"、"6"、"7"、"8"、"9".

至少应该区分,例 1 中,有且只有一个位置有限制,而例 2 和例 3 中,有且只有两个位置有限制.笔者把例 1 叫做"一限"问题,而把例 2 和例 3 叫做"二限"问题.

"一限"问题容易解决.根据排列的一般原则,有限制的位置先安排,这样就把问题分为两步:第一步,先安排第一个位置(即"万位"),因为它不能为"0",所以可以安排"1"、"2"、…、"9",有 9 种可能.第二步,对于万位上的任一种安排,再安排其余 4 个位置,因为可以从余下的 9 个数字中选择 4 个,所以有 P_9^4 种,根据分步情况下的乘法原理,共有

$P_9^1 P_9^4$ 种可能.

例1可以用下面的图1表示,其中椭圆里的元素是万位上容许安排的元素.

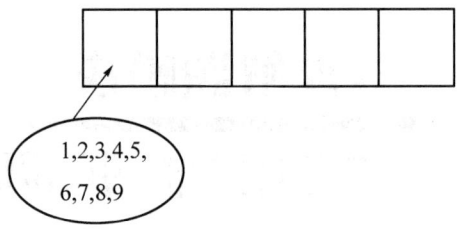

图1

"二限"问题就不那么容易解决了.仔细研究一下,例2和例3还有区别.例3看来简单些,因为它的两个限制条件"不打架",千位上容许安排元素"6"、"7"、"8",个位上容许安排元素"0"、"5".还是遵循有限制的先安排的原则,可以先安排千位,再安排个位,最后安排中间两位,也可以先安排个位,再安排千位,最后安排中间两位.

而例2比较难,因为两个限制条件是互相冲突的.千位上只能安排元素"3"、"4"、"5"、"6"、"7",个位上只能安排元素"1"、"3"、"5"、"7"、"9",如果先安排千位,安排的是"4",那么安排个位时,元素"1"、"3"、"5"、"7"、"9"都可以;如果千位安排了"3",那么个位上"3"就不能安排了,只能安排其余4个了.换个顺序,先安排个位再安排千位也会发生这样的问题.

其实,"二限"的问题可以有三种情况:

(1) 无关型

就是例3的情形,两个位置上的限制条件"不打架".画成图是下面的图2,左边的椭圆里的元素是千位上允许安排的元素,右边椭圆里的元素是个位上允许安排的元素.如果分别将它们看作集合,那么这两个集合是没有公共元素的,这是"无关型"二限问题的特点.在具体解的过程中,可分成三步.先安排千位,再安排个位,或者先安排个位再安排千位都可以,最后安排中间两个没有限制的位置.答案是:$3 \times 2 P_8^2$.

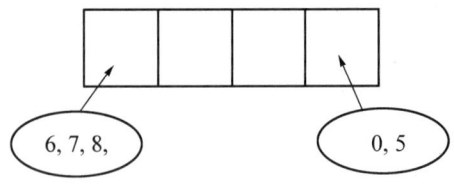

图2

(2) 影响型

譬如下面的题目就是影响型:

从 A、B、C、D、E、F、G 这7个歌手中选4个表演独唱,规定每个歌手最多只能出场一次,而且第一个节目不能排 A、B,第二个节目不能排 A、B、C、D,问:有几种排法?

这题目有两个限制条件:第一个节目和第二个节目.第一个节目不能排 A、B,能够排的是 C、D、E、F、G,第二个节目不能排的是 A、B、C、D,能够排的是 E、F、G.

也画出图(如图3).如果把第一个节目允许安排的歌手组成的集合记作X,把第二个节目允许安排的歌手组成的集合记作Y,容易发现两个集合之间有包含关系:$Y \subset X$.这是"影响型"二限问题的特点.具体解题时,还是分三步,但宜先安排集合Y对应的第二个节目.

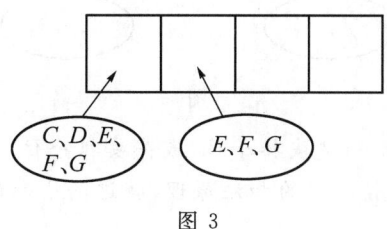

图 3

先安排第二个节目,有 3 种可能;再安排第一个节目,不管第二个节目里安排的是谁(譬如是E),那么第一个节目只有 4 种可能(C、D、F、G),注意:不是 5 种可能,受到第二个节目安排的影响了! 最后余下的 5 个歌手中选 2 个安排在第三、四个节目就行了. 答案是: $3 \times 4 P_5^2$ 种.

(3) 混合型

例 2 实际上最难,画出图(如图 4).

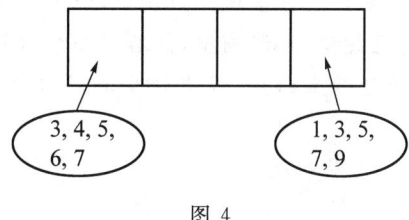

图 4

假如把千位上允许安排的元素组成的集合记作X,个位上允许安排的元素组成的集合记作Y,容易发现集合X和Y有公共元素(公共元素是 3,5,7),但又不是包含关系,也就是说它们是部分交叉的关系. 这是"混合型"二限问题的特点. 如果先安排个位是"1",那么千位安排时不受影响;如果个位安排"3",那么千位安排时,"3"就不能再安排了. 为什么叫混合型? 其实,这个题目可以看作是由一个无关型和一个影响型问题的"混合"组成,因此,例 2 可以分拆成两个题目:

(a) 3000 到 8000 之间有多少个没有重复数字的个位是 1 或 9 的奇数?

(b) 3000 到 8000 之间有多少个没有重复数字的个位是 3、5、7 的奇数?

(a) 是无关型. 画成图如下(如图 5).

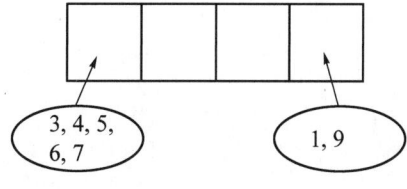

图 5

(b) 是影响型.画成图如下(如图6).

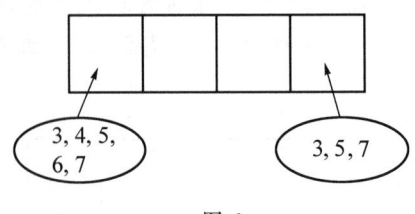

图 6

显然,(a)的解是 $2\times 5P_8^2$.可先安排千位,或先安排个位.(b)的解是 $3\times 4P_8^2$.安排时宜先个位、后千位.根据分类情况下的加法原理,将这两小题的结果加起来,就是例 2 的解答:$2\times 5P_8^2+3\times 4P_8^2$.

这里是按个位将例 2 分拆成两个小题,其实按千位也是可以将例 2 分拆成无关型和影响型两个小题.

至此,一限和二限排列问题的双基模块应该很清楚了.B 老师如果掌握了这些,可以把例题安排得很有层次,先一限再二限,在讲二限问题时,先无关型,再影响型,最后混合型.这样学生头脑里的认知结构肯定很清楚,也用不到做很多很多的习题了.但是笔者这里只是给出了这类问题的解题模块,分析了这类问题的结构和相应的解法,原则上说,只是涉及了知识本身,至于这个知识怎样呈现?应该说,教无定法.可以如上面说的先一限再二限,在讲二限问题时,先无关型,再影响型,最后混合型这样先易后难安排讲解;也可以先让学生做一批题目,然后让学生归纳,或者师生共同归纳.后者要求更高些,效果也应该更好.

四谈方法——"回归本原"的方法

这节课 Y 老师讲的,是解一元一次方程的步骤中的去分母.先举了一个例子:

例 解方程 $\dfrac{x-1}{5} - \dfrac{x}{3} = \dfrac{1}{6}$.

Y 老师很规范地书写了整个求解过程.接着 Y 老师总结了解一元一次方程的一般步骤:

(1) 去分母;
(2) 去括号;
(3) 移项;
(4) 合并同类项;
(5) 两边同除以一次项的系数,将 x 的系数化为 1.

最后是练习:

练习:去分母并解方程:

(1) $\dfrac{3x}{4} = \dfrac{3}{2}$;　　　(2) $3x = \dfrac{1-5x}{7}$;

(3) $\dfrac{3}{100}x - \dfrac{5}{4} = 1$;　　(4) $y + \dfrac{y-1}{2} = 3$.

评:我从周围学生的练习看,学生对去分母掌握得很好,每道题都是按照老师总结的 5 个步骤做的:先在方程的两边同乘以公分母,然后……但是对于第(3)题,竟然没有一个学生先将两个常数项合并再去分母的,我感到有点吃惊.

这样的情况其实不少.有一次,我听 X 老师的课,她讲的是一元二次方程根与系数关系.她出了几道练习题:

求两根和与积:

(1) $x^2 - 2x - 1 = 0$;　　(2) $2x^2 - 3x + \dfrac{1}{2} = 0$;

(3) $2x^2 - 6x = 0$;　　　(4) $3x^2 = 4$.

对第(3)题,因为没有常数项,有些学生不会做了.X 老师正确地解释了:常数项为 0,根据一元二次方程根与系数关系,所以两根之积为 0.

同样地,对第(4)题,学生也发生了困难.

评:其实,第(3)题还可以从另一个角度解释:显然 0 是方程的一个根,两根之积当然是 0.在正确地运用根与系数关系解答之后,第(4)题也可以这样解释:这个方程的两根肯定为相反数,它们的和当然是 0.

议：笔者写过一篇文章《一谈解题模块——条件求值》，文章说到了通法和优法，但侧重点，是强调通法的.（笔者确实很强调通法，但确切地说，笔者强调先通法后优法.）上世纪80年代在我国实验的，美国数学家项武义教授主编的中学数学教材也十分强调通性通法. 因为，从根本上说，数学就是将复杂转化为简单，将无序转化为有序，掌握了解决某类问题的通法，我们就可以把握这类问题了. 由于通法具有一般性，所以通法很重要.

但是，强调通法过分，就显得死板，就等于死抱住通法. 其实对于具体的某个问题，通法尽管可以解决，但不一定是最优的方法. 为了提高效率，我们还要寻找解决具体问题的优法. 而且，作为中学的数学，有培养人的任务，有培养学生思维品质的任务，优法可以锻炼人的思维，因此优法也是重要的. 所以，不少老师常常一题多解，这就是在寻找解决具体问题的最佳途径，并训练学生思维的灵活性.

有些学生的脑子里只有通法，就死板了；有的学生拿到题目，东撞西撞，好像试图在找优法，其实他对这类题目没有整体的把握. 这两种情况都不好. 通法和优法，在教学上究竟应该怎么处理？笔者的意见是：要强调通性通法，但也要讲优法，要教育学生"思考时通法优先，落笔时优法优先"，即：拿到题目首先想有没有一般方法？其次应该想有没有简便方法？最后选择合理解法.

在种种方法中，包括优法，笔者特别看重一种"回归本原"的方法，它有特殊的教育功能.

有这么一道题：7个女孩分2个匹萨饼，3个男孩分1个匹萨饼，问：每个男孩得到的多，还是每个女孩得到的多？

根据调查，90％以上的中国学生按通法做，将 $\frac{1}{3}$、$\frac{2}{7}$ 进行比较，化同分母，然后得 $\frac{1}{3}>\frac{2}{7}$.

而80％以上的美国学生是用非常规方法做的，譬如：7个女孩分2个匹萨饼，假定3个女孩分了1个匹萨（和男孩一样多），那么剩下的4个女孩只能分1个匹萨了，这4个人分的显然比男孩 $\left(\frac{1}{3}\right)$ 少.

负责调查的美国专家蔡金法和维克多认为：中国学生有效，但缺少创意；美国学生有创意，但他们的策略几乎不适用于其他的问题.

这个案例很耐人寻味. 通法能够解决问题，笔者相信，如果这道题的数据更繁一点，中国学生还是会做的，而美国学生会做的人数可能大幅度下降. 但是，美国学生的思考方法的确有它的长处：直观，而且反映了分数的本质（我暂时把它称为"回归本原"的方法）. 如果两种方法都掌握，该有多好！

这里说的"回归本原"的方法，很难说清楚它的涵义. 我们有些学生，解题时可以头头是道，但是他并没有理解其所以然. 譬如说，在上面的调查中，90％解出这个题的中国学生中，会不会有的学生是这样想的：因为老师说的，求每人分得多少？用除法，于是……这样的学生,尽管题是解出了,但是并没有懂得本质.应该说美国学生是懂得分数的本质了(但是他们大多没有掌握比较分数大小的基本方法).

在李士锜、李俊主编的《数学教育个案学习》一书里引了这么一个例子：

老师出了一道解方程：$x+\dfrac{1}{3}=\dfrac{1}{3}x+1$.

有学生一眼看出 $x=1$，但是老师不允许"一眼看出"，一定要学生按部就班.

其实这就是一个优法，而且是带有"回归本原"的特点的.第一，经过检验，$x=1$ 是方程的根；第二，一元一次方程有且只有一个根，因此这个方程的所有的根就是 $x=1$.

这个方法太好了，思维上运用了直觉，而且反映了他懂得根的意义，懂得一元一次方程根的个数，直指方程概念的两个本质问题.

前面叙述的两节课里遇到的问题，就是只会用基本的方法解，没有想到更直观，更直接的方法，或许就是带本原性的方法.

"回归本原"的方法往往带有直观性，凭直觉判断，运用逆向思维，往往有创见，还反映了概念的本意，反映了方法的起源.它在培养学生的创造性思维方面，真正理解概念方面是有大作用的.笔者希望大家予以重视.

陈永明 评议数学课

列方程解应用题的关键在哪里①

听了两节二元一次方程组解应用题的课,由于是利用了统一的课件,两节课大同小异. 他们设定的教学目标是:会解简单的应用题(有关过程、方法、目标和情感目标,略). 设定的教学重点:设未知数列方程组解实际问题. 设定的教学难点:找等量关系.

新课是通过两道例题展开的. 第一个例题是:

> 例1 参观上海科技馆,成人票、学生票分别为60元和45元. 一天,共卖出成人票与学生票1万张,收入51万元. 问:这天这两种票各售出多少张?
>
> L老师提出了一组问题:遇到实际问题,根据经验,你打算怎么办?你找出了什么关系?如何处理?请你把上述问题转化为数学语言?有几种办法?你怎么选择?通过这题你有什么体会?……而且L老师对后面的每道题都提出类似的问题进行启发.
>
> 评:笔者认为,这符合波利亚在《怎样解题》里提出的思想,有利于提高学生的元认知水平.
>
> 在具体分析题意的时候,两位老师都是先找等量关系. 譬如L老师是这样说的:
>
> 成人票+学生票=1,
>
> 成人票收入+学生票收入=51,
>
> (即成人票数×60+学生票数×45=51)
>
> 添个大括号与方程组就像了.
>
> G老师是这样说的:题中给出了哪几个相等关系?请找出来.
>
> 票价、票数、收入,三者什么关系?
>
> 成人票价×张数=成人票收入,
>
> 学生票价×张数=学生票收入,
>
> $60×?=?$ 元,$45×?=?$ 元,
>
> 于是有了三种设元的方法:
>
> 即设成人票为 x 万张,得方程 $60x+45(1-x)=51$;

---

① 本文曾刊载于《数学教学》2009年第1期,收入本书时有修改.

或者设学生票为 y 万张,得方程 $60(1-y)+45y=51$;
或者设成人票、学生票分别为 x、y 万张,得方程组
$$\begin{cases} x+y=1, \\ 60x+45y=51. \end{cases}$$
G 老师小结说:第一、二种方法(列一元方程),解时比较简便;第三种方法(列二元方程组)列方程容易.

评:G 老师说了两者的区别,但没有说明两者的联系;第三种方法列出方程组后,只要消元即得第一、二种.

例 2 六年级两个班各有 44 人,每个班都有一些同学参加课外天文小组.(1)班参加的人数恰好是(2)班没有参加的人数的 1/3;(2)班参加的人数恰好是(1)班没有参加的人数的 1/4.问:两个班没有参加天文小组的各有多少人?

两位老师还是先找等量关系,由于这个关系是用自然语言表述的,而这道题里既涉及了(1)班和(2)班,又涉及了参加和没有参加的,尽管 G 老师列了个简单的表:

班级	参加	没有参加	总人数
(1)			
(2)			

还是显得很拗口.以至 G 老师问学生:脑子有没有被弄"糊"了?

评:因为这是用自然语言表达的等量关系,有时会很拗口.

接着是两道课内练习题:

1. 班委会花 100 元购买了笔记本和钢笔共 22 件,作为班级奖品.如果笔记本价格是 2.5 元/本,钢笔 7 元/支.那么买了多少笔记本和钢笔?

2. 有甲、乙油桶.甲桶有油 400 千克,乙桶有油 150 千克.如果甲桶放出的油与乙桶放出的油的重量比是 2:1,那么甲桶所剩的油的重量是乙桶所剩的油的重量的 4 倍.问:甲、乙两桶各放出多少油?

两位老师都进行了小结:

首先,这节课是用建构方程思想来解决实际问题.接着列了个图表示具体的过程:

实际问题 —(建构方程(组))→ 方程(组)
↑(解决问题)   ↓(解方程)
实际问题的解 ←(检验)— 方程(组)的解

评:小结是需要的,但这个小结比较一般化,因为学生最困难的是"建构方程(组)",怎样建构?在这个小结里没有体现出来.

议： 听了这两节课，笔者想对"这节课的教学难点是不是找等量关系"谈些看法，并推荐笔者认为比较好的列方程解应用题的方法．

处理列方程解应用题有两种不同的方法．一种是目前不少教参认为的，难点是找等量关系，并且从（用自然语言表述的）等量关系出发，转化、演绎出方程．另一种观点认为难点是理清数量间的关系，认为数量间的关系整理清楚了，等量关系是不难找的．因此主张先整理数据，设未知数，进一步显现数量间的关系，再找等量关系并列方程．L 和 G 两位老师是按前一种方法教的．如果按后者教，例 1 应该是这样教的：

先整理数据．可以用列表法．第一步列出表格的框架，第二步将已知数填进去：

	单价(元)	张数(万张)	总价(万元)
成人票	60		
学生票	45		
合计		1	51

第三步，再在空格中选择合适的设为未知数，并将其他空格用未知数的式子表示出来．譬如可以这样设：

	单价(元)	张数(万张)	总价(万元)
成人票	60	x	$60x$
学生票	45	y	$45y$
合计		1	51

这样，数据整理已经完成，接下去是第四步，再找等量关系，显然有：

$$\begin{cases} x+y=1, \\ 60x+45y=51. \end{cases}$$

按后者教，例 2 可以这样教：画出线段图，先标注已知数据，

再选择合适的线段设为未知数，并将其他线段用未知数的式子表示出来：

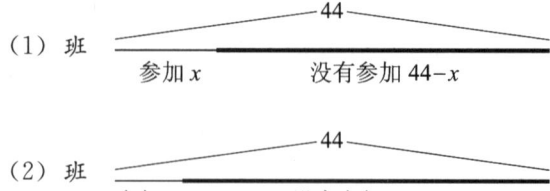

至此,数据整理已经完毕,其实,这时候等量关系也就清楚了,方程也就不难列出了. 笔者是推崇后者的,也就是先整理数据,再找等量关系列方程.笔者年轻时看到的教学参考书里,譬如已故的数学教育家,上海南洋模范中学的赵宪初先生著的《怎样列方程解应用题》(上海教育出版社出版)就是这样说的.从上面的对比,读者不难看出孰优孰劣.道理很简单:如果先找等量关系,这个等量关系是用自然语言表述的,一般说比较费力,甚至会被弄"糊"了.而数据整理清楚之后,已知数、未知数已经分别列清楚,这时候,一般说等量关系容易显现出来.

另外,列表法、线段图法是两种常用的整理数据的方法,值得推荐.

初中里的列一次方程解应用题,往往有两种情况:一种是题目的数量之间涉及了乘法,譬如速度×时间=路程,工作效率×工作时间=工作量,单价×件数=总价,溶液×浓度=溶质……这是大多数,如例 1.另一种是不涉及乘法,只涉及比较数据大小,这是少数,如例 2.

列表法比较适合于有乘法关系的题目,线段图法常用于只涉及数据大小的题目.

这节课的两道例题应该说是很典型的,例 1 涉及乘法,例 2 不涉及乘法,只是比较数据大小关系.笔者认为,这就是本节课的教学目标中说的"会解简单的应用题"的"简单"的两种情形.两道课内练习有模仿的性质.这样的安排是需要的、合理的.教学目标中可以只写"会解简单的应用题",不必写具体,但教师的头脑里要清楚,"简单"两字的具体含义是什么.

但是,例 2 显然比例 1 简单,因此顺序应该调整过来.

此外,怎么让学生熟悉这样的"类型",又不产生死记"类型"的负面影响呢?笔者认为可以讲解一个典型例题,接着做一个模仿性的课内练习,之后,让学生自己再编题,这可能是个好办法.譬如例 1,有好多不同实际意义的题都可以抽象出和它一样的方程.最有趣的是"鸡兔共笼"问题(鸡兔共笼,头共有 100 只,脚共有 260 只,问:鸡、兔各多少只?).让学生编题可以对这类题的数量关系搞得非常清楚,有利于多题归一,掌握规律,而且还有利于学生自主学习.

陈永明 评议数学课

谈教学能力——重要的是归纳能力[①]

Z老师是一位优秀的中年教师,最近听了她一节立体几何课,课题是直线与平面所成的角.

课一开始,简单复习了上节课的内容:直线和平面垂直的定义、判定.她特别点出:欲证明线和线垂直,常常要通过证明线和面垂直实现(一直线垂直于一平面,那么该直线垂直于该平面内的所有直线);反过来,欲证明线和面垂直,常常又要通过证明线和线垂直实现(一直线垂直于一平面内的两条相交直线,那么该直线垂直于该平面).她在黑板上写了:

$$线线垂直 \Leftrightarrow 线面垂直 \quad (*)$$

接着就引入新课.板书有4个标题:(1)斜线;(2)射影;(3)斜线和平面所成的角;(4)斜线和平面所成角的求法.之后是3个例题.结构是很清晰的.

在讲到第二部分射影的时候,她说,直线 l 上的斜足以外的点,向平面引垂线,则……

在讲到第三部分斜线和平面所成的角的范围时,她先指出范围是 $(0°,90°)$,然后特别规定:若 $l \parallel \alpha$,直线 l 和平面 α 所成角是 $0°$;若 $l \perp \alpha$ 时,直线 l 和平面 α 所成角是 $90°$.这样一来,直线和平面所成角的范围就是 $[0°,90°]$.

在讲第四部分斜线和平面所成角的求法时,Z老师提出了四个字:找、证、求、答,说这是解某些立体几何题的一般步骤.针对今天的求斜线和平面所成的角,Z老师把四个步骤又具体化了.

一找:找(或作出)斜线和平面所成的角. 这里有两

评:这是经验之谈.不少学生知道这两条定理,但不清楚它们的作用.不少缺少经验的青年教师往往就事论事,把这两条定理讲解一遍,讲解是正确的,但就是缺少这样一两句话点拨一下.

评:注意这里的"斜足以外的点",说明她用词很严谨.

评:"斜线"与平面所成角、"直线"与平面所成角,这两者的区别常常是某些试卷里的陷阱,一般教师都会交代清楚,但是像Z老师那样指出这是规定的,似乎不多.笔者相信,"规定"之说,不是每个学生都能够领会的,但笔者认

为,不要因为考试考不到的,就马虎地混过去了.Z老师这样讲,并没花很多时间,但经常这么严谨地讲,慢慢地,学生的数学修养可能就会有大的提高.当然,这些地方也不必过分纠缠.

---

① 本文作者:童立贤,陈永明

种情况,一是图中已经有这个角了,这时只要"找";二是图中没有这个角,那就要"作出"这个角.作角的具体步骤是,先作垂线(过斜线上的斜足以外的点作平面的垂线);再找射影;得到角(斜线和平面所成的角).

二证:证明你找到(或作出)的角是题目要求的斜线和平面所成的角.实际上主要是证明所作的线确实垂直于平面.

三求:斜线、垂线和射影构成了一个直角三角形,一般可利用这个三角形求出题目要求的斜线和平面所成的角.

四答(略).

接着出示了三个例题,这里展示两个例题,可以看出例题选择和安排是合理的,例题分析点拨也是恰当有效的.

例 1 如图 1,PA 垂直正方形 $ABCD$ 所在的平面,$PA=AB$. 求(1)PC 与平面 $ABCD$ 所成的角;(2)PC 与与平面 PAB 所成的角.

这个例题,角(斜线和平面所成的角)是现成的,不需要作,只需要找.第(1)小题需要向画得"水平"的平面 $ABCD$ 作投影,而第(2)小题,要向画得"竖直"的一个平面 PAB 作投影,提高了难度.

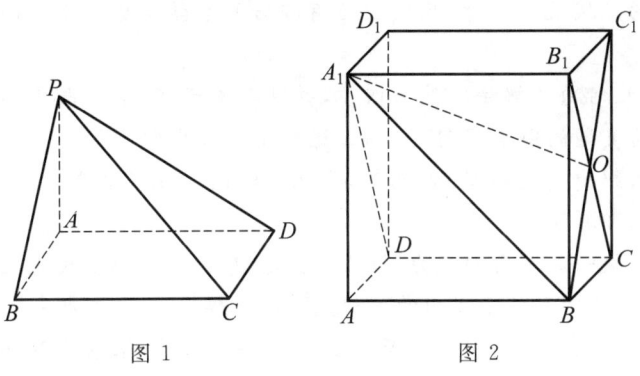

图 1   图 2

例 2 如图 2,立方体 $ABCD$—$A_1B_1C_1D_1$ 的棱长为 1.求(1)A_1B 和平面 $ABCD$ 所成的角;(2)A_1B 和平面 A_1B_1CD 所成的角.

其中第(1)小题的角,还是现成的,只要找,不需要作.第(2)小题则要作了,而且涉及的平面不是现成的,位置又是"斜放"着的该立方体的对角面,难度又提高了.

评:可以看出,例题涉及了主要题型,安排由易到难,因此具有典型性和层次感.

在分析解题思路时,Z老师紧扣了四个步骤,而且不时有些精彩的点拨.

譬如例1的第(2)小题,在证明$CB \perp$平面PAB时,老师说,"CB其实和平面PAB中的哪条都垂直,我们要找两条容易证明的."在学生不容易找到方向的时候,这样一点,往往是有效的.结果师生一起把目标锁定在设法证$CB \perp AB, CB \perp PA$上了.

评:这是点拨.

再譬如例2的第(2)小题,要经过斜足外的一点出发向这个对角面作垂线.老师说,定义中说是"任一点"出发都可以,但实际上常常是不另砌炉灶,而是利用图中现成的点,当然我们选从B点出发.在学生找到垂足O后,老师及时点拨说,证线面垂直的关键是找到平面A_1B_1CD内有两条相交直线垂直BC_1,点拨环环相扣,紧扣重点"线线垂直$\Leftrightarrow$线面垂直".

评:这又是点拨.

议:纵观这节课,虽然是一节"家常"课,没有用PPT,也没有大量的师生互动等时行的做法,但听了很过瘾.这不但是因为她口齿清楚,用词严谨,讲解有条理,还因为是她对某类题的解法进行了很好的归纳,同时不是简单的强制灌输.例题的选择安排典型有层次,分析解题思路时对思维的点拨及时有效,反映出她有较好的数学功底和丰富的教学经验.

笔者特别欣赏把某些立体几何题的解法归纳为四步,并结合本节课(直线与平面所成的角),给出了一串步骤,使这类题的解有了可操作性.这就是张景中院士的"中巧说"里提倡的做法:希望用一个方法解出一类题目.也就是说,把数学问题分门别类,一类一类地寻求可以机械执行的方法,即算法.

笔者认为,当前数学教师不缺一题多解的能力,缺的主要是归纳能力.华罗庚先生提出"由薄到厚,由厚到薄",北京的名师孙维刚提出的"一题多解,多解归一,多题归一",上海数学教育界的前辈赵宪初先生提出的"要先举三反一,才能举一反三",张景中院士更提出了算法化,都说明了归纳的重要.现在之所以学生做那么多的题,学得这么辛苦,效果还是不好,原因之一就是因为教师缺少归纳总结,特别是没有带领学生,对解题的规律进行归纳.而要把一段内容,一套解法归纳得当,是不容易的,因为这需要对数学有深刻的理解,需要有丰富的教学经验.这几年,我们有些教师把精力放在教学方法的改进上了,这是必要的,其实对数学的理解总是最根本的.

笔者觉得本节课有些地方尚可改进,特别是第二步"证".Z老师正确地指出:证明你作出(或找到)的角是题目要求的斜线和平面所成的角,实际上主要是证明所作的线确实垂直于平面. 但事实上, 学生对此可能还存在一定的困难.

一是最好指出(∗)式反映的线和面常具有"轮动"性: 譬如例 1 的第(2)小题, 欲证 BC 垂直于平面 PAB (线面垂直), 其中 $CB \perp AB$ 容易证明, 因此关键要证 $CB \perp PA$ (线线垂直); 而欲证 $CB \perp PA$ (线线垂直), 则可利用 PA 垂直于平面 $ABCD$ (线面垂直). 一般地, 直线 m 在平面 α 内, 两相交直线 n、k 在平面 β 内, 欲证 $m \perp \beta$ (线面垂直——第一个平面里的直线垂直于第二个平面), 可转化为证 $m \perp n$ 及 $m \perp k$ (线线垂直——第一个平面里的直线垂直于第二个平面里的两条直线), 而欲证其中的一组垂直关系 $m \perp n$ (线线垂直), 可转化为证 $n \perp \alpha$ (线面垂直——第二个平面里的直线垂直于第一个平面).

二是如果再点出思维的主体转换, 可能学生更容易得证. 欲证 $CB \perp PA$, 可以反过来看, 就是证 $PA \perp CB$. 不要小看这个简单的转换, 这往往是解开立体几何证题思路的法宝. 这时思维的主体变了, 就更容易得到思路: 欲证 $PA \perp CB$ (线线垂直), 应利用线面垂直(PA 垂直于平面 $ABCD$).

要突破照本宣科和就题论题的教书匠模式

Z老师还是个刚工作了第二年的新教师,和一年前的课相比,现今的Z老师老练多了,能够基本完成教学要求.

这次,Z老师上的是高一的不等式基本性质的第二节课.一开始,针对作业中的问题,他讲解了三道题:

> 1. 比较 x^2+y^2 和 $2(2x-y)-5$ 的大小.
>
> 教师强调作差法,$x^2+y^2-2(2x-y)-5=(y+1)^2+(x-2)^2 \geqslant 0$,接着通过讨论得到
>
> (1) 当 $y=-1$ 且 $x=2$ 时,上式取等号……
>
> (2) 当 $y\neq -1$,或 $x\neq 2$ 时,上式取大于号……
>
> 2. 求解 $m(x+2)>x+m$.
>
> 化作 $(m-1)x>-m$ 后,也进行讨论.Z老师结合上节课讲的不等式性质(并把相关性质列在黑板左侧),对 $(m-1)$ 分正、零、负三种情况进行讨论.
>
> 第3题也是讨论,不赘述.接着,讲新的例题,都是利用不等式同向相加法则的.
>
> 例1 已知 $1<x<3$,且 $5<y<7$,求 $x+y$,$x-y$,$\dfrac{x}{y}$ 的范围.
>
> 解题过程中,Z老师也把相关性质列在左侧.
>
> 譬如,对于 $x-y$ 的范围,解法是:
>
> 由 $5<y<7$,得 $-7<-y<-5$,和 $1<x<3$ 联立,并相加,解得 $-6<x-y<-2$.
>
> 例2 已知 $-1<x<y<1$,求 $x-y$ 的范围.
>
> 解 首先由 $x<y$,得 $x-y<0$,
>
> 接着由 $\begin{cases}-1<x<1,\\ -1<y<1,\end{cases}$ 得 $\begin{cases}-1<x<1,\\ -1<-y<1,\end{cases}$

评:Z老师强调了"且"、"或"两词,这是很好的.

评:结合题目回顾性质,这是一种不错的方法.

---

① 本文曾刊载于《数学教学》2011年第3期,收入本书时有修改.

得$-2<x-y<2$.

考虑到前面所得的$x-y<0$,得到的最后结果是$-2<x-y<0$.

Z老师说,如果得到的解答是$-2<x-y<2$,也不能算错,但结果不精确,而$-2<x-y<0$是精确的.

评:Z老师的这番话,值得斟酌.笔者同意他说的"解答是$-2<x-y<2$不能算错",但说"$-2<x-y<0$是精确的",没有根据.不等式的这类题,要用线性规划或待定系数法[①],才可以判定其精确性,光是利用不等式的相加性质是说不清楚的.

议:综观Z老师的这节课,上得比较顺畅,总体上说讲得还是正确清楚的.但是,光是老师自己正确地解题、讲题,还不是个优秀教师.课后我对Z老师说,照本宣科和就题论题,是一般教师的水平,如果你一直这样教下去,可能会成为教书匠.优秀数学教师和一般数学教师的差别,就在于不但要讲正确,讲清楚,还要讲活,要有点拨,要有归纳.

譬如,在讲解和应用不等式性质的时候,就应该突出和等式性质有什么不同.我大致认为,至少应该突出三点:第一是负号和不等号方向的问题(这一点,在课上是得到强调了);第二是不等式有些性质,如加法法则,是不充要的(笔者估计,Z老师在讲性质的第一课时可能就没有强调,在本节习题课上,也强调不够);第三,如果遇到"$\geqslant$",等号成立的条件要特别注意,而且允许等号不能取到的情形(如$4\geqslant 3$,等号不能取到,但这式子还是正确的).如果在讲解性质时,在利用性质解题时,都能够强调这三点(可能未必只有这三点),学生"会背不等式8条性质,但一用就错"的情况就会大大减少.所以,不要照本宣科,而要通过对比等方法,突出重点.

再譬如,一道题出示后,不要光是教师自己正确地把它一步一步解出来,而应该留一点给学生思考的时间,特别要激发学生多角度的思考.如例2,画个数轴,把$-1,x,y,1$标在其上,可能会更好.对例1,至少可以让学生凑几个数值试试,使大家对题有个感性认识,而不是"淹没在形式的海洋里",有可能的话,可以在xOy坐标平面内画个长方形区域($1<x<3$,且$5<y<7$),为今后利用线性规划解这类题作个孕伏.

还有,有些做法,要把道理讲出来.如为什么要用作差法?实际上是,把原来两个式子的比较,作差之后,转化为与0作比较.而与0相关的性质比较多,容易找到合适的结果.

还要有适当的归纳.课后和几位青年教师一起交谈时,一位X老师就说了一条经验.作差之后,和0作比较,往往是利用了"几个因式的积等于0……",和"平方和等于0……"这两个性质,于是他就设计了分别用这两条性质来解的两道例题.这是很好的设计,选题的典型性,源于教师对教学内容的深刻的理解.

总之,教书匠的特征之一是照本宣科和就题论题;要成为优秀的数学教师,一定要在讲概念和讲解题方法时有所突破.

---

① 徐卫文.不等式性质的一类错误分析.数学教学;2010年第3期.

习题课要有层次感

M老师上上海八年级教材的列方程(组)解应用题第一课时,首先出示了四道题:

(1) $4x^2-9=0$;　　(2) $3x^2-11x+6=0$;
(3) $3x^2-x-1=0$;　　(4) $8(1-x)^3+125=0$.

M老师问:"我们前阵子在学习些什么?""这些是什么方程?"

学生正确回答说:"前阵子在学习各种方程的解法,包括整式方程、分式方程、无理方程等.""以上这些方程都是整式方程."

评:出这几道题,M老师的意图是复习和铺垫,但是针对性还不是很强,如果这些题和后面的应用题相关,譬如后面的例2中要用到的

$$11.56=20(1-20\%)(1-x)^2,$$

不但省去了讲例2时解方程的时间,而且让学生有一种前后呼应的感觉.M老师这两个问题问得很不错,可以让学生明白我们现在在学什么,把局部的知识放在大的系统里去,有利于知识的串联,这是一种元认知.

接着,按教材出示了例1:

要制作96个大小一样的立方体,准备用一块长128cm、宽64cm、高48cm的长方体木材来下料.若不计损耗,该木材恰好用完,没有剩余,求每个立方体的棱长.

解　设立方体棱长为 x cm,得方程
$$96x^3=128\times64\times48,$$
$$x^3=4096,$$
$$x=16\text{cm}.$$

M老师问:"到此问题解决了吗?"学生都说:"解决了."

教师用怀疑的口气再问了一遍:"解决了?"然后说,"我们一起来看课本."课本上有段话:"因为16是128、64、48的公因数,所以可以下料."M老师解释了这话的意思,得到大家认同,最后作答.

评:第一,教师用怀疑口吻提出问题,是很不错的,可以引起学生的注意;第二,在解方程 $x^3=4096$ 时,最后一步只能使用计算器,其实如果采用因数分解,可得 $x^3=64\times64$,可能更容易些;第三,解完之后,应该问学生,还有别的解法吗?事实上,本题利用求公因数也可以做.错过了一题多解的机会,很可惜.

---

① 本文曾刊载于《数学教学》2010年第8期,收入本书时有修改.

接着,让学生做练习1:

> 将一个底面半径为12cm、高20cm的圆柱形铁块熔化后铸成10个大小相同的铁球,则铁球的半径是多少?
>
> 做完后,教师小结了一下:这两个题,都是利用了等积变换列方程.
>
> 再接着,M老师出示了例2:
>
> 一辆汽车,新车购买价20万元,第一年使用后折旧20%,以后该车的折旧率有所变化,但在第二、三年的折旧率相同.已知在第三年年末,这辆车折旧后价值11.56万元,求这辆车第二、三年的年折旧率.
>
> 之后,让学生做练习2:
>
> 某企业的年产值在三年内从1000万元增加到1331万元,如果这三年中,每年的增长率相同,那么这三年中每年的年增长率是多少?
>
> 做完这两题后,教师小结:这是关于增长率的应用题.

评:两次小结都是好的.类型,是心理学上的图式,对学习、归纳、迁移都是有益的,片面强调它,当然有负面影响,但不要轻易淡化类型.这里,教师是通过大家实践之后一起归纳类型,这是一种很好的做法.另外,笔者觉得如果再问一句:"这些应用题为什么不在以前和行程问题、工程问题一起学习?"这不难回答,也不花费多少时间,但是有利于提高学生的元认知水平.

议:纵观全课,笔者重点想说一点,就是关于习题安排的梯度问题.

这节课,两个例题都比相应的练习难,所以,例题和相应的练习都应该倒过来.教材的编者可能是好心,期望通过先难后易的安排,培养学生的灵活性,但是,教材应该针对大多数学生,还是应该遵循循序渐进的原则.

关于习题课,除了习题安排应该有层次感之外,习题的选择应该有典型性.譬如对于等积变换这类应用题来说,练习1是典型的,例1并不典型,因为例1比练习1难在"下料",而"下料"不是这类应用题的典型特征.同样的,例2比练习2难在增长率不均匀,练习2更具典型性.

如果把例题和相应的练习对换,那么整个安排成了先学习典型例题,之后再巩固、提高、拓展,相对比较合理.

笔者听课,常常会想,如果我来上这节课,可以作怎样的改进?我思考了一下,除了上面说到的要考虑习题安排的层次感,还可以利用变式来实现这种安排.下面就是笔者改进的简案.

例1 (1)要锻造96个大小一样的立方体,准备用一块长128cm、宽64cm、高48cm的长方体钢锭.每个立方体的棱长是多少?

(2)要制作96个大小一样的立方体,准备用一块长128cm、宽64cm、高48cm的长方体木材来下料.若不计损耗,该木材恰好用完,没有剩余,求每个立方体的棱长.

容易看出,第(1)小题是典型的等积变换应用题,第(2)小题是它的拓展性的变式.而且,两个小题的数据都一样(没有重砌炉灶),只是前者的材质是钢,后者是木材,把这两题的不同点——前者只需考虑体积,后者除了体积之外,还要考虑形状——突出来了.

例2 (1) 一辆汽车,新车购买价20万元,如果每年的折旧率相同,且在第三年年末,这辆车折旧后价值11.56万元,求这辆车年折旧率.

(2) 一辆汽车,新车购买价20万元,第一年使用后折旧20%,以后该车的折旧率有所变化,但第二年与第三年的折旧率相同.已知在第三年年末,这辆车折旧后价值11.56万元,求这辆车第二年与第三年的年折旧率.

(3) 在第(2)小题的基础上,求这辆车三年的年平均折旧率.

(4) 一辆汽车,新车购买价20万元,第三年年末,这辆车折旧后价值11.56万元,问:三年共折旧了百分之几?

容易看出,在原来的例2之前增加了第(1)小题.第(1)小题是典型的平均增长率问题,第(2)小题增加了难度,成了它的一个"多转了个弯"的变式题.第(3)小题又成了第(2)小题的一个变式,有利于深入理解"平均折旧率"的意义.第(4)小题又是前三小题的变式,有利于理解"总折旧"的概念.增长率、折旧率……对学生来说,是个难点,这四个题用几乎同一组数据,一气呵成,简洁明了,把相关的几种情况进行对照,对这个难点的突破是有好处的.

层次感是习题课安排的一个原则,变式是实现层次感的一种有效手段.

一道错题的讨论

有一次,S 老师问我一个问题:

题 1　如图 1,已知 $AB \perp BD, CD \perp BD, EF \perp BD, BF=m, FD=n$,求 EF.

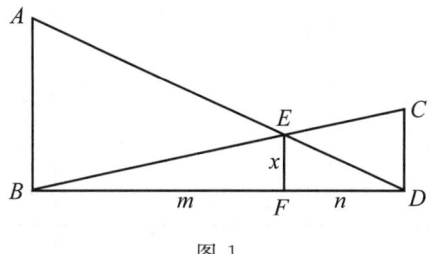

图 1

S 老师说,我做不出来.这时候,办公室里另一位 Z 老师也一起来参加了讨论. Z 老师想了一会儿,也没有做出来,但是她说,我记得做过的.于是 Z 老师翻自己的资料,终于找到了.但是仔细看,和这题不一样. Z 老师做过的题目是这样的:

题 2　如图 2,已知 $AB \perp BD, CD \perp BD, AD$ 和 BC 交于点 E,$EF \perp BD, AB=a, CD=b$,求 EF.

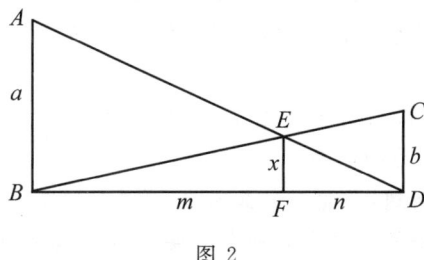

图 2

资料上写着 Z 老师的解:设 $BF=m, FD=n, EF=x$,则

$$\frac{n}{m+n}=\frac{x}{a}, \frac{m}{m+n}=\frac{x}{b}.$$

 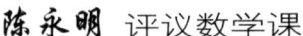

∴ $\dfrac{x}{a}+\dfrac{x}{b}=1, x=\dfrac{ab}{a+b}$.

都是求 EF,题 2 是已知 a、b,题 1 是已知 m、n,为什么题 2 做得出,题 1 似乎做不出来呢?

议:其实,容易判断题 1 是错题.

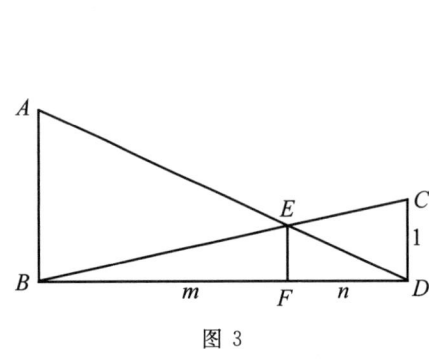

图 3

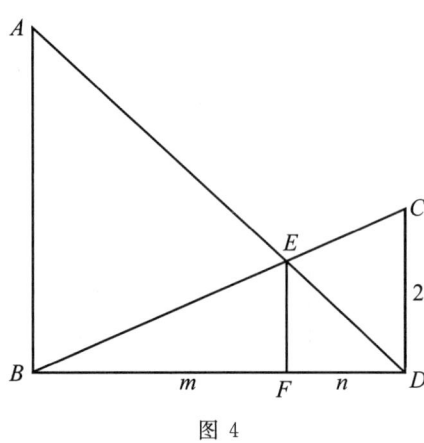

图 4

设想 BD、m、n 都不变,取 $CD=1$,联结 BC,与过点 F 的垂直于 BD 的直线交于点 E,联结 DE,并延长与过点 B 的垂直于 BD 的直线交于点 A(如图 3).

再取 $CD=2$,同样的方法得到图 4.显然,图 3 和图 4 里的 EF 的长是不同的.可见,给出同样的 m、n,但 EF 是不定的.于是知道,题 1 是条件不足的错题.

这里,反映了一个现象:我们老师给学生做了成千上万道题目,把学生的头脑弄得像个仓库.学生遇到一个题目,不是进行合理的思考,第一反应是想,"这个题目我做过没有?"现在,在老师中间也出现这样的情况了.我们说,题目是应该做一些,不做知识技能不可能得到巩固,但是把自己的头脑当作仓库,这是错误的,我们遇到题目还是应该进行合理的思考.

为什么已知条件不同(题 1 是已知 m、n,题 2 是已知 a、b),结果不同了(题 2 能够求出 EF,而题 1 不能求得 EF)? 这是洞察力的问题.

洞察力的问题,是一个数学修养的问题,究竟是怎么回事,现在还没有见到完整的论述.笔者个人的体会,抓住变和不变,似乎是洞察力的一个重要方面.在某个问题里,有哪几个量是固定的,哪几个量是不定的,如果题目需要我们求的量——一般说是一个固定的数值(题 1 中是 EF),和题目的可变的量(题 1 中 a、b 是可变的)有关,那这题目肯定有问题了.

也有人这样想:设想画 BD,取 F,使 $BF=m$,$FD=n$,过 B、F、D 作 BD 的垂线,并使 $EF=1$,连 DE 并延长和 AB 交于点 A,连 BE 并延长和 CD 交于点 C.

若再使 $E'F=2$，连 DE' 并延长和 AB 交于点 A'，连 BE' 并延长和 CD 交于点 C'（如图 5）.

当 $EF=1$，或 $E'F=2$ 时，尽管 m、n 给定，a、b 是不确定的，所以，题 1 不能做. 这是一种逆向分析的方法——如果能够求出 EF，那么 EF 和哪些因素有关？结果发现和 a、b 有关，而 a、b 是题目里不固定的数据，因此 EF 无法确定.

赋予已知条件某些特殊值，有时也能够看出某些题是错题，这也是洞察力的一个方面.

现在市场上各种参考书铺天盖地，有的是精品，也有的是粗制滥造，因此，我们遇到错题的概率是不低的. 对于这种错题，我们要有一双火眼金睛，善于一眼看透，提高洞察力是十分重要的. 这是我想说的第一点.

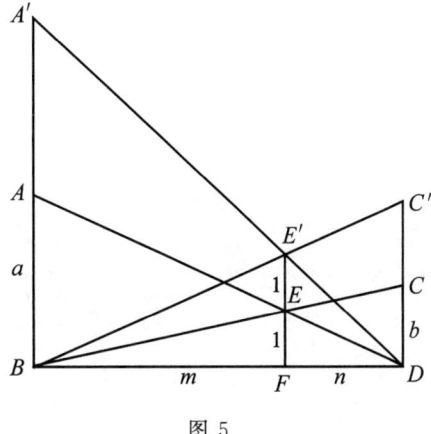

图 5

对于错题，我们往往一删了之就算了. 其实，错题还是一种重要教学资源.

其实从题 2 的解中已经可以知道，x 的长仅和 a、b 有关，和 m、n 无关. 也就是，我们把 BD 拉长，或缩短，只要 a、b 确定，EF 的长就确定了. 从另一个角度说，a、b 确定了之后，m、n 的长是没有办法确定的. 那么，m、n 是不是可以随意变化呢？答案是否定的：$m:n$ 的值是可以确定的，而且它就等于 $a:b$.

因为 $\dfrac{n}{m+n}=\dfrac{x}{a}$，而 $x=\dfrac{ab}{a+b}$，所以 $\dfrac{n}{m+n}=\dfrac{b}{a+b}$.

由 $\dfrac{m}{m+n}=\dfrac{x}{b}$，得 $\dfrac{m}{m+n}=\dfrac{a}{a+b}$.

两式比一下，得 $\dfrac{m}{n}=\dfrac{a}{b}$.

因此，把原来错误的题 1 的"求证"改为求 $a:b$ 的值，就不错了. 同时，如果把正确的题 2 挖掘一下，在原条件下，还可以求 $m:n$.

我们应该善于改造错题，挖掘题目的更深的内涵. 这样，我们对题目的种种变化可以有更好的把握，我们编制试卷的能力会增强，课堂随机应变的能力也会增强.

第四部分 复习课

引导学生自我整理知识[1]

这是小学 5 年级的一节行程问题复习课.在课前,X 老师让学生编题.题卷如下:

> 比一比谁的方法多!
> 要求:运用你掌握的知识,选择若干个适合的条件,配上恰当连接词,挑选相关的问题,组成一道完整的应用题.
> 条件:
> A、B 两地相距 600 千米,
> 甲车每小时行 40 千米,
> 乙车每小时行 60 千米,
> 6 小时相遇,
> 先行 2 小时.
> 问题:
> A、B 两地相距多少千米?
> 甲车每小时行多少千米?
> 乙车每小时行多少千米?
> 多少时间后两车还相距 100 千米?
> 多少时间后两车相遇,之后继续前行,又相距 100 千米?
> 几小时两车遇到?
>
> 根据统计,最多的学生编了 18 题,最少的也编了 5 题,而且除了有 5 位学生条件不太完整之外,全部正确.
>
> 在课上,X 老师用多媒体展示了一份学生的练习卷,该学生编了 9 道题,全部正确.课就从这份卷子开始.
>
> 老师要求大家观察,这些题中有哪些频频出现的词.学生回答了如"相向"、"相遇"等词,老师在卷子上一一将这些词圈出来.然后请学生将这些题分分类.

评:让学生编题,是考验学生能否理解这类问题的内在形式的好方法.

评:引导学生分类,是知识整理的一个重要方面.

---

[1] 本文曾刊载于《小学数学教师》2011 年 7—8 合刊,收入本书时有修改.

对个别学生的回答,老师简单肯定之后,放在一边,将对本课题有用的回答,如"可以分两类:相向和同向""可以分两类:两地和同地"……汇总成下面的板书:

运动方向:相向,同向

出发地点:两地,同地

运动时间:同时,不同时

运动结果:相遇、相距、相遇后又相距

老师说,种类可真多啊! 大家有没有发现一个特别的现象,每道题都涉及这四个部分.这是行程问题的四个要素.

评:四个要素,提炼得好.

接着,老师又说,如果将这些词进行不同的搭配,会怎样? 老师要大家注意看卷子的前4题:

(1) 甲、乙两车同时从 A、B 两地相向开出,6 小时后相遇,甲车每小时行 40 千米,乙车每小时行 60 千米,A、B 两地相距多少千米?

(2) A、B 两地相距 600 千米,甲、乙两车同时从 A、B 两地相向开出,6 小时后相遇,乙车每小时行 60 千米,甲车每小时行多少千米?

(3) A、B 两地相距 600 千米,甲、乙两车同时从 A、B 两地相向开出,6 小时后相遇,甲车每小时行 40 千米,乙车每小时行多少千米?

(4) A、B 两地相距 600 千米,甲、乙两车同时从 A、B 两地相向开出,乙车每小时行 60 千米,甲车每小时行 40 千米,几小时后相遇?

大家一起归纳出,这四题共同的特征是:相向、两地、同时、相遇.教师板书:

一、相向、两地、同时、相遇

评:提炼共同点,这又是归纳能力的一个重要方面.

接着老师要大家列式(为了节省时间,不要求写设句,也不解),并要求回答:"你的依据是什么?"

学生列的式子很多,譬如第(1)题,学生列出的式子有:

$$x \div 6 = 40 + 60, \quad (40+60) \times 6 = x,$$
$$x - 40 \times 6 = 60 \times 6, \quad x \div (40+60) = 6.$$

譬如第(2)题,有:

$$600 \div 6 = 40 + x, \quad 6 \times (40+x) = 600,$$
$$600 \div 6 - x = 40, \quad 600 - 6x = 6 \times 40.$$

对于"你的依据是什么?"回答有:$(v_1+v_2)t=s$, $s_1+s_2=s$.

接着老师让大家注意卷子上的另外几题,得到的是另一类的行程问题:

二、相向、两地、同时、相距

学生列式之后,得出的依据是:$(v_1+v_2)t=s-s_0$, $s_1+s_2+s_0=s$.

评:学生列式部分花时过多,而让学生从中提炼、整理的时间少了些,因此这节课的提炼整理,教师做得多了,而引导学生做少了些.同时,对种种列式没有评论其优劣.譬如第(2)题,应该推荐 $6\times(40+x)=600$, $600-6x=6\times40$,不建议使用 $600\div6=40+x$, $600\div6-x=40$,因为后面这两个式子里用了除法,除法肯定没有乘法方便.另外正如课后的一位小学教育的专家说的,用算术解法必须用到除法,就是因为算术解法思考困难,我们才让未知数直接参与运算,因此在用方程解行程问题时不应该推荐用除法的列式.

接着是

三、相向、两地、同时、相遇后相距

得出的依据是:

$$(v_1+v_2)t=s+s_0, s_1+s_2-s_0=s.$$

教师最后小结时说,今天我们总结了行程问题中的相向的类型,并指出,列式的依据可以浓缩为

$$s_1+s_2\pm s_0=s.$$

课后,该校数学教研组的老师和一些专家进行了认真的研讨.该校是把引导学生自我整理知识作为一个课题进行研究的,事先,这节课已经上了两次,并且对教师、学生进行过问卷调查和前测.一位资深的专家说,这样的研究课以前还没有见过.

评:这节课上用列式子多了些,可以画画图,形象化地进行说明.特别是对相距和相遇后相距这两类.

评:总结成一个统一的公式,这是一种数学思想.但这里究竟总结成怎样的式子,尚可商榷,笔者个人意见,归纳为 $v_1t_1+v_2t_2+s_0=s$ 比较好.

议:纵观这节课,有两个关键词,一是整理,二是自我,这都是非常重要的.

知识整理,华罗庚先生提出了"厚薄说",指出读书应该有两个阶段,先是由薄到厚,再应该由厚到薄,后面的"薄",就是知识整理.

对于数学解题,要不要整理?对此张景中院士有个"中巧说".他说:"练武功的上乘境界是'**无招胜有招**'.但武功仍要从一招一式入门.解题也是如此."

张院士又说:"这种'无招胜有招'的境界,就是'大巧'吧!但是小巧固不足取,大巧也确实太难,对于大多数学子,还要重视有章可循的招式……"

又说:"大巧法无定法,小巧一题一法.**中巧呢,则希望用一个方法解出一类题目.也就是说,把数学问题分门别类,一类一类地寻求可以机械执行的方法,即算法.**"并说,这是我国古代数学的特点,也是一种优秀传统.

笔者把某类题的解题方法,叫做解题模块.解题模块总结得好,题海战术或许就没有必要了.不要把创造性和"中巧说"对立起来,整理解题的模块也深含创造性的因素.我们要学习"中巧说",落实"中巧说".

任何方法都是有利有弊的.如果把中巧变成死套类型,这是不对的.怎么充分地扬其长,避其短呢?笔者认为一是要引导学生自我总结整理,这样可以大大提高学生的归纳能力,对解题模块的理解也一定比较深刻.二要适度地一题多解,让思维不要被模块框死.既要有模式,又不被模式框死,才可以出现大巧.

因此笔者认为该小学的引导学生自我进行知识整理的研究很有价值,是重要的探索.

用新的线索把知识串起来

一次,笔者所带的数学教师研讨班的两个学员,同时上关于一元二次方程根的判别式和根与系数关系的复习课(这是现在培训教师常用的"同课异构"方法). L 老师是一位非常认真的老师,她的教案第一稿是这样的:

一、一元二次方程根的判别式

1. 判别式的推导与识记
2. 利用判别式,不解方程判断一元二次方程(包括含字母系数的一元二次方程)的根的情况
3. 根据一元二次方程的根的情况与判别式,确定含字母系数的方程中字母的值或取值范围
4. 综合题:讨论有没有实数根

二、一元二次方程的根与系数的关系

1. 求出一元二次方程的两根之和与两根之积
2. 验根
3. 已知一元二次方程的一个根,求另一个根和求字母系数的值
4. 计算有关两根的代数式的值
5. 根据已知两根,作一元二次方程
6. 不解方程,由已知方程和题设条件作出新方程
7. 已知两数和与积求出这两个数
8. 综合题

在这两个部分里,一共准备了 17 道例题(略). 最后是小结.

W 老师是很聪明的老师,她的课只有两道例题:

例 1 请同学观察方程 $2x^2-3x-4=0$,得出结论或提出问题.(师生共同完成)

例2 请同学给方程 $2x^2-3x+m=0$ 加一个条件确定 m 的值或 m 的取值范围.（师生共同完成）

在讲例1时，经过师生共同活动得到的结论和提出的问题涉及了方程的求根；判断根的状况；求两根和、积；判断两根符号，以及根的绝对值大小；求代数式 $x_1^2+x_2^2$ 的值；求作新方程，使根等于原方程两根的相反数；两数之和是 $-\frac{3}{2}$，积是 -2，求这两数；最后老师出了一道难一些的题：

已知 $a\neq b, 2a^2-3a-4=0, 2b^2-3b-4=0$，求 a^2+b^2.

在讨论例2时，师生们也得到了很多条件，如：有两等实数根，求 m；$x_1^2+x_2^2=\frac{9}{2}$，求 m；设一个根是1，求 m……

在讨论中老师插话指出所提问题或所得到的结论相应的知识点.

议：容易看出，L老师对单元知识和技能做了认真的梳理，条理非常清楚，很朴素，当然是很好的一节复习课.如果说有什么要改进的，我的意见是，今后的复习课，还可以在"从厚到薄"上下功夫.分得太细了，有时反而不容易掌握.

W老师的教学艺术更高超些.

第一，W老师用另一条线索把这一单元的知识技能重新组织起来了.

华罗庚在《高等数学讲义》中说：我讲书喜欢埋些伏笔，有些重要概念与方法尽可能早在具体问题中提出，并不止一次提出.生书熟讲，熟书生温，似乎在复习，但把新东西讲进去了.找另一条线索把旧东西贯穿起来，这样的温习方法容易发现有哪些主要环节没有弄懂.有时分讲合温，或合讲分温.先把零件一一弄清楚，再看全局；或先看整部机器的作用，再分析需要哪些零件.

事实上，这个单元有两个维度：从知识点说，先求根公式，再判别式，然后是根与系数关系；另一个维度是不从知识点考虑，而是从提问题的角度考虑，有正面（方程已知的，研究方程的相关性质）的和反面（方程里含参数的，因此方程是不完全确定的，反过来由方程的某些特点确定参数）的.可以从第一个维度出发，以知识点为线索进行复习，穿插正反面的问题（L老师就是这样的），也可以以提问题的正反的角度组织复习，穿插判别式和根与系数关系等知识点（W老师就是这样的）.W老师的教学符合华罗庚的"从另一个角度复习"的经验.这两种复习方式，我为什么更欣赏后者呢？因为，一、"从另一个角度复习"会给学生一种新鲜感.二、让学生可以学会多角度思考.三、就这单元而言，如果说知识点——判别式、根与系数关系——本身比较复杂的话,那么更复杂的,更难的是怎样运用这几个知识点,这样的复习正好抓住了运用,因此可能更击中要害.问题的正反两种提法,往往是数学问题的基本构思,解析几何的两个基本问题就是:已知方程研究曲线及其性质;已知曲线的性质求方程,这样复习的意义是深远的.

第二,W老师的教学设计更多地让学生参与,这是课改所提倡的.而且这种参与,不仅仅是回答老师提出的问题,而是和老师一起编制题目.让学生回答问题,和要求学生编制题目,是水平不同的两种参与.让学生回答问题,答案是封闭的,学生的思考还是有限的、被动的.而编制问题时,学生必须思考回忆这单元知识的结构,对照过去的问题,可以提出五花八门的问题,是一种主动参与,思维是开放的.通过这样的参与,学生会提高主人翁意识,这是课改的重要理念.从科研的要求来说,比解别人提出的题目更重要的是提出问题.据说,我国不少留学生,在大学期间成绩很突出,有美国人戏说,如果这个班里有10个中国留学生,那么我们最多只能考第11名了.到了读博士阶段,中国留学生就不怎么突出了,常常跟在导师的后面,要导师给个选题,而美国学生则思维非常活跃,常常会提出一些有见解的问题,甚至怪问题.我国的基础教育确实应该在落实双基的同时,突出创新.我认为编制习题,是一个很好的抓手.

可惜的是,W老师在借班上课时,不善于调动学生的积极性,因而学生参与的程度不理想.

第三,W老师用数学题带知识复习.

复习课,目前有几种偏向,一种是不进行知识技能的整理,以题海代复习.现在市场上各种试卷是铺天盖地,这些老师就是撕一张印一下让学生做,做完,再撕一张……另一种是复习整理干巴巴的,学生不要听.我曾经听过一节整式运算复习课,执教老师花了20分钟复习整式的加减、乘法、幂、乘法公式,然后练习10分钟,又花了10分钟讲因式分解.明显的,前20分钟学生积极性不高.课后我找这位老师交换意见,她对前20分钟的知识整理,觉得很矛盾,不整理,怕学生忘了;整理,又怕不要听.还有一位青年老师就干脆说,数学复习,就是做题目!

复习课比新课更难上,因为新课是在学生不懂的情况下进行教学,而复习课是在学生有点懂,但还似懂非懂的情况进行教学,要上出新意来,那就更要用心.笔者认为,知识整理是复习课的任务,但是,形式上可以多样化,以数学题带知识复习,是一个好办法.具体做法是:解题时,将涉及的知识点特别指出,并将它们一一板书.

总之,复习课应该整理知识技能,但是看来角度可以有变化;在形式上也可以活泼些,包括让学生参与;最好还要有点拨,有新东西,像华老说的"生书熟讲,熟书生温,似乎在复习,但把新东西讲进去了".

归纳不等于罗列

T老师上了一节初三的复习课,题目是数学方法.整节课是通过5道例题呈现的.

例1 解方程组 $\begin{cases} x^2-3y=1, \\ x+y=3. \end{cases}$

……

师:你们用什么方法解决的?

生1:代入法

师:今天我们学习数学方法(板书课题)

例2 $x^2+x+1=\dfrac{2}{x^2+x}$

令 $y=x^2+x$,则 $y+1=\dfrac{2}{y}$,……(换元法)

例3 已知 $x^2+y^2+2x-4y+5=0$,求 $x+y$ 的值.

$(x+1)^2+(y-2)^2=0$,……(配方法)

师:配方法是否仅仅在这里有用?

生2:二次函数有用,如

$y=-3x^2+2x-1=\cdots\cdots$

$=-3\left(x-\dfrac{1}{3}\right)^2-\dfrac{2}{3}.$

师:这个结果对不对?可以取0代入,这是验证法.

师:哪里还可以用配方法?

生3:解一元二次方程.

例4 $\sqrt[2a+1]{4a+3b}$,$\sqrt[b+2]{2a-b+6}$ 是同类根式,求 a、b.

$\begin{cases} 2a+1=b+2, \\ 4a+3b=2a-b+6, \end{cases}$

……

(列方程(组)法).

例5 一次函数 $y=kx+b$ 和 $y=(k-1)x$ 的图像交于点 $A(2,4)$,求这两个函数的解析式.

$$\begin{cases} 4=2k+b, \\ 4=2(k-1). \end{cases}$$

……

(待定系数法)

最后 T 老师布置了练习：

1. $\begin{cases} x(x+y)=48, \\ y(x+y)=36. \end{cases}$

2. $\dfrac{a}{2}=\dfrac{b}{3}=\dfrac{c}{5}$，$5a+3b+2c=550$．求 a,b,c．

(设 k 法)

3. 抛物线经过点 $A(-1,0)$、$B(0,3)$、$C(2,-3)$，求解析式．

议：应该说这节课没有什么错，也有一些效果，而且 T 老师举例浅近，通过例题总结方法，这种教法还是应该肯定的．但是 T 老师只罗列几种方法，没有对各种方法的本质、适用范围、步骤、注意事项等进行分析．更值得讨论的是，这些方法不在同一个水平上，也就是说，不在同一个体系中，这对学生形成良好的认知结构好处不大．

目前，中学数学界里有赶时髦的现象．譬如多媒体，不管什么课，什么内容，都用，而且一个比一个漂亮．其实多媒体要用得恰到好处，把多媒体当作电子黑板，把本来应该板书的证明步骤也用多媒体演示出来，不但浪费了资源和时间，学生没有了思考余地，同时教师还不能灵活应付课堂里随时可能发生的鲜活的情况．近年来，中学数学界对数学方法很重视，这是一件很好的事情，但是也有教师把这当作时髦的事情了．每到公开课，必提数学方法，也不管这种数学方法和所讲授的内容联系是否紧密，而且似乎渗透的数学方法越多越好．有一次，一位老师在小结的时候，竟然小结了这节课里运用了 5 种数学方法．课后和她交换意见，第一，这 5 种方法，有的和本课联系不紧密；第二，即使这 5 种方法都有所体现，学生也不一定都能够消化，你在一节课里面突出一两个就不错了．像这样讲数学方法，显得多少有点肤浅了．这说明，我们的一些青年教师，还要提高自己的数学素养．

陈永明 评议数学课

谈"下游命题"
——"它给我们提供了什么信息?"

R 老师的教学有她的风格,那就是课堂的容量大,节奏快,而学生的课外负担轻.她目前任教的那个班,是她从六年级带上来的,在六、七年级时,她几乎不留作业,现在八年级了,她的作业量也不过一两道题.而她的学生的学业成绩还是比较好.开始时,家长不认可她的做法.她对家长们说:"你们给我一点时间,如果不行,我走人."一段时间之后,学生成绩比较好,学得也愉快,家长也认可了.

这天她上的是"平行四边形性质复习课",教案上准备了 14 道题(R 老师临上课时删了一题).这个教案让一位也是很优秀的青年教师知道了,这位青年教师说:"这么多的题目,一节课怎么上得了?"于是他带着疑问前来听课.

有位曾经在重要岗位上担任过领导工作的著名教育家,也闻讯来到了听课现场,课结束时,他带头鼓起了掌.他充分肯定了 R 老师的教学,也充分肯定她所在学校所进行的减负增效的实践.

R 老师这节课是怎样上的呢?13 道题又是些什么题呢?

课开始前,她把这 13 个题的练习纸发给学生.课一开始,她快速地让学生回忆了平行四边形的定义和性质.接下去,就运用这些知识解题.

她用 PPT 显示了一个平行四边形 ABCD,问:这是个平行四边形,它给我们什么信息?

学生回答:两组对边分别平行,两组对边分别相等……

然后出示了第 1 道题目:

1. 如图 1 所示,已知平行四边形 ABCD 的周长为 30cm,

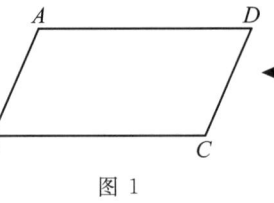

图 1

(1) 则 $AB+BC=$ _____ cm;
(2) 若 $AB:BC=2:3$,则 $AB=$ _____ cm;
(3) 若 $\angle A = \frac{5}{4} \angle B$,求四个内角的度数.

这是平行四边形性质 1 和 2 的简单运用.随后,R 老

评:这句"它给我们提供了什么信息?"在后面经常提出,成为整节课的一句关键句.

师提出:解了这个题目之后,有没有小结出一些小经验?

生 1:平行四边形的两条邻边之和等于周长的一半.

生 2:平行四边形的相邻的两个内角互补.

R 老师指出,很好,这两条小经验也是这个平行四边形所提供的信息.

有学生问:今后可不可以将这两条小经验直接使用? R 老师作了说明,我们几何证明时每一步都要有根据,这个依据只能是书上的定义、公理和定理,所以尽管我们已经看出了这个结果,还是要根据要求,一步一步写出依据.但是在做选择题、填空题时可以直接用来做判断.

评:引导学生得出一些"小经验",这是很好的做法.

接着,PPT 出现了一幅新图,这是画了一条对角线的平行四边形.老师问:这个图形提供了什么信息?之后第 2 题随之出现了.

2. 如图 2,在平行四边形 ABCD 中,BD 是对角线,则图中有 _____ 对相等的角,_____ 对全等三角形.

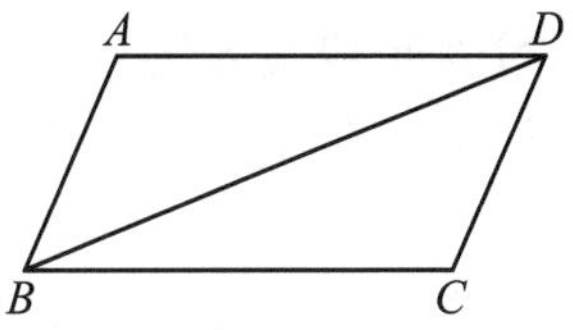

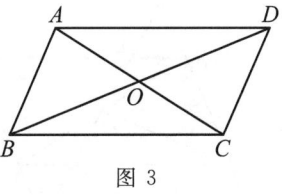

图 2

再接着,出示了有两条对角线的平行四边形.还是这句问话:这个图形提供了什么信息?之后出现了第 3、4、5 三道题.

3. 如图 3,在平行四边形 ABCD 中,对角线 AC、BD 交于点 O,则图中有 _____ 对相等的角,_____ 对全等三角形.

图 3

4. 如图 3,在平行四边形 ABCD 中,对角线 AC、BD 交于点 O,

若 AC=8,AD=6,则边 AB 的取值范围是 _____;

若 AC=6,BD=8,则边 AB 的取值范围是 _____.

5. 如图 3,在平行四边形 ABCD 中,对角线 AC、BD 交于点 O,AB=8.如果把下列数值作为两条对角线的长,能组成平行四边形的是( ).

(A) 4,12   (B) 6,8
(C) 8,26   (D) 12,20

然后,在这个图形里添了一条过对角线交点的线,还是问"提供了什么信息?"之后出示了第 6 题和第 7 题.

6. 如图 4,在平行四边形 ABCD 中,对角线 AC、BD 交于点 O,线段 EF 过点 O 交 AD 于点 E,交 BC 于点 F,图中共有( )对全等三角形.

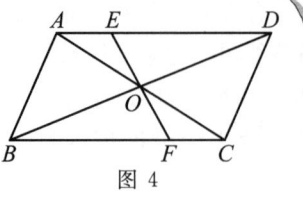

图 4

7. 如图 4,在平行四边形 ABCD 中,对角线 AC、BD 交于点 O,线段 EF 过点 O 交 AD 于点 E,交 BC 于点 F,AB=5,BC=6,OE=2,则四边形 EFCD 的周长是( ).

  (A) 11 (B) 13 (C) 15 (D) 17

师:小结一下,添了这条 EF 之后,增加了哪些信息?

生 3:EO=OF.

生 4:这条 EF 将平行四边形的周长平分了.

师:很好,像 EF 这样的过对角线交点的任意的线段,它本身被对角线交点平分,并且把平行四边形周长平分了.还有吗?

……

师:EF 是不是把平行四边形面积也平分了呢?

很快得到了大家肯定的回答.接着将 EF 两头延长,出现第 8 题.

8. 如图 5,在平行四边形 ABCD 中,对角线 AC、BD 交于点 O,直线 EF 过点 O 交 AD、BC 于点 E、F,交 BA、DC 延长线于点 M、N. 求证:EM=FN.

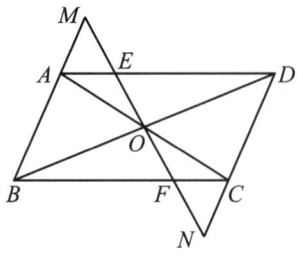

图 5

做了第 8 题之后,R 老师出了一道发散性的第 9 题:

9. 请在下列平行四边形中,画两条直线,将其分割成四个部分,使含有一组对顶角的两个图形全等.这样的满足分割要求的分割线有多少组?你能找到什么规律吗?

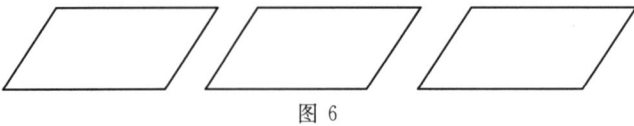

图 6

老师请了三个同学上台作图.很巧,三个学生是三种答案.第一位是画了两条对角线,第二位是画了两条对边中点的连线,第三位是画了过对角线交点的两条直线.

接着的 4 道题是另一种基本图形,就是在平行四边形里画了内角平分线.

10. 如图 7,在平行四边形 ABCD 中,对角线 AC 是 ∠DAB 的角平分线,AD=6,则平行四边形 ABCD 的周长为_____.

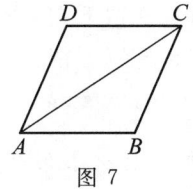

图 7

这是特殊的情形,我们知道其实这个平行四边形就是一个菱形.还是问:提供了什么信息?学生回答说:出现了两个等腰三角形.

11. 如图 8,在平行四边形 ABCD 中,∠DAB 的角平分线 AE 把 DC 边的长度分为 2、3 两部分,则平行四边形 ABCD 的周长为_____.

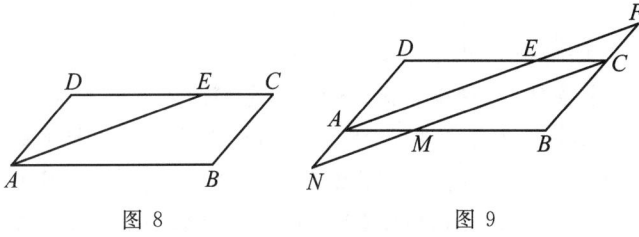

图 8　　　　　图 9

12. 如图 9,在平行四边形 ABCD 中,∠DAB 的角平分线交 CD 于点 E,交 BC 的延长线于点 F,∠DCB 的角平分线交 AB 于点 M,交 DA 的延长线于点 N,图中有_____个平行四边形;若 BC=5,AB=8,则 CE+CF=_____.

13. 如图 10,在平行四边形 ABCD 中,AB=8cm,AD=5cm,∠BAD 的平分线交 CD 于点 E,∠ABC 的平分线交 CD 于点 F,则线段 EF=_____cm.

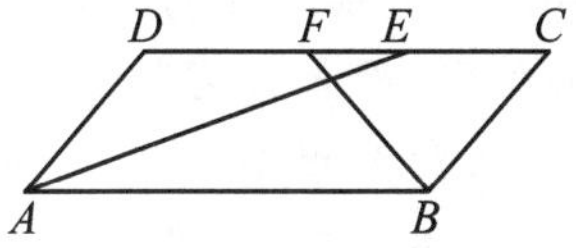

图 10

课的最后是小结. R 老师的 PPT 出现了 5 幅图,第一幅是一个平行四边形.第二幅是添了一条对角线的平行四边形.第三幅是添了两条对角线的平行四边形.第四幅是添了过对角线交点的一条直线的平行四边形.第五幅是添了一条内角平分线的平行四边形.问这几幅图,分别给我们提供了什么信息?

评:及时小结成 5 个基本图形,使众多的习题组成为一个有机的整体.

陈永明 评议数学课

整节课十分紧凑,学生发言也很踊跃,而且回答问题时,使用的语言很规范.总的说,完成得很顺畅.这是长期训练的结果.最后,R老师留下了两道这样的作业:

1. 善于思考,寻找规律(请您留下宝贵的经验).
2. 奇思异想,展示风采(请您留下精彩的题目).

课后有听课老师问 R 老师,为什么不布置具体的数学题作为作业?R 老师回答说:一是课堂上我们已经做了好多题目了,另外这张习题纸,学生们回家后会再做一遍的.至于这样做学生间会不会产生差距,我另外有互助小组的……

议:这节课的特点之一是大容量,快节奏.这是 R 老师一贯的做法.这节课虽然有人来听课,但不是大规模的"公开课",事先没有刻意打磨过,更没有"排演".从学生的反应来看,应该说比较顺畅.

几何证明的思考方法一般是两种:一是从求证倒溯:"要证明这一点,需要证明什么?",二是把已知条件伸展:"从这个条件,可以得到什么新的信息?"两者能够接通了,证明方法也就出来了,余下的只是按照要求书写证明,这两方面都重要.但是,比较多的老师重视"从求证倒溯",忽视了"把已知条件伸展".其实把定理、基本图形以及题目的已知条件伸展,可以得到很多新的结论,笔者把它们叫做"下游命题".如果一个学生头脑里某个定理、某个基本图形的"下游命题"十分丰富,那么他看到条件后就容易产生很多联想,十分有利于解题.R 老师正是强调了已知条件的正面伸展,这就是本节课的特点之二.

本节课的特点之三是,她给出了 5 个基本图形,发掘了它们各自所提供的信息.这 5 个基本图形,应该说是她在林林总总的有关平行四边形性质的习题中提炼出来的.也就是说,这 13 道题,不是罗列式的展现,而是把它们组织化,编组成为 5 个基本图形呈现.接着就是把这些例题按照一定的次序呈现给学生,变式是一种很好的呈现方式.R 老师就是这样做的.你看从第一题开始,添条线,就是第二题了,再添一条线……一直到第八题,组成了一串题目.这样做大大地节省了时间.

R 老师的经验,可能不是一下子能够学得了的.笔者认为,我们首先要学她的效益观念和有效的教学方法.我们有些老师,起早摸黑改作业,不辞辛苦抓补课,精神可嘉,但效果平平.这样辛苦,一个负面作用是教师的钻研业务的时间被挤占了.该想想了:怎样抓住课内 40 分钟,运用怎样的教学方法,使效益提高到最大?

第五部分 作业设计

让数学教学有些弹性

上海市徐汇区西南位育中学的一些老师进行了阶段性作业的试验.下面是一份给高一学生寒假前布置的阶段性作业题:

1. 打开水龙头,让水匀速注入杯子,水高和时间的关系如图 1,请设计杯子的形状,使它符合图像的要求,并且外观比较美观合理.

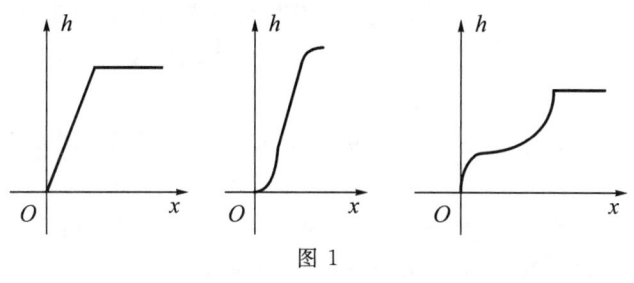

图 1

2. 如图 2,设计一个问题情景,使已知图像所对应的函数具有实际意义.

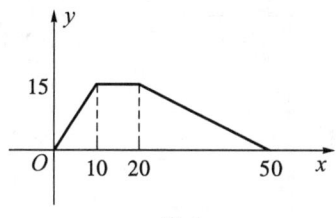

图 2

3. 查阅资料,了解个人所得税的规定.

4. 在"集合"和"不等式"中选一章进行知识要点的总结;配上典型例题 2~3 道,并完整解答;对解答过程作说明和点评;谈学习这一章的收获体会.

议: 这样的做法,让学生对一个单元的知识作个总结;对某些知识点和题目进行深

陈永明 评议数学课

入的思考,其中有的联系实际,有的需要调查,有的需要发散思维,都是平时作业中难以顾及的.笔者认为,这很好.

当前,题海战术是一股难以抵御的潮流,周周练,月月考,划一的、大量的作业是一个大问题,学生被压得喘不过气来.有一所学校6年级第一学期期终考试复习(内容主要是分数),竟然要做5套试卷.笔者对任课教师说,"你这不是存心要学生厌烦数学吗?"其实,听说有位小学语文教师做过研究,生字抄8遍和抄4遍,效果是一样的.我在想,如果抄80遍,可能效果反而没有4遍好.因为抄得太多了,学生会感到厌烦,产生抵触情绪.

这样的题海战术,不但学生受不了,老师也叫苦不迭.因为现在的作业本是全批的.也有研究者指出,这样的批改效果极低,仅对学业成绩优良的学生有所帮助,因为他们会认真看老师的批改情况;对学业成绩不佳的学生几乎没有作用.叶圣陶先生说:"老师批改作文是够辛苦的.几十本,一本一本改,可是劳而少功.是不是可以改变方法呢?"又说:"我当过老师,改过学生的作文本不计其数,得到深切的体会:徒劳无功."

这样一来,教师成天在"划鳝丝"(批改作业时,教师用笔打钩,简单化为划一条条斜线),没有时间读书思考,最终影响了自身的专业发展和教学质量,甚至健康.

笔者一直认为,没有必要搞题海战术.不搞题海战术的关键之一是习题的典型性,少而精.这里我提出另外一个想法:是不是可以考虑改变布置作业的方式方法,特别是让作业增加些弹性?少一些统一布置,多一些自觉自愿.

在《数学教育个案学习》(李士锜主编,华东师大出版社出版)中有一个案例"今天起不布置作业"(江苏省苏州实验中学周建华),周老师的学生对周老师说:"……你在每天的数学作业上仍然'统'得过死,搞的是'计划经济'",于是周老师经过周密思考宣布不布置作业,学生开始吃惊,怀疑,转而这样做了.第二天,他做了一个调查.

1	昨天是否做了作业?	是		否	
		49人		3人	
2	习题来源	课本	同步训练	其他	
		2人	45人	7人	
3	题量(系人均题量)	选择题	填空题	解答题	
		4.94道	4.59道	1.86道	
4	所用时间	60′以上	45′—60′	30′—45′	30′以下
		5人	16人	16人	12人
5	做在何处?	草稿本	作业本	同步训练	
		9人	1人	43人	
6	你的自主作业希望老师批改吗?	希望	一般	无所谓	不喜欢
		11人	18人	16人	7人
7	你喜欢这种自主作业方式吗?	希望	一般	无所谓	不喜欢
		33人	13人	6人	0人

说明效果较好,当然这是一个"好班".

在《新课程中教师行为的变化》(傅道春,首都师范大学出版社)中,有一个案例《学生自己给自己设计作业》(王伏香),王老师(小学语文老师)"迫于升学的压力,当时,每天布置大量的作业,望着办公桌上如山的作业,有时感觉批改它们真是一种折磨."心想"学生在写的时候大概也不比我轻松.""我突然想,除布置少量课本作业外,让学生自己给自己设计一次作业会怎样呢?就美其名曰'自设作业'吧."

学生开始同样感到吃惊,后来觉得有新鲜感的激动和喜悦.第二天,"轮到我吃惊了".在这些作业中,有"老师,考考你",有小发明介绍,有诉说"我的烦恼",有对宇宙、生物科学中的疑惑提问的,有摘抄名人名言的,有申请下次班会当主持人的……

"我感觉那是50多颗心在与我交谈."发作业本时,"孩子们一改以往看也不看便塞进书包的习惯,而是迫不及待地翻开作业本".经过一段时间的引导,自设作业在许多同学中生了根,学习兴趣更浓了.

笔者认为,重大的成果,大多是在比较宽松、比较有弹性的环境下产生的.课外是创造弹性的重要空间,要把数学课外活动搞活跃.记得笔者刚刚工作第一年时,教学之余带了数学课外小组,出数学板报,板报的名字叫《少年数学家》.后来教高中,在教数列的时候,笔者曾经出了两个论文的题目,结果有四位学生写了两篇论文,一篇是《分数化小数时,什么时候成有限小数、无限纯循环小数、无限混循环小数》,还有一篇是《循环小数可以直接相加吗?》,写得很有水平.在我的周围涌现了一批数学爱好者,他们又推动了其他同学学习数学的热情.

笔者有一位同事Z,对我说了他在小学任教时的一段笑话.

那是"文化大革命"的年代,大家都不要读书.一次Z到另外一个班去代课.走进教室,学生吵吵闹闹像一锅粥.他叫大家静下来,根本没有人理他.Z灵机一动,来了一个怪招.

"你们安静下来,我就讲个故事."他悄悄地对第一排上的两个孩子说.

这两个孩子一听,有故事可以听,应该安静下来,于是这两个孩子对旁边的孩子说:

"安静下来,Z老师给我们讲故事了!"

2个孩子变成了4个,这4个孩子再对后面的孩子说:

"安静下来,Z老师给我们讲故事了!"

……

很快,整个教室里鸦雀无声.这位聪明的Z老师按约定讲了一个故事,然后就上课了.

笔者一直把这个故事当作一个经典的案例,在课堂上给学员讲,并要求大家议一议,这是什么道理?算不算歪门邪道?又符合什么教育原理?大家一致回答说,这有点像传销.又认为,这个道理太深奥了,好像可以从好多角度解释它:心理学的,社会学的……

传销为什么会让那么多人卷进去?原因很多,其中一个原因,笔者想是调动了人们内在的发财的愿望,另一个原因可能是它利用个体和个体之间的碰撞、宣传、激励,反而起到了"划一要求"起不到的作用.人具有从众心理,关心周围的人怎么做,怎么说,这可能比讲台上的报告更有效.Z老师的故事,可能也是这两个原因,一是调动了学生内在的想听故事的需求,安静便成了他们的自觉的愿望;另一个是利用学生帮助、教育、促进学

生(而不是老师一个人对全班 50 个人).我们常常不管学生愿意不愿意,喜欢划一地提出一些要求,譬如大家安静下来,今天回家作业做第×道,第×道……要求统一,看来是对全体学生负责,但是学生觉得单调,没有刺激.

笔者有一位朋友,他的高中求学时代,是在上海一所很著名的中学度过的.他是数学尖子,班上的数学爱好者之间常常会互相出题给对方解,你做出了我出的题目,而我没有做出你出的题目,心里很不是滋味.就这样互相碰撞,激荡,激励,形成良好的氛围.

笔者听了 Z 老师这个故事的启发是,要让学生产生自主学习的愿望;要让"学生"和"学生"之间产生碰撞,而不仅仅老师对"全体学生"提出划一的要求.因此,我们的教学要求要有弹性,并且要有意识地"制造"几个典型,其意义首先是因材施教,而且要让他们挑战别人,帮助别人,让别人学习他们.我们要"挑动"学生激发学生.教学要有弹性,才能营造一种互帮互学、争先恐后的气氛.有了这种气氛,这些学生自己会找题目去做,可能做得比过去更多.要善于制造不平衡,当然,进而又有要善于达到新的平衡.当年邓小平提出"让一部分人先富起来",结果调动了每个人努力奋斗,经济翻了几番,使大家的生活水平上了一个台阶.这是一种哲学思考.

这又涉及教育思想.要达到这种境界,首先要让学生从心里出发爱数学,而不是对学生实行管卡压.我们的老师出于好心,对学生大量布置作业,但是不要以为作业多了,才是为学生负责.其实作业多了,学生被动地做题、做题、再做题,学生对数学没有喜欢的感觉,有的只是厌烦,这样做,效果是不好的.

北京的已故名师孙维刚,几乎不布置作业,极大地调动了学生的学习积极性,竟然在孙老师病假期间,不需要代课教师,班级照常运转,学业仍然进行.我们应该向孙老师学习.

当前的题海战术实在是应该改改了.笔者以为,当前,至少要做到作业分层.第一,要允许一部分学业成绩不好的学生少做几道题.如果我们统一要求,实际上这些学生做不到,不会做,于是一个对付办法是抄,另一个对付办法就是不做.他抄了,你还得给他批改,双方都是浪费时间.他不做,你还得督促他做,还得批评他,弄得双方都心急火燎.总之做得大多是无用功.你允许这些学生少做几道比较难的题目,集中力量做基本题,可能效果会好些.第二,可以给比较好的同学布置些难一点的题目.第三,像上海市西南位育中学那样,要有点整理知识,写点小论文,编数学报纸这样的"非常规"的作业.

第六部分 试卷讲评课

试卷讲评和知识技能的巩固

H老师在初二的《数的开方》的测验之后,上了一节讲评课.这个班是学习水平和程度相对较好的班.H老师是老教师了,但是对这样一节讲评课还是认真地写了教案.他设定的教学目标、理解的教学重点和难点是:

> 教学目标:
> 1. 理解掌握本章有关"数的开方"的基本概念、知识和方法.(知识)
> 2. 培养学生的数学概念辨析能力,以及观察、分析、归纳和运算能力.(能力)
> 3. 培养学生认真、仔细的学习习惯和不畏困难的学习品质.(情感)
> 教学重点:求平方根运算的掌握及熟练运用.
> 教学难点:正数的正的平方根及其相关概念的运算.
> 教学方法:"串、变、练、会"和"多元激励评价"法.

教学过程是:

> ## 一、总述
>
> 师:(高兴地)我班的平均成绩是……P等8名同学进步很大,取得了本次测验的好成绩,给予表扬.(鼓掌)
> 对于本节试卷讲评课,我给同学们提几个要求:(1)在老师和其他同学讲题时,大家都认真听讲和思考.(2)这张试卷的订正作业分别要求:××分以上的同学不但要订正自己的错题,而且要做几道补充题;××分以下的同学不但要订正自己的错题,而且每一错题要找相类似的3道小题去做;每个同学对所有的做错的填空

和选择小题订正,都要写明为什么做错,当作大题去解,要有解题步骤.大家说好不好?("好!"同学们齐声回答.)

本次测验的问题是,有的基本概念不清,基本运算不准,解题方法不活.下面我们将围绕着这些问题,即同学们错得比较多的题目进行重点讲评讨论.

二、讲评

(一) 概念问题

(1) 平方根

3. $\sqrt{81}$ 的平方根是( ).
   (A) 9   (B) ±9   (C) 3   (D) ±3

5. 数 $\sqrt{(-36)^2}$ 的平方根是( ).
   (A) −36   (B) 36   (C) ±6   (D) ±36

13. −(−81)的平方根是_____.

20. 已知 $x^2 = \left(\dfrac{1}{7}\right)^2$,则 $x =$ _____.

教师提问了生1(属数学水平中等学生)和生2(属数学水平中等以下学生)分别正确地回答了这些题.

师:为什么得到这样的答案?

生3(属数学水平中等以上学生):正数有两个平方根,所以20题"已知 $x^2 = \left(\dfrac{1}{7}\right)^2$,则 $x = \pm\dfrac{1}{7}$".而正数正的平方根记为 $\sqrt{a}(a \geqslant 0)$,所以 $\sqrt{81} = 9$,不是 ±9,而9的平方根是 ±3(第3题).

师:很好.注意了,求81的平方根,和求 $\sqrt{81}$ 是不一样的.

(2) 两个公式

师:"在平方根的计算时,经常用到两个公式,$\sqrt{a^2} = |a|$ 和 $(\sqrt{a})^2 = a(a \geqslant 0)$,以下的题就是根据这两个公式才能正确解出的:

2. 下列各式正确的是( ).
   (A) $\sqrt{(-5)^2} = -5$ (B) $(\sqrt{-5})^2 = 5$
   (C) $(-\sqrt{5})^2 = 5$ (D) $(\sqrt{-5})^2 = \sqrt{(-5)^2}$

21. 已知 $\sqrt{x^2} = 7$,则 $x =$ _____.

评:不逐题讲评,而是有共性的问题集中评讲,很好.

评:点拨很精炼,确实击中了要害.

27. 化简 $|1-\sqrt{2}|+|\sqrt{2}-\sqrt{3}|+|\sqrt{3}-2|=$ _____.

生 4 和生 5 分别正确地回答了这些题. 如题 27 的解答是 $|1-\sqrt{2}|+|\sqrt{2}-\sqrt{3}|+|\sqrt{3}-2|=(\sqrt{2}-1)+(\sqrt{3}-\sqrt{2})+(2-\sqrt{3})=1$.

师:在回答题 2 和题 21 时,我们用了哪些知识?

生 6:"运用了 $\sqrt{a^2}=|a|$ 和 $(\sqrt{a})^2=a(a\geqslant 0)$ 两个公式."

教师针对题 27,又追问"为什么?"

生 5:正数的绝对值等于它本身,负数的绝对值等于它的相反数.

师:说得好. 注意了,要求某绝对值,首先要判断绝对值记号内的数是正的还是负的.

评:点拨得好.

(二) 计算问题

(1) 求下列各式中 x 的值

师:大家看题 29(3),错误率是较高的,我们共同来做一下. 哪个同学回答?

29.(3) $\sqrt{\dfrac{1}{2}x-1}=6$.

……

接着教师用投影仪打出相类似的补充题目,让全班同学练习.

求下列各式中 x 的值:

① $\sqrt{2x-1}=3$；　　② $\dfrac{1}{2}x^2-1=6$；

③ $\sqrt{\dfrac{1}{2}x^2-1}=6$.

评:边讲评边练习,效果好.

(2) x 取何值时下列各式有意义

师继续说"大家请看题 30,错误率也是较高的,我们共同来做一下.

30.(1) $\sqrt{5x}$；　　　　(2) $\sqrt{4-8x}$；

(3) $\sqrt[5]{-\dfrac{x}{2x+3}}$；　　(4) $\sqrt{x}+\sqrt{-x}$.

教师又用投影仪打出相类似的补充题目,让全班同学练习.

x 取何值时下列各式有意义:

① $\sqrt[3]{\dfrac{x}{2x+3}}$;　　② $\sqrt{\dfrac{x}{2x+3}}$;　　③ $\sqrt[4]{-\dfrac{x}{2x+3}}$.

(因为时间关系,第③小题留为课后作业.)

师:解这类题目,要特别注意,被开方数是非负的.

> 评:又是点拨.

(三) 方法问题

(1) 转化

师:我们许多时候解题的方法也就是进行文字语言与数学符号的转化.

(随手板书:①文字语言←→数学符号)

如"负数没有平方根",转化为式子是 $\sqrt{a}(a$ 不小于零$)$,即负数没有平方根 ←→ $\sqrt{a}(a$ 不小于零$)$.

请同学们回答以下几题,并写出转化的式子.

22. 一个数的正平方根(即算术平方根)为 0.7,则这个数的平方根是_____.

$\pm 0.7 \longleftrightarrow \pm\sqrt{0.7^2}$;

31. 已知 $y=x^2-9$ 且 y 的一个平方根为 4,求 x 的值.
y 的一个平方根为 $4 \longleftrightarrow (\pm 4)^2 = y$, 即 $y=16$.

> 评:有几个转化方式似不很确切,可以商榷.

师:转化的方法还有②实际问题←→数学问题.如

33. 已知在 $\triangle ABC$ 中,$AD \perp BC$ 于点 D,且 $AD=8, BC=24$,求与这个三角形面积相等的正方形的边长.

请哪位同学讲一讲?

……

教师出类似补充题目.

① 已知在 $\triangle ABC$ 中,$AD \perp BC$ 于点 D,且 $AD=2, BC=3$,求与这个三角形面积相等的正方形的边长.

② 已知正方形的面积为 96,求与它面积相等的等腰直角三角形的边长.

③ 已知有一等腰直角三角形,它的边长增加 2 后的面积为 96,求这个等腰直角三角形原来的边长.

考虑到课堂的时间关系,这几个小题都留为课后补充作业.

> 评:又是边讲评边练习.

三、反思

测验答卷时"概念要清、计算要准、方法要活、成绩会好".

教学反思

本节课虽然不是常见的课型,而是少有的试卷讲评课,但我在课堂教学上仍然采用"一串、二变、三练、四会",和"多元激励评价"的教学方法.目的是贯彻以下的教育思想和教学理念:

1. 学生为本,发展是根;
2. 面向全体,因材施教;
3. 夯实基础,培养能力;
4. 多元激励,教书育人.

基于以上的教法原理,本人采用的"一串、二变、三练、四会"的教学方法,是一种尝试和探索,其根本目的仍然是在教师的主导下,让学生主动探究学习.其中"一串"是基础,"二变"是核心,"三练"是手段,"四会"是目的.

"一串":是教师在深入研究教学内容的基础上,高屋建瓴,站在整个教学内容全局的高度上,用一个数学知识点(一个基本概念、公式、定理或一道例题、习题等)将一部分内容串联起来,有机整合,程序教学,从而达到提纲挈领和纲举目张的作用,完成这部分的教学目标和任务.本节课的"一",就是有关"数的开方"的基本概念、知识和方法,将"数的开方"整个内容串联起来.这种"一串"的教学思想,在教学中,特别是复习课和此种试卷讲评课的教学中,对教师的业务水平和能力,以及对教材的把握驾驭要求是相当高的,是具有挑战性的教学方法.

"二变":是在课堂教学中,将一个数学知识点通过变式、变形、变态教学,贯穿始终.第一"变"是深入浅出,通俗易懂,运用具体化、形象化等教学手段,将原问题变得简单、明白,易于学生理解、掌握,其实质是通过变,"降低难度、设立坡度",深入浅出,使绝大多数学生,包括一些学习困难学生达到最基本的教学目标.第二"变"是拓宽加深,运用抽象、归纳、分析的思维方法,灵活运用这部分数学知识,同时发展思维、培养能力,为他们逐步形成创造能力和创新精神奠定基础.本节课的第一"变",就是原试卷中的一些需讲评的有问题的习题,本节课第二"变",就是与每一道讲评题配套的练习题.

"三练":是根据数学学科的教学特点,具体地落实"面向全体,因材施教"的教学措施.第一"练"是教师与学生的双边活动形式,讲练结合,边讲边练,练中有讲,讲中有练.第二"练"是分层练习.依据学生数学水平的高、中、低层次不同,分层指导,分别要求,力争使各类学生的课堂练习,切合他们知识发展的"最近区",通过练习在原有的基础上有所收获,有所提高.第三"练"是学生独立思考练习与相互合作讨论练习相结合.以独立练习为主,适当穿插小组讨论,合作练习,活跃课堂气氛,相互启迪思维,达到共同提高目的,从中也培养了学生团队合作的精神.本节课的"练"是课堂提问、随题练和补充练.

"四会"是通过课堂教学活动,要让学生会运算、会论证、会想象和会应用,即初中数学课程标准中规定要达到的四个数学能力的教学目标.当然,具体到某一节课和某一部分内容,四会要有所侧重.本节课侧重的是"会应用".

附:试题(满分120分)

一、选择题:($2' \times 7 = 14'$)

1. 下列说法正确的是( ).
   (A) -3 是 9 的平方根
   (B) -25 的平方根是 ± 5
   (C) 8 的平方根是 ± 4
   (D) 16 的平方根是 4

2. 下列各式正确的是( ).
   (A) $\sqrt{(-5)^2} = -5$
   (B) $(\sqrt{-5})^2 = 5$
   (C) $(-\sqrt{5})^2 = 5$
   (D) $(\sqrt{-5})^2 = \sqrt{(-5)^2}$

3. $\sqrt{81}$ 的平方根是( ).
   (A) 9   (B) ± 9 (C) 3   (D) ± 3

4. 下列各式中,正确的是( ).
   (A) $\sqrt{9} = -3$ (B) $-\sqrt{9} = -3$
   (C) $\sqrt{9} = \pm 3$ (D) $-\sqrt{9} = 3$

5. 数 $\sqrt{(-36)^2}$ 的平方根是( ).
   (A) -36 (B) 36 (C) ± 6 (D) ± 36

6. 已知 $\sqrt{x-2}+\sqrt{x-8}=0$,则 $\sqrt{x^2-2xy+y^2}$ 的值是( ).
   (A) 不能确定   (B) 10
   (C) 6   (D) ± 10

7. 大于 $-2\sqrt{5}$,且小于 $2\sqrt{3}$ 的整数有( )个.
   (A) 9   (B) 10
   (C) 8   (D) 6

二、填空题:(57′)

8. 零的平方根有_____个,其值是_____.

9. 4 的正平方根是_____,9 的平方根是_____.

10. 求值 $\sqrt{16}=$ _____. 64 的负平方根是_____.

11. 设 $a=-3,b=-4$,那么 $\sqrt{a^2+b^2}=$ _____.

12. 计算 $\sqrt{(-5)^2}=$ _____.

13. $-(-81)$ 的平方根是_____.

14. $m>0$ 时,$-\sqrt{m}$ 表示 m 的_____.

15. -729 的立方根是_____.

16. 正数 a 的平方根有_____个.

17. 一个正数 a 的正平方根减去 1 等于 3,则 $a=$ _____.

18. $-\dfrac{1}{3}$ 是数 a 的一个平方根,则数 $a=$ _____.

19. 0.81 的平方根的和是_____. $\sqrt{3+\dfrac{7}{8}}$ 的平方根的和是_____.

20. 已知 $x^2=\left(\dfrac{1}{7}\right)^2$,则 $x=$ _____.

22. 一个数的正平方根(即算术平方根)为 0.7,则这个数的平方根是_____.

23. 已知 $\sqrt{2}=1.414$,$\sqrt{20}=4.472$,则 $\sqrt{0.2}=$ _____,$\sqrt{200}=$ _____.

24. 已知 $\sqrt{3}=1.732$,则 $\sqrt{12}=$ _____,$\sqrt{75}=$ _____.

25. 在下列实数中，$0.1\dot{1}\dot{2}$，$\dfrac{\pi}{3}$，3.142，$\sqrt{12}$，$\sqrt{9}$，$\sqrt[3]{27}$，$\dfrac{22}{7}$，0.101001000100001……

   有理数有 _____；

   无理数有 _____．

26. $\sqrt{27}$ 的整数部分是 _____，小数部分是 _____．

27. 化简 $|1-\sqrt{2}|+|\sqrt{2}-\sqrt{3}|+|\sqrt{3}-2|=$ _____．

三、解答题：

28. 求下列各式的值：(12′)

   (1) $\sqrt{(-11)^2}$； (2) $-\sqrt{6\dfrac{19}{25}}$；

   (3) $\sqrt{(-5)^2}+\sqrt[3]{(-5)^3}$；

   (4) $\sqrt{(-5)^4}+\sqrt{29^2-21^2}$．

29. 求下列各式中 x 的值：(9′)

   (1) $2x^2=\dfrac{1}{8}$； (2) $9^2+x^2=15^2$；

   (3) $\sqrt{\dfrac{1}{2}x-1}=6$．

30. x 取何值时，下列各式有意义：(8′)

   (1) $\sqrt{5x}$； (2) $\sqrt{4-8x}$；

   (3) $\sqrt[5]{-\dfrac{x}{2x+3}}$； (4) $\sqrt{x}+\sqrt{-x}$．

31. 已知 $y=x^2-9$ 且 y 的一个平方根为 4，求 x 的值．(4′)

32. 已知 $\sqrt{2a+b}=2$，$\sqrt{3-a+4b}=3$，求 a、b 的值．(4′)

33. 已知在 △ABC 中，$AD\perp BC$ 于点 D，且 $AD=8$，$BC=24$，求与这个三角形面积相等的正方形的边长．(4′)

34. 若 $(x-15)^2+|\sqrt{y}-6|+\sqrt[4]{z-3}=0$，求 $\sqrt{x+1}-\sqrt[5]{32y-2^7}+\sqrt[8]{z-3}$ 的值．(4′)

35. 化简：(4′)

   $\sqrt{9a^2+12ab+4b^2}+\sqrt{9b^2-12ab+4b^2}$ $\left(b>\dfrac{3}{2}a>0\right)$．

议：笔者以十分欣喜的心情读完了 H 老师的试卷分析课的教学实录,之所以有这样的心情,是因为,现在我听到的讲评课大多是从第一题讲到最后一题,而且,往往是来不及讲完,于是最需要分析的最后几题反而没有时间去分析了. 而 H 老师的讲评就没有落入这样的俗套.

第一, H 老师在一开始将测验的总体情况做了汇总,让每个同学都了解自己成绩在班里所处的位置,并且对成绩优秀的和进步大的同学进行了鼓励,而且还根据不同的学生提出了不同的补救和提高的要求. 这符合学生心理特点,是我们要大力提倡的.

第二, H 老师利用"串"的办法,将有关题目联系起来一起分析. 测验是检验学生掌握知识技能的情况,将有关题目串起来分析,不仅有利于同类习题的掌握,更有利于学生提高"在不同的形式之下寻找共同特征"的综合能力.

第三, H 老师把这一单元的知识、技能以及涉及的方法进行了分块分析,譬如,概念讲了"平方根"和"两个公式";计算讲了"求下列各式中 x 的值"和"x 取何值时下列各式有意义"两类问题;最后还有方法问题,讲了"转化",主要是"文字语言←→数学符号","实际问题←→数学问题"之间的转化. 使人感到条理清晰,也有利于学生掌握. 这种分块,是数学的思维方式,也很能够看出教师的数学功底.

第四,及时出一些类似的题目进行巩固性练习,十分有效.

第五, H 老师总结自己的教学经验是"一串、二变、三练、四会". 笔者觉得很有见地,说明 H 老师是一位善于总结,善于反思的老师.

如果有什么意见,有几个小地方可以商榷:第一个,实录中的"(三)方法问题"中有了"(1)转化",那么(2)和(3)怎么没有呢?

第二个,"(二)计算问题"里,分析了两个内容:"求下列各式中 x 的值"和"x 取何值时下列各式有意义",似乎还应该有其他的类型,譬如求根式的值,不知 H 老师是有意忽略,还是疏忽了.

第三个,有几个将自然语言表述的命题转化成的式子不够确切,可以商榷. 如把"负数没有平方根"转化为式子"$\sqrt{a}(a 不小于零)$";把"一个数的正平方根(即算术平方根)为 0.7"转化为"± 0.7"和"$\pm\sqrt{0.7^2}$".

试卷讲评和提高升华

L 老师在因式分解单元的测验之后,进行了比较好的讲评.我们来看她上课的几个片断.需要说明的是,她所在的学校生源不错,这次测验普遍成绩很好,因此她注重在讲评课上进行拓展提高.

首先她针对两道试题:

1. 因式分解:$x^2-y^2-4x+4y$.

解:$x^2-y^2-4x+4y$
$= x^2-y^2-4x+4y+4-4=\cdots\cdots$

2. 计算:$(2+1)(2^2+1)(2^4+1)(2^8+1)$.

解:$(2+1)(2^2+1)(2^4+1)(2^8+1)$
$=(2-1)(2+1)(2^2+1)(2^4+1)(2^8+1)\div(2-1)$
$=\cdots\cdots$

指出,这两题从解的形式上看手法不一样,前者是加一项再减一项,后者是乘以一项再除以一项,但有共同点,都是一进一出,从中提出了"割补思想".

评:这是一种归纳,又是一种引申.特别是能从两个形式上不同的问题中,归纳出共同的思想,这是一种功力.

之后,L 老师出了几道题,对第 2 题的解题方法进行巩固和拓展:

(1) 计算:$(3+1)(3^2+1)(3^4+1)(3^8+1)$.

(2) 计算:$(5+2)(5^2+2^2)(5^4+2^4)(5^8+2^8)$.

(3) 计算:$(1+q)(1+q^2)(1+q^4)(1+q^8)$.

L 老师还针对试题:

"有一块长为 a 米,宽为 b 米的长方形花园,当中有两条宽为 c 米的小路(如图 1),把花园分成 4 块,求种植面积 S."

评:第(3)小题的结果将来是有用处的,所以说,这里其实已经在复习中加进了新知识技能.

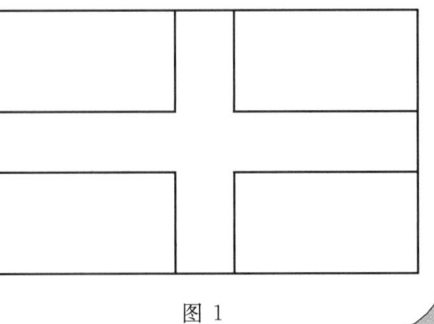

图 1

让学生进行了讨论,得到的解大多是 $S=4\cdot\dfrac{a-c}{2}\cdot\dfrac{b-c}{2}$,其实这是有点问题的.因为这个解法是默认了小路位于正中间.较好的解法是将小路移动到边上,直接得出 $S=(a-c)(b-c)$.(如图 2)

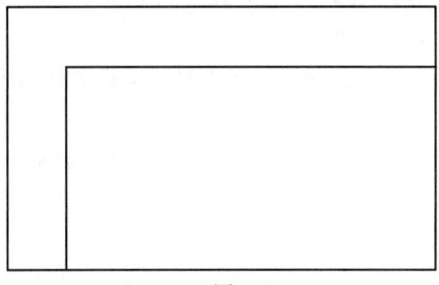

图 2

讨论完毕,L 老师又将这题目进行了拓展:"假如小路如图 3 那样(宽度不变),情况将如何?"

评:在试卷讲评课上进行拓展,起到了很好的作用.

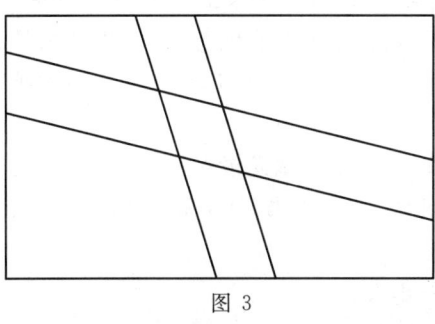

图 3

议:现在,可以说绝大多数学校的测验考试,比起笔者读书的年头多得多了.什么周周练,月月考,名目繁多.笔者是不认同这种做法的,因为这是典型的题海战术.笔者的求学时代是在著名的上海中学度过的,那时学习虽然紧张,但还是有不少自我发展的时间.平时只有花 10~15 分钟的小测验,大致上一个单元才有一次单元测验.单元测验是合理的,对这个单元的知识技能的梳理巩固会起良好的作用.月考是不合理的,因为一个月,不一定正好讲了一个单元.

测验有两种,一种是形成性测验,运用于在知识形成过程中,目的为了促进学习;一种是终结性测验,如中考、高考、期中、期末考,目的主要是检验学习情况.目前,学校里这么多的测验考试主要是形成性测验.形成性测验应该以小测验为主,而现在的周周练、月月考,都是仿照中考、高考,一律 20 多题,安排时都是先填空题、再选择题、简答题、综合

题.须知,这种形式是不利于知识的形成的,因为这是按题的形式归类的,如果按知识点归类,肯定更有利于知识技能的生成、发展.

测验不必多,但每次测验前有复习,自我消化,事后有分析,巩固提高,不要为测验而测验,而要把文章做足.这是笔者对测验考试的第一个看法.

每次测验都应该有个目的,测验之后,当然也应该进行试卷分析.就目前情况看,大多数老师的试卷分析,就是对答案.从第一题开始,逐题讲解,不管这题学生掌握得好不好.这样分析,不是没有用处,但是效率不高.而且往往这样分析,到后来时间不够了,最后的题目,一般说是最难的题目,草草了事地讲过去了.

试卷分析不应该逐题讲解一遍,应该有重点地讲.至于顺序,有这样两种顺序供参考.

一是按原来的先后,挑选一些题目进行重点分析;二是不按照原来的顺序,按知识点或者题目类型或者解题方法"跳"着讲解.

这是笔者的第二个看法.

试卷分析课应该是一个特殊的教学形式,重点固然是旧知识技能的巩固,但不应该只是在原来的水平上踏步,因为老是重复已经学过的东西容易让人产生"心理疲劳";另外,知识技能的学习应该是螺旋式的,不应该那么的"纯",不应复习就是复习,学习新知识就是学习新知识,只要条件许可,在复习和试卷分析课里应加进点新东西.华罗庚在《高等数学讲义》中说:"我讲书喜欢埋些伏笔,有些重要概念、方法尽可能早在具体问题中提出,并不止一次提出.生书熟讲,熟书生温.似乎在复习,但把新东西讲进去了."这是符合学习心理的.这是第三个看法.

第四个看法是,试卷分析,和其他课一样,不应该是教师一言堂,应该进行有效的讨论.事实上,大家都做了试题,这本身就说明已经"参与"了,既然参与了,就会有话要说,让大家交流讨论是有基础的.

我在培训的时候,对试卷分析课的要求是:

1. 说明考试的总的情况

譬如,优、良成绩的比例,不及格的人数,表扬有进步的学生.鼓励为主,千万不能骂学生.

2. 纠正错误

对错误比较多的题目,重点讲解,分析错误的原因.上海市第五十四中学的前校长,特级教师蔡武冈的经验是:在批改考卷的时候,旁边放一张空白卷,对批改时发现的错误,甚至每题错误人数,以及好的解法,都记下来.试卷批改完毕,对哪些试题错误比较严重,错在哪里心中就有数了,讲评也有依据了.

3. 多解

对有些题目,可以讲解多种解法.这是一种交流.

4. 归纳

根据试卷进行解法归纳,错误归纳,习题类型归纳……这事情应该是复习时做的,这时候可以再次重复,以求加深印象.

5. 点拨引申

有的题有背景,可以交代一下;有的题可以推广,甚至得出某个公式;有的题可以拓展,让学有余力的学生作为思考题.L老师在这一点上做得是不错的.

6. 引导学生总结

波利亚说:"自己的模块自己做."在复习的时候就应该引导学生自己对知识技能进行总结,在测试之后,学生对自己的情况应该更清楚了,因此应该引导学生写书面的学习小结.小结可以是自己对掌握本单元知识技能的情况分析;也可以是某个内容上的心得;也可以是对自己某种错误的剖析;甚至是某题的拓展研究.上海市西南位育中学的特级教师邵翼如老师经常采用这种方法,取得很好的效果.这样做,可以说是把文章做足了.

一次尝试：由学生来讲评

这是初二 A 班一节有关几何试卷的讲评课,有意思的是这次讲评课的主讲不是 R 老师,而是请了也是 R 老师教的 B 班的三位同学.那个 B 班的成绩比较好,三位同学是前一天接受这个讲课任务的.

首先讲的是 X 同学.他讲的题目是：

> 如图 1,点 B、C 分别在 AM 和 AN 上,BP 平分 $\angle MBC$,CP 平分 $\angle BCN$.求证：点 P 在 $\angle MAN$ 的平分线上.
>
>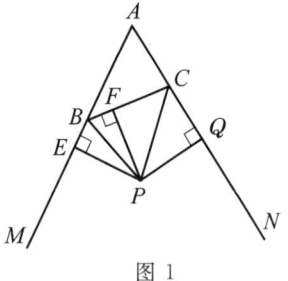
>
> 图 1
>
> X 同学指着图在那里发问："首先我们通过读题可以发现有两个条件,BP 平分 $\angle MBC$,CP 平分 $\angle BCN$,且题目让我们求证点 P 在 $\angle MAN$ 的角平分线上,那么我们想到了什么定理？"
>
> 有部分同学回答："过点 P 作 EP、QP 分别垂直于 AM、AN,然后再过点 P 作 $PF\perp BC$,垂足为 F."
>
> X：没错.我们现在条件都齐全了,接下来我们就开工了,由于 BP 平分 $\angle MBC$……
>
> X 同学的话还没说完有些人就说了"$EP=FP$",
>
> X：我们垂直还没说,就可以说 $EP=FP$?
>
> X 同学心里想：跟我昨天猜想的一模一样,的确有人忘记提垂直这个条件.
>
> X：没有垂直,怎么能有角平分线上的点到角两边的

距离呢？这个条件是老师上课时特别强调的！我们再来说一遍：

(板书) ∵ BP 平分 $\angle MBC$，

$PE \perp AM, PF \perp BC$.

∴ $EP = FP$.

X：$EP = FP$ 是利用了哪个定理？

生1：角平分线上的点到角两边的距离相等．

X：所以，同理可证：$FP = QP$，于是我们通过等量代换得到 $EP = QP$．我们再看一下前面我们所作的 $PE \perp AM, PQ \perp AN$，又证出了 $EP = QP$．所以，点 P 在 $\angle MAN$ 的角平分线上．

还没等 X 同学说完，大家就抢着说了．X 继续发出提问："那么这又是用了什么定理啊？"有些人开始把角平分线定理和逆定理混乱了，但是大多说的是正确的："到角两边距离相等的点在这个角的角平分线上．"

X：好了．这道题目就是这样，我们解完了，大家都懂了没有？懂的举一下手！

全部人都举了手，X 同学继续发了话："既然大家都懂了，我请一位同学来讲一下解题思路和过程．"于是他从中抽了一位同学上台演讲．

X：来，大家掌声鼓励一下……

接下来是 F 同学讲．他讲的题目是：

如图 2，在 $\triangle ABC$ 中，$\angle CAB$ 的平分线 AD 与 BC 的垂直平分线 DE 交于点 D，$DM \perp AB$ 于点 M，$DN \perp AC$ 的延长线于点 N．求证：$BM = CN$．

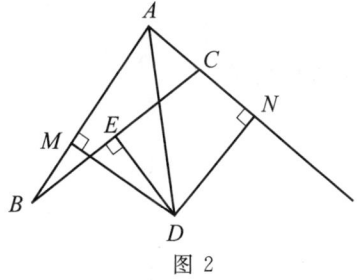

图 2

F：这道题要求的是 $BM = CN$，该从什么角度考虑？

同学回答："这道题需要加辅助线．"

F：很好，那么应该加在哪儿才能解出这道题呢？

生2："该联结 BD 和 CD．"

F：为什么？你能说出原因吗？

生2：因为有垂直平分的条件，所以联结可以运用这个条件得出 BD 与 CD 相等.

F：那这是运用哪个定理？

生2：垂直平分线上的点到线段两端的距离相等.

（如图3）

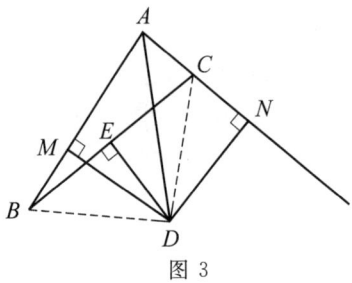

图 3

（板书）

∵ DE 垂直平分 BC，

∴ BD＝CD.

F：根据所给条件，还能得出什么结论？

生3：根据∠CAB 的角平分线 AD 和 DM⊥AB，DN⊥AC 可知 MD＝ND，因为角平分线上的点到角两边距离相等.

F：很好，那现在这道题条件就齐了，谁能说说看？

生4：可以证全等，因为有垂直，有一条直角边和斜边对应相等，所以可证出 BM＝CN.

F：很好.

F 同学完整地将证明过程说了一遍……

最后是 S 同学讲，讲的题目是：

如图4，在等腰△ABC 中，D 是底边 BC 上一动点，DE⊥AB，DF⊥AC，CG⊥AB，E、F、G 分别是垂足，求证：DE＋DF＝CG.

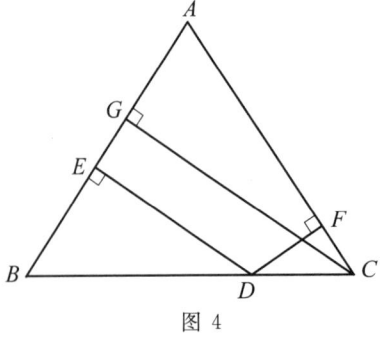

图 4

S 同学自己说,看见这题的时候感觉比较怪.题目中的条件是 3 个垂直和 2 条边相等($AB=AC$),最后题目中的问题是求两条线段之和等于第三条线段($DE+DF=CG$).为此,要把 $DE+DF$ 转化成一条和 CG 相等的线段.于是,第一种证法就出来了.

S 同学把自己的想法和同学说明,然后把辅助线的添加法画在黑板上,如图 5.

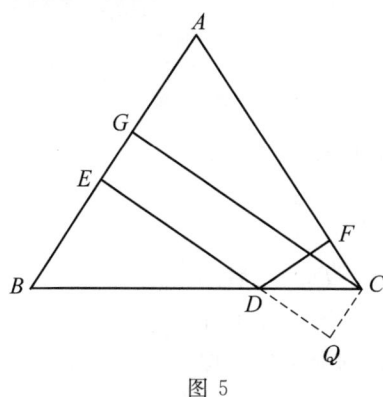

图 5

(板书)过点 C 作 ED 延长线的垂线,交 ED 的延长线于点 Q.

S:看了这些垂直之后,你得到了什么?

生 5:四边形 $EGCQ$ 为长方形.

S:你根据哪个定义判定四边形 $EGCQ$ 为长方形?

生 5:四边形中有 3 个角为直角的四边形为长方形.

(板书)四边形 $EGCQ$ 为长方形.

S:正是因为"四边形 $EGCQ$ 为长方形",所以 $GC=EQ$ 无可否认吧!

(底下没有人答话)

S 心里想:他们应该都认同这种说法,于是在图上把线段 GC 和线段 EQ 用红色的笔标出表示这两条线段相等.又问:"从垂直这个条件看,除了可以看出四边形 $EGCQ$ 为长方形还可以看出什么?"

生 6:$AB \parallel CQ$.

(板书)从 $AB \parallel CQ$ 我们还可以看出 $\angle B = \angle BCQ$.

S:题目的垂直条件看好以后,大家不要漏看了一个条件.

下面有很多人都在说"$\triangle ABC$ 为等腰三角形."

(板书)∠B=∠FCD,∠B=∠BCQ,所以,∠FCD=∠BCQ,

DC=DC,∠CFD=∠Q=90°,

于是,△DFC≌△DQC.

S同学在∠B=∠ACB后面画上一个箭头写上△DFC≌△DQC,同时在△DFC≌△DQC这个条件后面也画上了箭头.S问:"你们猜这个箭头后面是什么啊?"

(议论)

生7:FC=QC.

S本来想否定他,但转念一想,就在箭头后面画上了小箭头,写上"FC=QC".

生8:DF=DQ.

S在另外一个小箭头后面写上了DF=DQ.然后问生7说:"你得到了FC=QC这个条件之后还能知道什么啊?"他想了半天没有回答,于是S把他的那个条件擦了,改写上了DF=DQ.

S:你得DF=DQ这个条件之后还能知道什么啊?

生8:DF+DE=EQ.

……

DF+DE=GC.

S:如果大家没有异议我就说下面一种方法了.

"好的,好的."下面有很多同学这样说……

议:这节课应该说是一种尝试.我们的数学,要让学生学会数学的知识和技能,也应该培养和数学相关的种种能力、精神、思想、品格、修养,其中也应该有数学表达能力的一席之地.这三位同学,我们暂且不论他们讲得到位不到位,但是接到这个任务之后都很兴奋,都认真地备了课,讲得还是有板有眼,对他们来说,肯定是一次难忘的锻炼.据说,这次活动,激起了A班同学的"民族自尊心",发誓以后要提高学业成绩,派人到B班去讲课.

还有不少老师,也很注重培养学生数学表达能力,譬如上海市西南位育中学的特级教师邵翼如老师,在学生中开展"5分钟演讲"活动.邵老师规定每节课开头的5分钟,请一位同学讲,提出问题也好,谈学习经验也好,按学号轮流.演讲完了之后,指定紧挨着演讲人的学号后面的同学作点评.实际上是每次两个人讲,谁也逃不了.

笔者认为,对这样的做法,有什么好处?有什么弊病?应该做到什么程度?在怎样的班级里可以试行?是不是可以推广?等等,尽可以讨论,但应该肯定:这是有益的尝试.

第七部分 探索课

一堂探索课
——画直线两等分图形面积

这是 H 老师的一节探索课.

（一）试验引导

将尼罗河泛滥后土地改革分地作为引入.

师：借助已备的纸片进行操作，如何在图 1 中分别作一直线将各图形面积分成相等的两部分？学生独立思考，讨论，很快完成了.（画完，贴在黑板上展示）

图 1

师：通过刚才的试验操作，你们发现这些图形有什么共同的特征？我们在做这样一条平分面积的直线时，又如何利用这些特征？

生 1：这些都是轴对称图形，只要画出对称轴就能分成面积相等的两部分.

（板书：利用轴对称）

师：上面这个问题解决了，你还能够提出什么与此相关的问题？

评：这是开放性的提问，是激发学生提问的提问.

生 2：怎么将这些图形三等分？

生 3：三等分这个说法不确切，是分成三个全等的图形，还是三个面积相等的图形？

师：说得好. 有这么两种可能，这都是可以进一步研究的问题.

生 4：怎么将这些图形分成四个面积相等的部分？

生 5：怎么将非轴对称图形分成两个面积相等的图形？

师:很好.大家很有想象力.我们就讨论生5提出的问题,好吗?再缩小一点目标,对于一般的三角形、平行四边形、梯形能不能作一条直线将其面积两等份?

(二) 问题引导

问题1:如图2,在△ABC中,能不能作一直线将其面积分成面积相等的两部分?并说明你的理由.

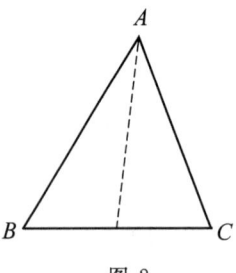

图2

生6:只要作三角形一边上的中线就可以将三角形分成面积相等的两部分,理由这两部分的面积等底同高.

(板书:利用三角形面积公式)

问题2:给出平行四边形 ABCD 中,能否作一直线将其分成面积相等的两部分呢?(图3)

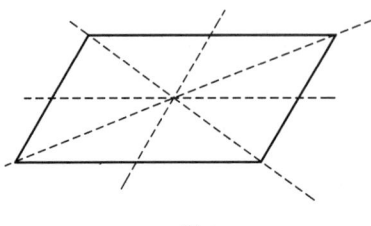

图3

生7:对角线所在直线可以将平行四边形分成面积相等的两部分.

生8:对边中点所连直线能把平行四边形分成面积相等的两部分.

师:还有没有更一般的方案?

(有人在交头接耳)……

生9:只要过对角线交点任意画一条直线,就能把面积两等份.(如图4)

评:这是先小后大的提问方式.

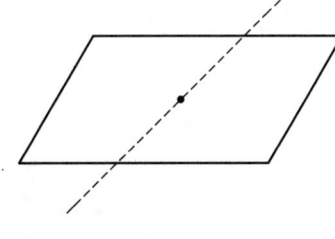

图 4

师：为什么呢？

生 9：因为平行四边形是中心对称图形，根据中心对称图形的性质，经过对称中心的任意一条直线都把它分成两个全等形，面积当然相等．

（板书：利用中心对称）

师：我们能否把上述画法推广到矩形、菱形、正方形？为什么？

生 9：可以，因为它们也都是中心对称图形．

问题 3：图 5 是 L 形土地，现在只许画一条直线，将它分成面积相等的两块．

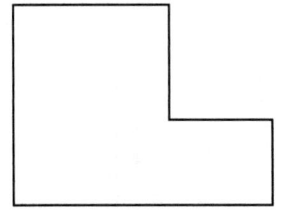

图 5

（有人交头接耳）……

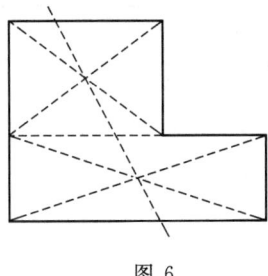 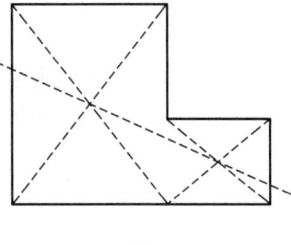

图 6　　　　　　图 7

教师在巡视中发现有多种画法，但有的分成了三块，其中一块的面积等于另两块面积的和，有的分成了面积相等的两部分，但是通过一条折线分割的．最后得到了图 6 和 7 两种分法．

评：这里应该有所点拨．这两个分法的基本思想都是先把 L 形土地分割成两个矩形，然后把这种比较"自然"的分法加以调整，就是把这两块矩形分别对分，重新组合成"不太自然"的两部分．这是一种研究问题的思路．

问题 4：如图 8，在梯形 ABCD 中，AD∥BC，能否作一直线将梯形分成面积相等的两部分？

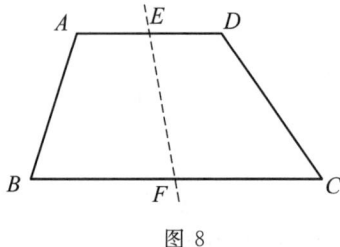

图 8

教师在巡视中，发现有学生画了对角线，也有学生画了中位线，经过指点发现都不正确．

生 10：联结两底中点所在直线，就把梯形分成面积相等的两部分了．

师：说说你的理由．

生 10：$S_{梯形ABCD}=\frac{1}{2}(AD+BC)\cdot h$，

而 $S_{梯形AEFB}=\frac{1}{2}(AE+BF)\cdot h$

$=\frac{1}{2}\left[\frac{1}{2}(AD+BC)\right]\cdot h$，

显然直线 EF 把梯形面积分割成等积的两部分．

（板书：利用梯形面积公式：$S=\frac{1}{2}(AD+BC)h$）

师：很好．还有什么方法吗？

……

师：请大家认真思考，当我们解决梯形问题产生困难时，我们常常把梯形转化为什么图形？

评：这是一种先大后小的提问方式．

生 11：把梯形转化为三角形．

如图 9，取 DC 中点 E，延长 AE 交 BC 的延长线于点 F，取 BF 的中点 G，直线 AG 平分△ABF，也平分了梯形 ABCD．

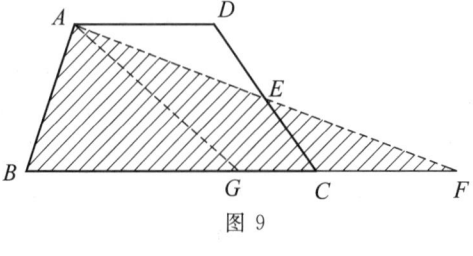

图 9

（板书：转化为三角形）

生12：我想到把梯形面积转化为平行四边形. 如图10，取 DC 中点 H，过点 H 作直线 IJ 与 AB 平行，分别交 AD 的延长线和 BC 于 I、J 两点，则梯形 $ABCD$ 的面积与平行四边形 $AIJB$ 的面积相等，而对角线所在直线 AJ 平分了平行四边形的同时也平分了梯形 $ABCD$ 的面积.

（板书：转化为平行四边形）

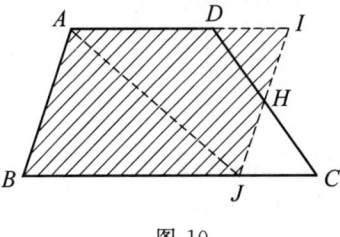

图 10

师：是不是构成平行四边形后，根据前面我们讨论的，过该平行四边形对称中心的任意直线都可以在平分平行四边形面积的同时平分梯形面积？

生13：不一定，该直线必须保证和两底相交而不与腰相交，否则只能平分平行四边形，而不能平分该梯形的面积.

师：这两个方法都很好，他们都把未知问题——直线平分梯形面积，转化为我们熟悉的数学问题——直线平分三角形和直线平分平行四边形来解决，这是我们解决数学问题常用的思想方法. 还有没有别的方法？

生14：以上方法都太繁琐，我认为只要过中位线中点 O 且与上底有交点的直线，都可以平分该梯形面积. （如图11）

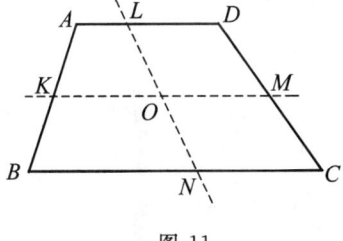

图 11

(板书:利用梯形面积公式:S＝中位线×高)

师:请简述你的理由

生14:因为梯形的面积等于"中位线×高",现在高相等,而 $OK=\frac{1}{2}KM$,所以两部分面积相同.

师:非常精彩！你怎么想到的？

生14:受到了过平行四边形对角线的交点的任意直线都可以平分面积的启发.

师:这是类比的数学思想,十分了得,值得大家学习.

（三）小结拓展

师:用直线平分图形的面积可是一个大学问,大家回忆一下通过这节课的学习,你学到了哪些数学知识、思想方法？

生15:(看板书)用一直线将图形分成面积相等的两部分的方法有：利用轴对称、利用中心对称、利用三角形面积公式、利用梯形面积公式、转化为三角形.

生16:还运用了化归和类比的思想方法.

师:到这里,这节课的任务即将完成.同学们还有什么问题？还是老规矩,谁能够指出老师讲错的地方,讲得不好的地方都能够得到表扬.

评:鼓励学生质疑,非常好.

(交头接耳)

生17:我在想,将三角形分成面积相等的两部分,不管是利用轴对称,还是利用三角形面积公式,老师介绍的就是画中线,是不是还有别的办法？

生18:对啊！我们的思路不应该被中线框住,我们讨论的是"画一条直线"将三角形分成等积的两部分,没有说这直线一定要经过某个顶点,譬如画底边的平行线,也是可以的.

师:请具体说说.

生18:设 $AB=c$,在 AB 上取点 D,使 $AD=\frac{\sqrt{2}}{2}c$.作 $DE \parallel BC$,因为 $\triangle ADE$ 和 $\triangle ABC$ 相似,所以 $S_{\triangle ADE}:S_{\triangle ABC}=(AD:AB)^2=1:2$(如图12).

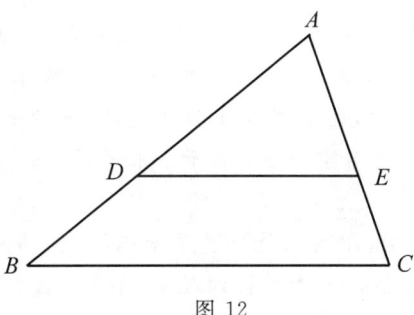

图 12

师：精彩，给他鼓鼓掌！也给突破框框的生 17 鼓掌！

（鼓掌）

生 19：这条分割线不经过顶点，也不平行于底边，斜的，可不可以？

师：（故作惊讶）又是很好的问题，老师也是没有想到的．可惜下课铃响了，这问题留作课后思考吧！

评：课后不久该问题就解决了．利用三角形面积公式 $S=\frac{1}{2}bc\sin A$，只要 $AD \times AE = \frac{1}{2}AB \times AC$，$DE$ 就平分 $\triangle ABC$ 了．

议：这节课是探索课，内容是超出教材要求的．探索课的要求应该是学生能够充分地思考，探索到一些结果，从课堂情况看，这个要求是达到的．要上好探索课，首先要有一个好的课题，这个课题有思考的余地，又能够让大部分学生思考得出来，还有，一般说要和教材内容有一定的联系（不排斥和教材关系不很大，是具体活动中发生的课题，在热点问题中生成的问题），应该说本节课的内容是符合这个要求的．

上好探索课，教师要善于提出好问题．所谓好问题，一般说不是复述性的问题，而是有思维容量的问题，但学生又是经过思考可以回答的问题，至少是有一些学生能够回答，大部分学生能够听懂的问题．提问题，有种种提法，有直问、曲问、反问、激问、引问、追问（康士凯《数学教学基本技能》）等．H 老师使用调整性提问有一定的经验，譬如先问一个笼统点的问题，发现学生有困难，再提一个具体些的问题．那么，有人说，直接问具体的问题不是更好吗？笔者认为，情况不完全如此，先大后小，有时候比直接提小问题，更能够激发思维．先小后大的提问方式，有层层推进的作用．

应该大加赞扬的是 H 老师鼓励、激发学生提出问题的做法．而要做到鼓励学生发问，教师就要平等地对待学生，像 H 老师那样"谁能够指出老师讲错的地方，讲得不好的地方都能够得到表扬"，这是需要气度的．要看到学生中蕴藏着极大的智慧，鼓励学生向自己挑战，要勇于向学生学习，有时教师还要故意"装傻"，这样，学生会更有成就感．当然，教师还要有深厚的功底，允许回答不出问题，但老是回答不出，总也不是一回事儿．

对于探索课来说，过程重于结论．但是如果能够得到关于知识的正确的结果，或者合

理的结果,或者思想方法上的一个总结,更好了.

如果对本课有什么意见的话,笔者认为,总结的力度似乎还可以加强.按笔者意见,处理这个问题的方法,有直接方法和间接方法两大类.直接方法是利用对称、利用面积公式、利用相似三角形直接分割;至于间接方法,这节课里接触到两种:一种是先将原图分割成两部分,然后把这两部分分别再分割,之后重新组合成面积相等的两部分;另一种是将原图等积变形为更简单的图形,然后将变形后的图形分割.这样一总结,学生的思维变得有条理了.如果仅把这几条直接告诉学生,学生只是接受了知识技能;如果光探索,没有总结,学生的思维是活跃的,但是知识技能没有能够得到巩固,思维也没有进一步升华(笔者建议的总结,既是知识的结果,更侧重在思维的升华).既有探索,又有总结,就完美了.

探索课和教师主导作用
——用纸片折成四面体[①]

第五届东亚数学教育会议(EARCOME5)于 2010 年 8 月 18 至 22 日在日本东京召开,会议内容之一"Lesson Study",东道主为与会代表开了几节课,其中一节是初三的探索课——用纸片围成四面体.

教师首先出示了一张长方形纸片,指出这张纸,AB 宽 1,AD 长 $\sqrt{2}$.方法很简单,先将纸片如图 1 中的虚线折,使 B 落在 AD 上,显然 $AE=\sqrt{2}$;然后,用另一张同样的纸的长边和 AE 对照,结果相等,所以,这纸的宽和长的比是 $1:\sqrt{2}$.

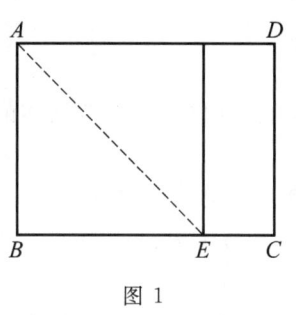

图 1

老师接着指出,这长方形纸片的面积是 $\sqrt{2}$.现在要求将这个纸片折成一个空心的四面体,即这个四面体的表面积是 $\sqrt{2}$.

接着老师在白板上书写课题"作一个表面积为 $\sqrt{2}$ 的四面体",没有任何解释,就让学生去做了.大概足足有一刻钟的样子,没有学生发言,老师也一言不发,有的学生似乎有一头雾水的感觉.之后才有第一排的一位男生 A 说有结果了.做法(方法一)是:

(1) 先对折,折痕为 EF.

(2) 斜折,折痕 FG 过 F 点,并且使 D 落在 EF 上(即 $DG=DF$).

(3) 沿 EG 折.

(4) 在下面半张纸上折出类似的折线.

评:笔者觉得,这个说明简洁明了.这里还可以说一下,为什么纸片的宽长比通常都是 $1:\sqrt{2}$,其原因是纸片对开,甚至再对开,对开时……可以保证得到的新长方形与原长方形相似.不过,日本初三教材约有 7—8 章,相似形在后几章,从时间上推算估计还未学过相似形.

[①] 本文曾刊载于《数学教学》2010 年第 12 期,收入本书时有修改.作者:陈月兰、陈永明.

如图 2，这样得到的 △EFG，△EFH 分别构成四面体的两个面；△AGE、△EBH，拼合起来构成四面体的一个面，△FHC、△DGF 拼合起来也构成一个面. 这四个面围成的四面体即为所求.

课的进行过程中，教师让学生回答线段 GF 和 EH 是什么关系？学生回答说，应该是平行的.

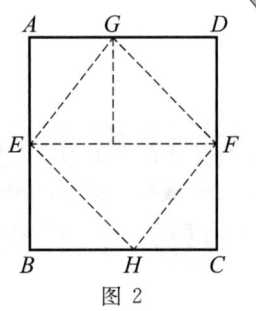

图 2

评：其实这里还有些道理可以进一步探究，譬如为什么平行？△GEF、△HEF 的面积都是 $\frac{\sqrt{2}}{4}$，可以知道上面两个小 △AGE、△DGF 面积之和也应该是 $\frac{\sqrt{2}}{4}$. 但最终是 △AGE 和下面的小 △EBH 拼成四面体的一个面的，因此应该说明上面的小 △AGE 和下面的小 △EBH 面积之和也是 $\frac{\sqrt{2}}{4}$，进一步推理可得出 $GF \parallel EH$.

课内教师还问了一个问题：这样构成的四面体的某两个面是不是互相垂直？

不一会儿又有学生 B 想出了方法二（如图 3）.

老师要求学生在笔记本上写下方法一与方法二的异同点.

评：笔者觉得，这个问题，第一是涉及立体几何里的面面垂直，一般这个概念在高中里出现，因此过于艰深了；第二和本课的主题也不甚紧密.

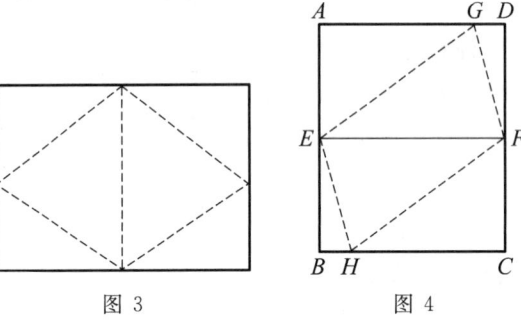

图 3　　　　图 4

后来，还是学生 A（这个学生看来是很优秀的）提出，方法一里的 G 点不一定要通过第 2 步斜折得到，G 点可以是 AD 上的任意点（方法三，见图 4）. 折一下，果然是对的. 学生 A 还用算式简单地进行了证明.

议：这个课题很恰当，难度适中，学生还是比较容易上手，又有探索思考的余地. 这

节课的效果也比较好,从课堂上的情况看,人人都在折,都在动脑筋,虽然有学生直到临近课结束都没有独立折出一个四面体,但这并不妨碍学生对此课题的兴趣.事后我们问了学生,学生说很有劲,回家后会对方法一、二和三作仔细研究,继续折,看看是否还有其他方法……据执教老师说,这种探索性的课,他一两个星期就会上一次.但这样的做法,不知是这位教师的独特做法,还是日本的普遍做法.至于这样做对基础知识和基本技能的落实有没有影响,因为我们只听了一节课,对这样的比较宏观的问题,不敢妄加评论.这样做肯定有它的好处,同时给我们很大的启示.应该承认,创造性是我国教育的弱项,我们的基础教育,怎么在加强双基的同时,开展好探索活动,是我们面临的重大课题.

我们国家近年来也上探索课,但通常和这节课的教法不一样.

这位老师基本上不启发学生,以至课开始时,大概有 15 分钟光景学生没有反应,老师似乎也不着急,这让我们感到很诧异.到后来,有学生 A 做出了一个结果,对其他学生有所启发,课堂才活跃起来.这位老师这么沉得住气,对学生这么有信心实在是难得,这份自信也许就像他上面说的来源于经常开展这样形式的课.而我国的教师,一般会让学生先思考一下,在学生思维受阻的情况下,就肯定会引导、启发,不会让"僵局"长时间延续.譬如,这节课在僵局状态,可以让学生想一想:先可以假定这个四面体的四个面面积都相等,那么每个面的面积是多少呢?$\left(\text{纸面积是}\sqrt{2},\text{那么每个面的面积是}\dfrac{\sqrt{2}}{4}\right)$然后可以再问:怎么折出面积为 $\dfrac{\sqrt{2}}{4}$ 的三角形呢?$\Big(\text{首先可以对折,得到面积是}\dfrac{\sqrt{2}}{2}\text{的长方形,再设法把小长方形分割}\Big)$……

另外,这位老师的提问也完全是"原生态"的.在课后的讨论中,这位教师说,他事先估计方法二比较简单,应该先想出来,但是第一个学生回答结果的却是较难的方法一,出乎他的意料.换了我国的老师,通常会在巡视中发现简单的解法(方法二),然后循序渐进地引出方法一,再对方法一进行推广(方法三),这样思路显得很顺畅.

这位老师的教法有它的好处.遇到困难,让学生自己突破,尽管迂回曲折,经过互相启发,学生自己教育自己.这样教,因为还原了"原生态"的思考过程,学生如果真弄懂的话,将来的能力肯定比较强.但问题是,基础教育毕竟不同于研究生培养,要在短时间里将大量的知识技能教给学生,又要照顾到大多数,既要让优秀学生的才能得到展示,又要让中等学生,甚至是学困生都得到应有的发展机会.所以我们认为,必要的启发还是要的,当然,启发要适当、适度,而不应该是嚼细嚼烂了喂给学生,那样就完全和探索的要求背道而驰了.

课上虽然讨论了 G 点的位置,但实际上,这里面还有许多道理应该讨论.如 G 点的位置和"等底等高的三角形等积"这个原理有关;又如方法一里,可不可以沿 GH 折,即将四边形 $EGFH$ 分割成 $\triangle EGH$、$\triangle FGH$?譬如,G 点可不可以和 A 点重合?……再如,四个面的面积不相等行不行?——事实上这位执教老师在其他班上这节课的时候,有学生想出了一个方案(见图 5),由于"僵持"的时间较长,课上就没有时间对这些问题的说理

和推广进行比较充分的讨论. 我们认为, 光用一、两个方法折出四面体, 其实价值还不算很大, 操作之后的思考, 价值远远大于操作本身.

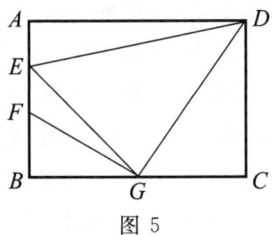

图 5

总的来说, 我们主张, 探索课里, 教师的主导作用同样值得重视.

提出问题
——关键词改变法[①]

近日听了一节高中的探索课,在高中这是很少见的.这或许是因为高中的内容多,课时紧;也因为高中生比较成熟,不像初中生那样喜欢发言的缘故.

> Y老师上的是高一的数列拓展课.一开始,老师要求大家回顾等差数列、等比数列的定义.然后问大家这里面的关键词是什么?学生回答:相邻两项的**差**(比),**常数**(公差、公比)……
>
> 然后老师话锋一转,转入了课的第一环节:"由等差数列、等比数列的递推关系想到的".她说,等差数列的定义里的关键式子是个递推式 $a_{n+1}-a_n=d$,那么能不能把"差"改成"和"呢?譬如,已知 $\begin{cases} a_1=2, \\ a_n+a_{n+1}=5, \end{cases}$ 求 a_n.
>
> 这个问题怎么解决?学生们首先想到了举几个例子,发现这个数列是 $2,3,2,3,2,3,\cdots$. 很快地,学生们写出了通项.
>
> 老师肯定了同学们探索时用的"枚举"方法.并且,老师和大家一起给这个数列起名为"等和数列".接着,老师要求大家给予证明.
>
> 在证明时,引导大家感觉一下,这似乎是个"周期为2"的数列.
>
> 接着,容易想到所谓的"等积数列":譬如,已知 $\begin{cases} a_1=2, \\ a_n a_{n+1}=6, \end{cases}$ 求 a_n.
>
> "等和数列"和"等积数列"之后,老师说,这些等差数列、"等和数列"、等比数列,"等积数列"的递推式只涉及了相邻两项.我们还遇到过涉及了三项的递推数列,

评:这个"感觉"一下,很好,这就是一种猜想!

[①] 本文曾刊载于《数学教学》2011年第11期,收入本书时有修改.

陈永明 评议数学课

譬如斐波那契数列：$\begin{cases} a_1=1, a_2=1, \\ a_{n+1}=a_n+a_{n-1}. \end{cases}$ 如果将斐波那契数列递推式里的和改为差（积），将得到什么呢？于是进入了第二个环节："由斐波那契数列想到的"．提出下列两个题目：

(1) 已知 $\begin{cases} a_1=1, a_2=2, \\ a_{n+1}=a_n-a_{n-1}, \end{cases}$ 求 a_{2011}；

(2) 已知 $\begin{cases} a_1=1, a_2=2, \\ a_{n+1}=a_n a_{n-1}, \end{cases}$ 求 a_{2011}．

在解决这两个问题时，学生还是用了枚举的方法，对第(1)小题，也猜想"周期"可能是 6.

然后老师又提出了一个新数列：

(3) $\dfrac{a_{n+2}-a_{n+1}}{a_{n+1}-a_n}=k, k$ 为非零常数．

要求大家观察它的特点．显然，这个数列"第三项和第二项的差"比"第二项和第一项的差"等于常数 k；"第四项和第三项的差"比"第三项和第二项的差"也等于常数 k……老师说，我们把它叫做"等差比数列"吧！

接着老师提出了三个问题：

(1) 等差数列 $a_n=3n+2$ 是等差比数列吗？是不是所有等差数列都是等差比数列？

(2) 等比数列 $a_n=2\times 3^{n-1}$ 是等差比数列吗？是不是所有等比数列都是等差比数列？

(3) 写出一个等差比数列，它既不是等比数列，也不是等差数列．

……后面还有三道题，不赘述了．

最后老师小结了三点：探索时，先应该找规律，这时枚举很重要；规律看出来之后，还要理性推导；推导时可以结合已知知识、模型、方法寻找突破口．

评：这应该说也是经验之谈．

议：这节课的结构非常清晰，构思巧妙，先是"由等差数列、等比数列的递推关系想到的"，后来是"由斐波那契数列想到的"；先是变差为和，后是变比为积……层层深入，一气呵成，给人以美的享受．

Y 老师所在的学校是教学质量很高的学校，她任教的班更是很优秀的班，学生对各种题,解得都很熟练了.对于这样一群学生,进一步提高的方向在哪里?是不是继续做更难的题目?除此以外,还有什么可以做的?这个学校的领导认为应该提高他们的探究能力,笔者认为是十分正确而有远见的.Y老师的探究课也极有价值,感谢Y老师给大家上了一节好课,感谢她做了有益的、勇敢的探索.应该说,在这节课上,学生的探究能力得到了一定的提高.

但是,这节课内容过多,笔者认为,本文"不予赘述"的三道题根本就不要讲了,让前面部分探究得充分些.既然是探究课,就不必拘泥于进度,重要的是提高探索能力.

笔者认为Y老师小结的三点,主要反映了整个探究过程的后半部分,即已经猜想出结论来了之后的事情,其实,探究过程的前半部分:提出问题,猜想结果同样是重要的,甚至更为重要.

这节课上的几个问题绝大多数是老师提的,笔者想,如果这些问题由学生提出来,那就更好了.如果在回顾了等差(比)数列定义,突出了关键词之后,老师可以启发地问:"我们对此定义作点改变,能不能得到一个新的数列?怎样改呢?"即使遇到了冷场,老师稍作启发应该是能够提得出来的.最坏的结果是,"差"改为"和"由老师提出,后面的"比"改为"积",学生是一定能够提得出来的.

让学生提出问题,是探究课的目的之一,其实在常态课里也要经常鼓励学生提出问题,让学生形成这样的思维习惯.同时,也要教一点提出问题的方法,譬如这节课用的就是提出问题的"关键词改变法"."关键词改变法"实际上是原有概念、命题的推广,是提出新问题的方法之一.关键词"**差**"改为"**和**","**比**"改为"**积**";**两项**变成**三项**,新问题就提出来了.这种提出问题的方法,Y老师已经在用了,只是如果用得更自觉,而且引导学生来用,就更好了.顺着这种方法,或许学生还会将"差是**常数**"改为"差是**变量**,如 n"……

不要担心学生提出问题之后,会难住老师.老师果然要准备充分,但学生的思维一旦放开,确实会冒出难的、甚至古怪的问题,会难住老师.笔者认为,对于太偏离主题的问题,可以避开;对于有的问题,要允许老师回答不出来.老师可以大大方方地说:"这个问题,你提得太有水平了,我没有想到,让我们课后一起思考好吗?"这种学术民主的气氛,不会影响教师的形象,而且有利于教学相长.

第八部分 其他

精彩不精彩,语言占大半

先看四节课的几个片段.

第一节课,W老师是借班上判别式、根与系数关系的复习课,教学设计很好,只用了两道题,把整个单元的内容串了起来.但是这节课要求学生参与.

正课还没有开始之前,这个学校要做室内操,就是在课桌旁动动手,弯弯腰.学生们并不认真做,显得精神不佳.W老师心里在嘀咕:"我这节课是要大家参与的,这个精神状态怎么办啊?"正式的上课铃声响了,她说:

"我带来了试卷(拿了试卷扬了扬),希望大家配合,否则就请大家做试卷."

学生被吓蒙了,整节课气氛沉闷,整个设计很好,可惜没有达到应有的效果.

第二节课是Z老师上三角形中位线课,也是借班.她的引入部分的设计是:

"池两头有两个村子,一个叫牛郎村,一个叫织女村,两个村子之间想要造一座桥,想知道两个村子之间的距离,该怎么办?"

上课时,这个问题一出来,学生间有一阵骚动,大概是觉得有趣吧.这说明引入的设计是不错的.学生开始举手回答.

生1:开飞机,就知道AB的距离了.

师:飞机代价太大,而且假如没有飞机怎么办呢?

生2:开船,从A到B,速度一定,看花了多少时间,就可以计算出AB的距离了.

师:好像也太麻烦.

……

评:W老师的语音、语调、音量、音色都不错,但是她说了不该说的话.这说明,语言和教育思想是有关的.你是主要想通过表扬鼓励来促进学生学习呢,还是想通过批评甚至讽刺、挖苦来让学生好好学习?这确实是个教育思想问题.其实学生是需要鼓励的,成人也是如此,何况孩子!王选院士也说过:好学生是夸出来的.在评议的时候,这个班的任课教师T老师说,学生嘛,就是要给他们戴高帽子!可惜……

陈永明 **评议数学课**

学生不响了.

第三节课,G老师上的是初三复习课,内容是数形结合.

她利用多媒体映出华罗庚的一首关于数形结合的诗.

评:我们有的老师,非要学生的回答纳入自己的事先设计好的框框里,不在这个框框里,就觉得不好,尽管是委婉地

否定,但毕竟也是否定啊.其实,学生的回答尽管有点跑题了,但还是有可取之处的.至少想象力很丰富,应该鼓励才对.特别是第二位学生用船那个回答,还是有一定的可行性.在肯定学生的同时,老师可以这样说:"很好,很有想象力……还有没有别的方法,特别是数学的方法呢?"既保护了学生的积极性,又把大家思维拨正到预想的轨道上来.

师:有请语文课代表朗读一下.

接着语文课代表很有感情地朗读(大家鼓掌)……

评:同样的内容,这课的开头可以有几种:
1.老师说明数形结合的重要;2.老师说明数形结

合的重要,并指出华老也认为数形结合重要,并自己读诗;3.老师说明数形结合的重要,并指出华老也认为数形结合重要,并请一位学生读诗;4.如上述处理.

事实证明,上述处理的效果是好的.当老师说"有请语文课代表朗读一下"的时候,同学们中间略有骚动.大概想来,一是请语文课代表朗读,有点意外,并觉得G老师颇高明;二是用了一个敬语"有请",学生觉得有点异样的新鲜感.这样使学生产生了兴趣,注意力高度集中.然后又借用了语文课代表的充满感情的朗读,全场除了朗读声音之外,可以说是鸦雀无声,朗读之后博得一个满堂彩.

这个过程不长,从语言角度说,处理得很得当.

第四节课,是在南京听了Z老师的一节课,Z老师也是借班,在集体回答一个问题时,学生的声音轻了些,Z老师说:声音太轻了,大胆些行吗?

于是学生响亮地齐声作了回答.接着Z老师说,好,大家鼓掌.

于是气氛就带起来了.

评:Z老师会调动学生的情绪,会"煽情".你看演唱会上那些歌手,特别是港台歌手,不断地煽情,我们也要会调动学生的情绪,借班上课更要会调动学生的情绪.

议:我听了许多课之后,觉得讲课有科学性错误的不多,课讲不下去的也没有,但是很少有精彩的,大多是平平而已.我用"二平一大"来形容这个现状:

一平:处理教材平铺直叙,就事论事,就题论题,重点不突出,难点不突破,没有精彩的引入,没有归纳,没有点拨.

二平:教学语言平平淡淡,不生动,不亲切,没有抑扬顿挫,更没有激情.

一大:大运动量训练.由于课堂效率不高,为了提高成绩只能大量布置作业,大量的考试.在这样的考试压力下,学生对数学产生厌倦,甚至厌恶.

语言平平淡淡,是一个比较普遍的现象.然而,语言是十分重要的.再好的教学设计,如果临场的教学语言不精彩,效果就大打折扣了.另外,语言的问题还涉及教育思想的问题.有的老师就是认为,对学生不能有好面孔,其实,对学生应该是鼓励为主.鼓励,主要是通过语言来完成的.

因此,我在教师培训中很重视语言的训练.我们的培训班的第一单元就是教学的教态和语言.第一节课总是让学员做自我介绍,每人3分钟左右.有好多学员介绍得不错,短短的发言,就让大家认识他了.譬如,有位学员叫俞良,他说:

"……我是支疆知青子女,那时候生活很艰苦,我父母的最大愿望是家里有余粮,因此就给我起名叫'俞良'……"

有位学员运用了幽默的手法,说:"……教师节的时候,学生给我一张有声贺卡,上面画了一只抽水马桶,打开贺卡,就一阵'哗啦啦'的声音(众大笑),贺卡上写了一句话:希望你能经常笑(众笑).我是一个不大笑的人……"

但也有发言比较平的.我在设计这堂课时,是认真把文章做足的.第一,事先我在招生通告里就说明我们班的特点之一是互动,包括第一课要求每人要做3分钟的自我介绍,让大家做好准备;第二,在自我介绍前,我放了一段录像,是在某个场合里几位老师的比较好的简短讲话,让大家学习;第三,自我介绍后,我依次指着每个学员,要大家齐声回答他的名字,以检查自我介绍的效果;第四,课后,要大家评选自我介绍得好的学员,发给"教学语言进步奖",并总结从自我介绍得出的进行简短发言的经验;第五,我还把大家的自我介绍制成光盘,发给每个学员.经过这样一系列活动之后,大家都比较震动,比较振奋,普遍感到有很大收获.但是,毕竟是班级教学制,不可能光为语言这一个项目手把手地带教;毕竟大家都已经不是就职初期教师,不是一张白纸了,一时难以彻底把语言习惯改过来.

我认为,做教师的前三年,一定要花力气过语言关.可是,大多新教师自己和学校领导,都把新教师的成长重点放在了教材教法的把握上,这固然是正确的,但是绝不可以忽视了语言.提高教学语言水平,最好的方法是微格教学,将上课的情况摄录下来,过后让自己看,然后慢慢琢磨提高.这应该作为校本培训一项任务进行.

陈永明 评议数学课

不啰嗦不跳跃

听 G 老师的一节二次函数习题课. G 老师所在学校学生情况并不理想, 所教的班级还是一个后进的班级.

G 老师的第一个例子是:

例 汽车通过抛物线形隧道, 已知抛物线拱高 800, 弦 20, 汽车宽 10, 求汽车高不超过多少才能通过.

在分析这道题时, 老师是这样说的.

师:先建立坐标系, 再列函数式, 用什么式? 一般式、顶点式、两根式都可以.

然后让学生练习, 教师巡视. 巡视后, G 老师发现 60%~70% 同学用一般式, 有人用两根式, 但没有人用顶点式.

G 老师和学生一起把这题解完之后, G 老师总结三种式子的特点. 再布置了几道题目, 在课堂上让学生练习, 教师边练边讲解.

1. 确定二次函数的解析式:

(1) 过点 $(1,3)$、$(2,1)$、$(-2,3)$;

(2) 过点 $(1,2)$, 顶点是 $(-2,3)$;

(3) 与 x 轴交点是 $(3,0)$、$(-1,0)$, 且过点 $(2,-5)$.

2. 过点 $(-3,0)$, $(1,0)$, 与 y 轴的交点和原点的距离是 4, 求二次函数.

3. $y=m-2x-x^2$ 的图像的顶点在 $y=\dfrac{1}{2}x-1$ 上, 求 m.

评: 从题目的难度和容量, 可以看出, 这些学生的程度不高, 应该说 G 老师的难度、容量控制可能都适合学生情况. 另外, G 老师后面布置的练习, 有一定的层次感. 从课堂的情况看, 三种式子的问题学生并没有掌握好.

议: 笔者想重点谈谈关于 G 老师对例题分析时所用语言的看法. 这个例题的分析应该说是不到位的. G 老师的第一句话是"先建立坐标系", 有点莫名其妙. 按笔者的意思, 应该有下面一些话要讲:

首先，为了尽量装得高，汽车应该在正中行驶(这是常识，可以一句带过).

接着，因为开口向下的抛物线在顶点处最高，左右慢慢降下来.设想汽车截面是个矩形，决定装货最大高度的是汽车边上的高度.

为了求出这个高度，建立坐标系，就是求这个抛物线的汽车边上的纵坐标.

怎么建立坐标系？有个方便不方便的问题.

再接下来才是，在这个坐标系里，抛物线的函数式怎么求？也有个方便不方便的问题.

……

在语言方面，数学老师常常有两种倾向，一种是啰嗦，一种是跳跃.G老师的语言看来是属于跳跃的一类的.笔者在大学念书时，在语言方面印象最深的是教实变函数的张一鸣老师，他讲课很朴实，没有什么花俏的方法，但分析问题时头头是道，一句是一句，没有废话，大家的感觉是"清爽!"学生常常为教师身上的某种魅力所吸引，因为喜欢教师而喜欢某个学科，所以教师的言行举止、知识、能力是很重要的.

笔者在培训时说，数学教师的语言要三讲：讲正确，讲清楚，讲生动.其中讲清楚就是要一环扣一环，不跳跃、不啰嗦；不啰嗦不等于不重复，必要的重复还是要的(特别是对低年级学生)，但最好要换个角度讲解.

譬如，反正弦函数意义，可用三句话表述：

(1) $\arcsin x$ 表示一个角(弧度数)，它是唯一确定的；

(2) 这个角的正弦值是已知的，它等于 x；

(3) 这个角的取值范围是在 $\left[-\dfrac{\pi}{2}, \dfrac{\pi}{2}\right]$. (徐方瞿《中学数学教学能力》)

这样的表述，把本质问题都讲到位了，而且没有废话.

下面的题目：

k 为何值时，方程 $\sin^2 x + \cos x = k$ 对 $x \in \mathbf{R}$ 有解？

学生一下子不容易弄懂，讲解时可以设置一些过渡性的语句：

1. 先问：下列方程 $\sin x = 1, \sin x = -0.3, \sin x = 2$，有解吗？

(显然，前两个有解，第三个方程没有解.)

2. 再问：若方程 $\sin x = a$ 有解，那么 a 的范围是什么呢？

(由问题1，容易知道，a 应该在函数 $\sin x$ 的值域里.)

3. 再问：a 为何值时，方程 $f(x) = a$ 有解？

(可知，a 在 $f(x)$ 的值域内时，方程有解.)

4. 回头看原题，原来就是求函数 $\sin^2 x + \cos x$ 的值域. (江苏姜堰二中萧林元)

这样一解释，设置了台阶，一环扣一环，使学生弄懂了题目的意思，没有跳跃的感觉，也没有给人啰嗦的感觉.

语言能力，笔者认为，就职初期应该解决.可惜不少学校尽管有老教师带新教师，但由于都"顺便"带教一下，带教的效果差异很大.其实新教师有共性，这些共性问题，应该由某个部门，某位老教师专题指导.譬如语言的运用，如果有专人有计划地指导、检查，情况肯定会不一样.现在多媒体技术发展很快，用微格教育方式来纠正新教师语言上的问

陈永明 评议数学课

题是最有效不过的了.笔者在培训时,常常第一单元就是语言教态,第一节课是每位学员上台自我介绍三分钟,用录像机拍摄下来,然后复制给每位学员.学员看到自己的"表演",有的说,原来我有这么多的口头语,原来我……帮助很大.

过细没好处,过难也不对

有节初三的函数复习课,K 老师是这样讲的.

例1 已知反比例函数 $y=\dfrac{k}{x}$ 的图像如图 1 所示.

(1) 若 $P(1,4)$,求该反比例函数的解析式;

(2) 求长方形 $OAPB$ 的面积 S;

(3) 长方形 $OAPB$ 面积 S 和反比例函数解析式 $y=\dfrac{k}{x}$ 中的 k 有什么关系?

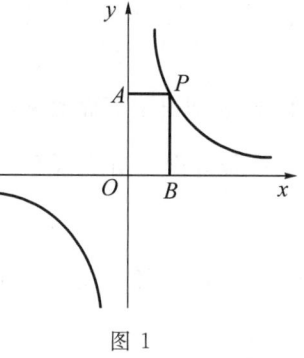

图 1

对于第(3)题大多学生答:$S=k$,有 2 人反对,因为 S 为正,而 k 可能为负.正确答案是 $S=|k|$.老师得意地说:这里有陷阱!

评:这些细节,确实是很值得重视的.

例2 已知反比例函数 $y=\dfrac{k}{x}$ 的图像如图 2 所示,求 $Rt\triangle OPB$ 的面积.

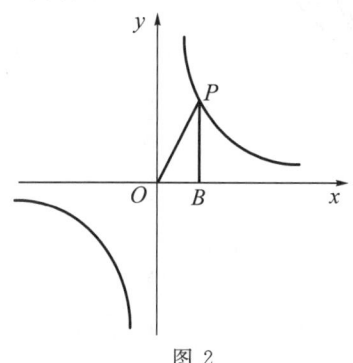

图 2

易知,$S_{\triangle OPB}=\dfrac{|k|}{2}$.

例3 已知反比例函数 $y=\dfrac{k}{x}$ 的图像如图 3 所示,求 Rt△PQM 的面积.

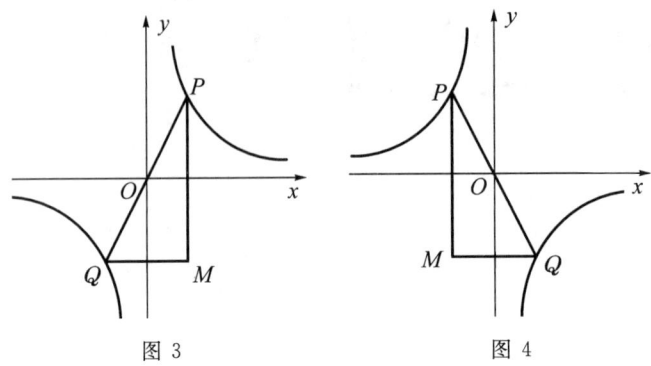

图 3　　　　　　　图 4

易知,$S_{\triangle PQM}=2|k|$.

接着,作为这道题的应用,K 老师出了下面的题:

已知反比例函数 $y=\dfrac{k}{x}$ 的图像如图 4 所示,$P(-3,4)$,求 Rt△PQM 的面积.

例4 已知反比例函数 $y=\dfrac{k}{x}$ 的图像如图 5 所示,求长方形 PMQN 的面积.

易知,$S(\text{长方形})=4|k|$.

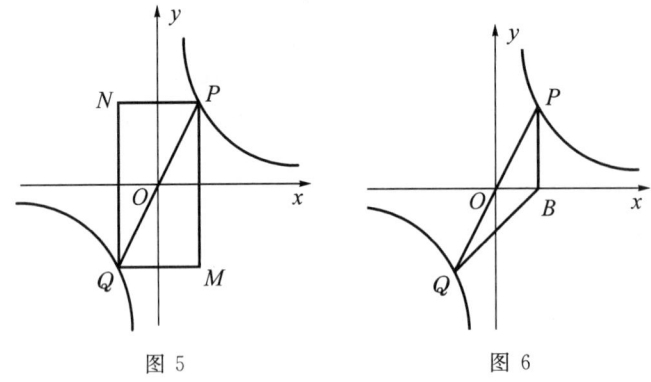

图 5　　　　　　　图 6

例5 已知反比例函数 $y=\dfrac{k}{x}$ 的图像如图 6 所示,求△PQB 的面积.

易知,$S=|k|$.

最后,K 老师总结:这是双曲线有关面积问题的 5 种常规的类型.

议：应该说，K老师的课很有条理，运用了变式教学的原理，把这类问题交代得很清楚.而且K老师声音洪亮，口齿清楚，板书很规范，字写得也很漂亮.笔者认为，缺点是知识嚼得太细了，和我同时听课的专家Z老师也这么认为.(但是，笔者并不认为自己说得都正确，或许这个学校的生源比较差，应该讲得这么细，这完全可以讨论.)

把这5道题目当作5种类型来对待，笔者觉得有让学生死记之嫌.双曲线相关的长方形、三角形的面积，抓住一个要害的认识就够了：

双曲线解析式是 $y=\dfrac{k}{x}$，于是得到 $xy=k$.

而和双曲线相关的长方形、三角形的面积计算时，都需要用到长和宽，底和高，而这些都和上式中的 x、y 有关.

有了这样的认识，这些例题都可以作为练习，让学生自己解决，根本没有必要这样细细地咀嚼，更没有必要把它作为5种类型.当然不排斥先讲解一些例题，然后教师点拨一下，解这类问题的要害是什么.

教育学原理指出，时髦的说法是"最近发展区"，通俗的说法是"跳一跳，把果子摘下来".讲得太细了对学生的思维发展没有好处.

教育这东西，有时很奇妙.有人反复讲，学生还是不懂，或者似懂非懂，有人一两句话，或一张图，一个例子就把事情说清楚了.越是美好的东西，常常是简单的.

这节课太细，要求低了些.但是，现在的好多老师心情很浮躁，常常跨度太大，难度太高.这也是不对的.

有一次，我听初一年级的课，走进教室，发现是试卷分析课.我一看试卷，吓了一跳，初一的教材里只是讲了数字绝对值，但试卷里已经有字母绝对值，而且在一道方程题里，竟然出现三个字母绝对值(那道题笔者没有抄下来，大致如 $|x|$、$|x-3|$、$|2x+1|$ 这样的).

这所学校的生源相对较好，但是再好，毕竟是初一学生.初一学生的思维属于形象思维阶段，而字母绝对值属于抽象思维，学生很难懂.老师是好心，但太难了，超越了学生可接受性了.那张试卷里，凡涉及字母绝对值的都做得不好(这是必然的!)，笔者相信，即使学生能够把这些字母绝对值的题目做出来，恐怕也是生吞活剥，死记硬背的结果.

太难了，会打击学生的学习积极性的，特别是考试太难了，更是如此.笔者中学时代在著名的上海中学就读.那时，学习虽然紧张，但笔者回忆起来有好几个特点，其中一个特点就是考试不难.一场考试下来，4分、5分(我们那时是5级记分制，4分、5分相当于良好和优秀)是多数，3分(及格)是少数，2分(不及格)是个别的.那时，我们得了4分的，想争取5分，得了一次5分的，想得更多次的5分，所以大家越学越有劲.著名的上海中学尚且题目不难，这对好多老师来说，实在是值得深思的.

现在，有一些老师不是把分数作为鼓励学生进步的手段，而是把分数作为卡学生的法宝.这实在是有害的.要不得啊!

直觉惹出的麻烦

那天,P老师上的是平行四边形判定定理课,其中的一个判定定理是"对角相等,则这个四边形是平行四边形".

已知在四边形 $ABCD$ 中,$\angle A=\angle C$,$\angle B=\angle D$,求证四边形 $ABCD$ 是平行四边形.

师:谁能够证明?

生1举手.

师:你是怎么想的?

生1:我想证明 $\angle 1=\angle 2$,为此想证明 $\triangle ABD \cong \triangle BCD$(如图1).

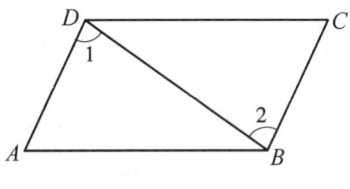

图1

师:请讲.

生1:因为 $BD=BD$,$AD=BC$,$AB=CD$,

所以 $\triangle ABD \cong \triangle BCD$(S.S.S),

所以 $\angle 1=\angle 2$,于是 $AD \parallel BC$.

同理,$AB \parallel CD$,

所以四边形 $ABCD$ 是平行四边形.

师:为什么 $AD=BC$,$AB=CD$?

生1:四边形 $ABCD$ 是平行四边形啊!所以对边相等啊!(还挺自信的)

师:我们的题目是要证明四边形 $ABCD$ 是平行四边形,你怎么说它已经是平行四边形了呢?

生1:……

教师点了生2,问:你怎么想的?

生 2：我想证明高 DH、CG 相等，为此想证明 $\triangle ADH \cong \triangle BGC$.

生 2 在证明中还是不知不觉地利用到了"四边形 $ABCD$ 是平行四边形"，证明失败之后，又企图证明 $DH=KB$，还是没有成功(如图 2).

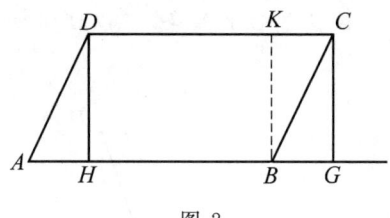

图 2

接着，生 3 作了两条高，企图证 $DN=MB$，为此企图证明四边形 $MBND$ 是矩形. 也都失败了(如图 3).

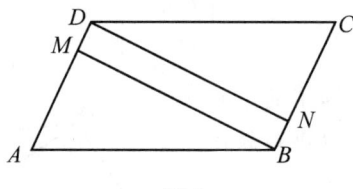

图 3

这些"证明"都是无意之中默认了"四边形 $ABCD$ 是平行四边形"的缘故. 这是直觉带来的麻烦！

议：直觉是有它的重要作用的，但是在初学几何的时候，常常给我们带来麻烦. 因为几何的体系是从给出的已知条件出发，根据某些定理，推到结论的，依据只有两个：已知条件，已经学过的定理，图里面看来正确的东西(我们姑且把它称为"图形信息")是不能作为推理的依据的. 但是由于学生年纪小，处在形象思维阶段，对这样的逻辑系统一时难以适应，于是就带来了有意无意地使用"图形信息"的错误.

怎么克服这类错误？除了在遇到这类情况时经常指出纠正之外，笔者早年使用过的"残缺图形"和"不正确图形"的方法常常是有效的.

譬如，下面这个题目是老版的数学课本上出现过的：

点 O 是直线 AB 上的一点，OC、OD 是直线 AB 两旁的两条射线，且 $\angle AOC = \angle BOD$，如果 $\angle AOC = 50°$，求 $\angle COB + \angle BOD$ 的大小(如图 4).

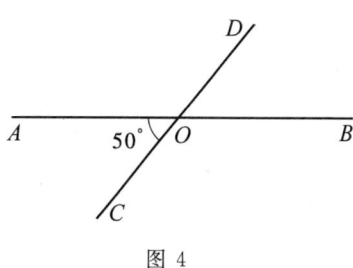

图 4

 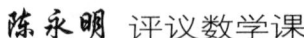

因为图中的两条射线 OC 和 OD 组成一条直线(这是正确的,但是不是已知的,所以证明时不可以引用),于是有些学生往往会说:

因为 $\angle AOC = 50°$,所以 $\angle BOD = 50°$(对顶角相等).

错!我们现在还不知道 C、O、D 在不在一直线上,因此不能说 $\angle AOC$、$\angle BOD$ 是对顶角.这就是直觉干扰了我们的逻辑思维.

为了让学生不受或少受直觉的干扰,可以把图画成如图 5(残缺图形)或图 6(故意错位的图形)那样.图 5 里的残缺部分和图 6 里故意错位的线条,可以让学生警惕:C、O、D 还不知道是不是在同一直线上.

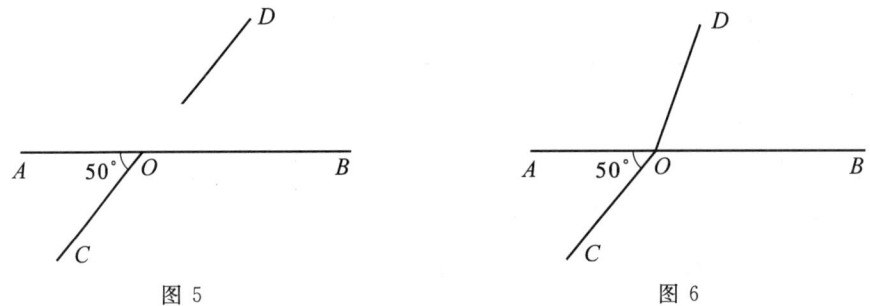

图 5   图 6

回到 P 老师的课,如果把图形故意画成如下的不正确的图 7,直觉的干扰可能会少些.当然也可以画残缺图形.

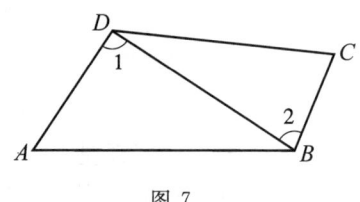

图 7

要善于观察[1]

有一节"三角形内角和定理和外角定理"的课,执教的 W 老师口齿清楚,学生也被比较充分地调动起来了,应该说是很不错的.散课后,这个学校的一位老教师拉住我问:"陈老师,这节课怎么样?"我没有想好怎么回答,所以没有吭声.她着急地追问:"您对这节课还不满意啊?"我马上说:"不是不满意,但是还有讨论的余地."

> W 老师先教了内角和定理,接着又教了外角定理,之后练习.其中有一题是这样的:
>
> 如图 1,在 △ABC 中,D 在 AB 上,∠DAB=∠B,∠ADC=80°,求∠B.
>
>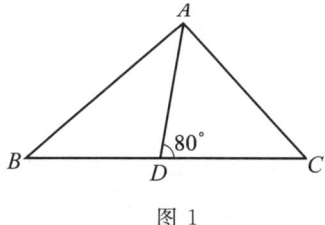
>
> 图 1
>
> 开始大家都先算∠ADB,再用内角和定理算∠B.后来,
>
> 师:还有别的方法吗?
>
> 教室里静了一会,才有人突然领悟,
>
> 生:可以用外角定理直接做.
>
> 用外角定理解完之后,
>
> 师:"大家懂了吗?"
>
> ……

笔者旁边有学生说不懂,我估计这不是个别情况.之所以有些同学一下子没有想到或者想通,就是没有看出∠ADC 是△ABD 的外角,其实如果没有这条 AC,这一点是容易看到的,这说明线段 AC 成了背景干扰.

---

[1] 本文曾刊载于《数学教学》2007 年 12 期,收入本书时有修改.

课的最后,W 老师出了一道拓展题:求正五角星的五个"尖角"的和.

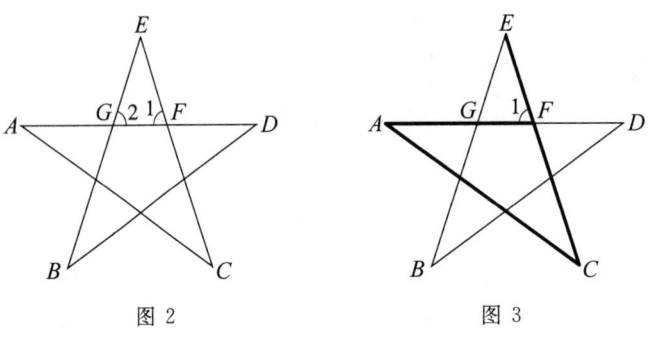

图 2　　　　　　　图 3

大家饶有兴趣地进行了思考和讨论,一时间七嘴八舌的.本题背景干扰更厉害了,如果能够从图形中析出图 3,很快可得:∠A+∠C=∠1,就是说,两个"尖角"的和等于∠1.同理,∠2=∠B+∠D,也等于两个"尖角"的和.在△EGF 中,∠1、∠2、再一个"尖角",组成了三角形的内角,因此 5 个"尖角"的和是 180°.

议:这节课很不错,如果说有待改进的话,我认为就是要注意,并且想办法,帮助学生排除干扰,进行有效观察.

观察是科学研究的重要方法,也是学习几何的重要方法.但是因为有种种干扰,观察就显得不怎么容易了.我以为,几何里的干扰,主要来自两个方面,一个是位置干扰,一个是背景干扰[①].本节课学生很容易受到背景干扰,同时也有位置干扰,譬如拓展题里,我们析出的△AFC,就是个位置放得歪斜,不容易观察到的图形.

我刚参加工作的时候,读过一本《几何学中的心理学概论》,作者是仔科娃(苏联),其实这本书就是讲的标准图形的问题.作者把一个画得工工整整的图形(我们平时就是这样画的)叫标准图形,而把歪歪斜斜的图形叫非标准图形.她通过大量的实验,得出结论:老是利用标准图形进行教学,学生看到非标准图形时,就容易观察不到这个图形应有的特性.这就是位置干扰了认识.

如图 4,在△ABC 中,画 AC 上的高 BD,则出现了

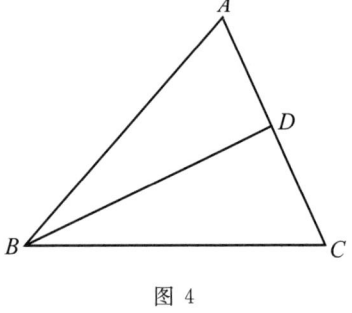

图 4

---

① 上海市梅园中学傅琳还提出了第三种干扰:组合障碍.参见 http://myzx.xhedu.sh.cn/cms/app/info/cat/index.php/470

两个直角三角形.但是下面一个△DBC比较容易觉察到,而△ABD却有意无意地被忽视了.因为前者是标准图形,后者是非标准图形.

这本书对我的教学,甚至今后的发展,有很大的帮助.我当时感到,作者把这么一个大家熟视无睹的问题提出来进行研究,做了令人信服的实验,教育岗位真是大有可为![①]

我们如果会排除干扰进行观察,很多几何题都可以很容易地解出.譬如下例:

如图 5,PA、PB 切圆于点 A、B,M、N 分别在 PA 上和 PB 的延长线上,MN 和 AB 交于点 C.要使 $CM=CN$,则应添加什么条件?

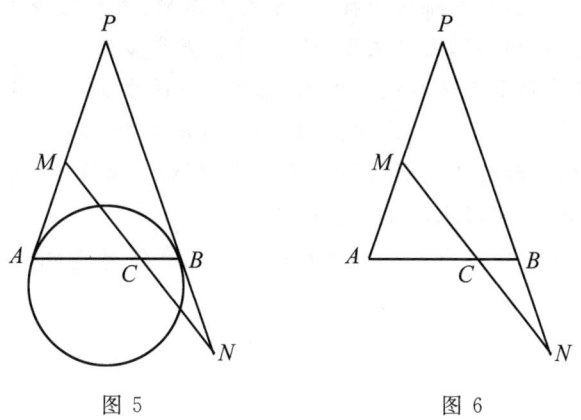

图 5　　　　　　　　　图 6

其实,排除圆这个背景干扰,就得到图 6,就是在一个等腰三角形一腰 PA 和另一腰 PB 的延长线上分别取点 M、N,线段 MN 被底边平分的问题.这是一个大家很熟悉的习题,初二的学生都会做,而原题出现在某校初三的总复习题试卷里,却有不少学生感到困难.

近年来,出现了很多新的题型,如涉及动点的题,操作型的题.这类题往往让学生感到困难,其原因之一就是有干扰,使人不容易观察到本质特征.下面就是一道这样的题.

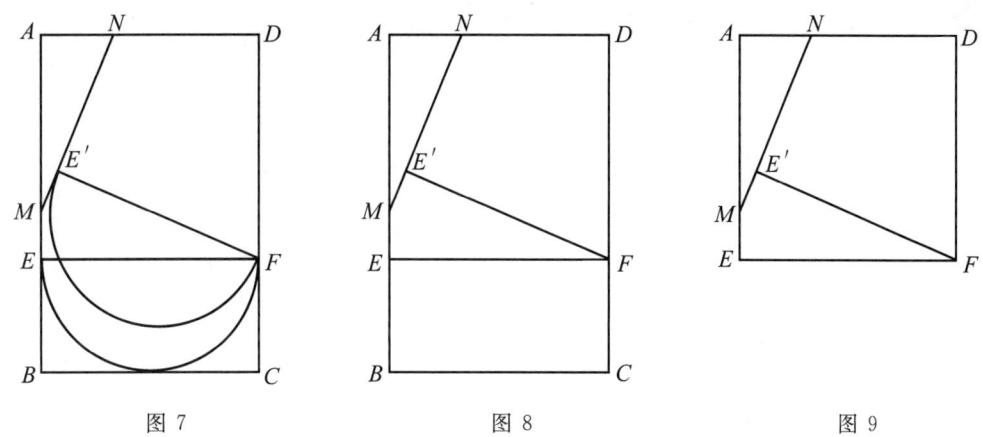

图 7　　　　　　　　图 8　　　　　　　　图 9

如图 7,在矩形 $ABCD$ 中,$AD=BC=2$,$EF\parallel AD$,$AE=DF=2$,$EB=FC=1$,量角

---

① 后来,中国心理研究所的卢仲衡教授进一步作了研究,认为标准图形对低年级学生影响比较大,对高年级学生影响比较小.

器半圆的直径正巧能和 EF 紧贴,则半圆和 BC 的位置关系是怎样的?如果把量角器绕 F 点旋转,使 E 落在 E′ 处,过点 E′ 作 MN⊥FE′,设 ME=x,MN=y,求 y 关于 x 的函数关系式.

这个操作过程中,量角器对学生的干扰很大,其实把量角器拿走,就得到中间的图 8.图中 E′F=EF,MN⊥FE′.其实下面的长方形也是个干扰,就把它去掉变成右边的图 9.于是,题目变成:在正方形 AEFD 中,FE′=FE,MN⊥FE′……问题就简单多了.

在几何教学中要引导学生善于观察.对于位置干扰,我认为应该在早期就多使用非标准图形.对于背景干扰,应该排除干扰,凸显主要图形,用彩色粉笔勾画是凸显的方法之一,现在由于多媒体的使用,凸显主要图形的手段是很多的.

另外,有意识地安排题目进行观察训练,也是有效的方法.譬如对于上述的五角星的图,事先(也可以在学生碰壁之后)问学生:这个图里有几个三角形?有几种不同形状的三角形?甚至,可以问:两种不同形状的三角形中,哪种含有 1 个"尖角",哪种含有 2 个"尖角"?这是观察训练,实际上也是在进行铺垫.

其实 W 老师在课堂练习中也有一些对排除干扰有作用的题目,如下面的题:(如图 10)

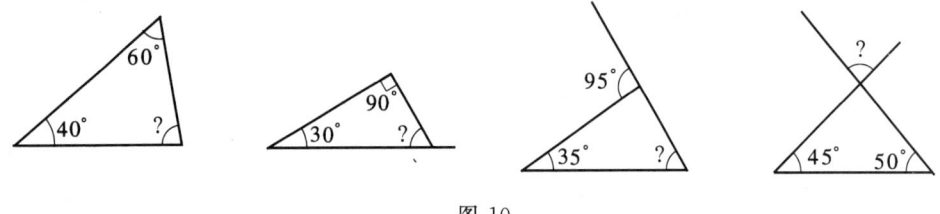

图 10

只是,这样的题应该提前,使它起到帮助学生进行观察的铺垫作用.

研究"确定性"是一种数学思考[①]

G 老师任教的学校是教学水平较高的学校,因此在梯形复习课里把几何作图进行了适当的补充.这是个已经被新课标淡化了的内容,但是课标只是各学校教学的最低要求,根据情况补充一些较难的知识,无可非议,更何况几何作图里含有的思想方法,有些确实是很有价值的.

G 老师口齿清楚,整个课主线明确,层次分明,是节很不错的课.

> 在这节课里涉及到几何作图的有三个题.
> 画梯形 $ABCD$,使 $AD \parallel BC$,并且有:
> 1. $AD=2, AB=3, BC=5, CD=3.5$;
> 2. $AD=1, AC=3, BC=4, BD=3.5$;
> 3. $AD=2, BC=5, \angle B=60°, \angle C=45°$.
>
> 对于第 1 题,G 老师请学生板演,该学生先画下底 $BC=5$,再画两腰 $AB=3, CD=3.5$,结果 AD 不平行于 BC,也不等于 2! 　　评:认知冲突出现了.
>
> G 老师指出了四边形的不稳定性,同时问大家:有没有这样的多边形,只要已知各边的长,能够得到确定的多边形?
>
> 学生马上得出,三角形是满足这个要求的多边形,即已知三边,这个三角形就确定了.G 老师指出,三角形的这个特征叫三角形的稳定性.
>
> 然后,G 老师提出先画个草图怎样?说"这是草图分析法".
>
> 经过启发,学生添了补助线 $DE \parallel AB$.G 老师说:这条补助线把梯形问题转化为大家熟悉的三角形和平行四边形.
>
>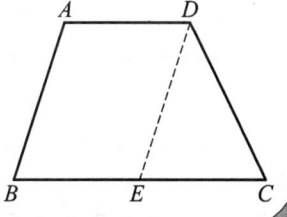

[①] 本文曾刊载于《数学教学》2010 年第 12 期,收入本书时有修改.

> 学生发现在△CDE中,三边长已知,这个三角形是确定的,可以画出来.
> 然后,延长CE到点B,使BC=2,再过点D作BC的平行线,并以点B为圆心、3为半径作弧,该弧和BC的平行线相交于点A……

议:G老师这节课的教学目标是想说明转化思想在梯形中的应用,符合华罗庚的"用另一条线索串起来"的复习方法,是有效的.她也注意到确定图形的问题,她在教案里的难点分析的第一点就是:"对于确定图形的可解问题的初步探究",笔者认为,这是很有见地的.

不过,拿转化和确定来说,这节课有两个地方可以探讨:

一是关于转化,G老师多次强调"梯形转化为三角形和平行四边形",这不错,但似乎应该突出三角形,我们的侧重点是寻找"确定"的三角形,甚至可以点明,这叫"三角形奠基法".

二是关于"确定",除了三角形的确定性研究之外,几何作图,大多最终归结为确定点.因此还要研究确定点的条件,譬如两直线相交确定一点,一直线和一条弧相交确定一点(题中的B点和A点就可以认为是这样确定的)等.

"确定"一词,是数学里的重要词语,数学家是十分看重"某个问题(或者某个问题的一个子问题)是确定还是不确定的".如果是确定的,则设法将这个图形画出来或把解求出来,即进一步研究具体的实施方案;或者研究这个子问题确定之后,进而思考全局问题怎么解决.如果是不确定的,则要研究它的变化与什么有关?是怎样的关系?这是数学家思考问题的一种倾向,因此研究"确定性"是一种数学思考.

"确定"的意义,就是"存在唯一"."存在唯一","有且只有",我们数学教师清清楚楚,但对普通人和中小学生,却是个天大的难点.我认为,要从小开始慢慢渗透,什么是"存在","有",什么是"唯一","只有".开始的时候,一句话要用两句话来解释.譬如,"两点确定一直线",要先讲"经过两点可以画直线",再讲"经过两点不可以画两条(以上)直线".

课中提到了三角形的稳定性,四边形的不稳定性,我不清楚这样的词语的来历,我估计并不是数学家创造的,而是来自生产、生活实际.我觉得这组词含意不清晰.如果已知三角形的两边一角,这个三角形有可能有两解,算不算稳定?如果已知四边形四条边和一个角,这个四边形是确定的,算不算稳定?所以,用这组词时,务必要讲清楚,是在"各边已知的情况"下,研究这个多边形是否确定,如果能够确定,则通常称为"稳定"的;如果不能确定,则通常称为"不稳定"的.

"确定"的条件,十分重要.与此相关的是基本量思想、独立和自由度的概念.

一组基本量,首先应该是数量最少的,并且别的量都可以用这一组量表示出来.同时,这些量之间谁也不能用其他的量表示,也就是说,互相之间是独立的.

三角形要确定,必须有三个独立的条件:譬如三边,两边一夹角等.但三个角就不行,因为这不是三个独立的条件,第三个角可以用另两个角算出来,所以"已知第三个角",这个条件是虚的(弄得不好,还会和别的条件发生矛盾).

尽管基本量的要求很高,但基本量的挑选还是有很大的余地.就三角形而言,譬如三边可以组成一组基本量,两边一夹角,两角一夹边也都可以成为一组基本量,甚至两边和第三边上的中线也可以组成一组基本量.不管怎么样,一个三角形,有而且只要有三个独立的量,可以求出其他一切,我们说三角形的自由度是3.

弄懂这些,对学习后续的数学是有好处的,否则你就理解不了线性代数里的"秩".但更重要的,不仅是知识,我们前面说了,这是一种数学思考方式.我们应该培养学生一种研究"确定性"意识.

第一,遇到问题,先思考这个问题是不是可以确定,这当然心中要知道与这个问题相关的基本量和自由度.

第二,要明白,某个图形(或者方程什么的),一旦确定,那么这个图形的什么元素(在理论上)都可以知道了,譬如一个三角形确定了,那么它的三个角,三条边,甚至中线、高、角平分线、外接圆、内切圆、周长、面积、图形……都可以确定了,都是可以求出来和画出来的,尽管有时还是有一定的难度.

第三,接下去,往往不是急于算和画这个已经认定是确定了的东西(这只是技术问题了,不必过多地纠缠),而把思考的重点立即转移到,下一步做什么?譬如奠基三角形可以确定,怎么在此基础上画出整个图形来?这是一种"战略"思考.这种"战略"思考,是有数学特色的.

数学家有精细的一面,更有"大将风度"的一面.有个笑话说:有一个水壶,自来水龙头,煤气灶,火柴,怎样烧一壶开水?(问题一)回答当然是打开水龙头,把水壶灌满,点火,把水壶放在煤气灶上,过一会儿一壶开水就得到了.现在有个问题二:一个煤气灶,火柴,水壶里已经注满了水,怎样得到一壶开水?常人回答总是点火,把水壶放在煤气灶上.一个数学家回答却是:把水倒掉,问题二转化为问题一了! 某种意义上说,这是一种数学思考.问题一已经有确定的解法了,问题二归结为问题一,可以认为问题二也解决了.这就是"战略"思考,这就是所谓的"大将风度"!

第四,如前所述,如果这个问题不确定,则要研究它的变化与什么有关? 是怎样的关系? 譬如说,设法研究两者的函数关系.

G老师已经注意到"确定性",并适当地进行渗透.我们应该抓住各种机会,渗透"确定性"这种思考方式.譬如,除了几何作图外,不在同一直线上的三点确定抛物线,不在同一直线上的三点确定圆……渗透的机会多的是.在数学课里要逐步渗透,以至最后确立这种思考问题的倾向.

研究"确定性"是一种数学思考,类似的数学思考还有不少,如研究"不变性"也是一种数学思考.笔者觉得现在有些数学教学论文,没有数学味,文章里论及的原理放在物理、化学教学中也都可以,其实,除了教育的共性外,我们更应该关注数学教学中的个性.

点拨和"留白"

有一节课,讲幂,是 G 老师上的.

> 例1 a^{4m} 可以等于什么?
> 生1:可以等于 $(a^4)^m$,
> 生2:也可以等于 $(a^m)^4$,
> 生3:还可以等于 $(a^2)^{2m}$,……
>
> 例2 $4^{12}=2^{(\ )}=16^{(\ )}=8^{(\ )}=64^{(\ )}$.
>
> 老师先解决了第1小题:从 4^{12} 着手,
> $4^{12}=(2^2)^{12}=2^{(24)}$;
>
> 接着研究第2小题:从 $16^{(\ )}$ 着手,
> $16^{(\ )}=(4^2)^{(\ )}=4^{2(\ )}$,
>
> 希望它等于 4^{12},
> 所以 $2(\ )=12,(\ )=6$,
> 即 $4^{12}=16^6$.
>
> 老师指出,第2小题也可以这样解:
> $16^{(\ )}=(2^4)^{(\ )}=2^{4(\ )}$,
> 而 $4^{12}=2^{24}$,
> 所以 $4(\ )=24,(\ )=6$.
> ……

评:这是很不错的,有发散,也为后面的例题做铺垫.

评:这样的解当然是没有错,可惜没有点出:这类题的窍门是化同底. 和我一起听这节课的 C 老师事后评议时,对 G 老师说,"我在听课时,真的为你着急啊,为什么不点拨一下呢?"

C 老师说,听有些老师上课,总觉得"缺一口气". 我体会,就是应该在具体解法的基础上进行点拨. 把这类题目的特点,解法的要点突出一下,更深入些,还可以把这类题目后面的思想方法点一下.

议:点拨是很重要的,点拨实际上是帮助学生进行总结反思. 光大量解题,做100道,还是100道,但是有了点拨和总结反思,做1道题,可能就会做类似的3道题了,这就是举一反三.

点拨有多种多样,一种点拨的层面是解题术的点拨.像上面的例子,可以说是具体解题术的点拨.

也可以是错误的原因分析,并要求学生予以警惕.还可以是方法的总结,多题归一.多题归一里的"一",就是总结出来的最精华的东西.

点拨应该起到画龙点睛的作用.现在,思想方法很时髦,有的老师,不管三七二十一,把什么思想方法都点拨进去.这是贪多嚼不烂,第一,未必你讲的思想方法都和这题目相关,第二即使相关,也要区分一下,你在这个阶段主要想培养学生哪种思想方法.

这里还想说下"留白"."留白"有助于产生弹性.所谓留白,就是不要求每一个人思考,也不必解答的问题,让有余力的学生去思考.留白不完全等于思考题,思考题往往是具体的、比较难的数学题目,但笔者体会"留白"好像不一定很难,但有思维深度和广度;不一定是具体的数学题目,可以是一个知识,一个概念或方法,甚至是一个故事,有思考讨论的余地,甚至还可能是公说公有理,婆说婆有理,形成答案是开放的局面.

C老师喜欢提一些有质量的问题,如:

一元二次方程为什么有时称两个相等的实数根,不称一个根?

一次方程,二次方程的解法都学了,为什么不学下去,譬如三次方程?

花那么多时间学因式分解,有什么用?

在一本叫《MM教育方式——理论与实践》(杨世明,周春荔,徐沥泉,王光明,郭璋著)的书里,作者提出了一些问题,在我看来,有点像留白.如:

数学归纳法的实质是什么?

是什么成全了定积分?

……

文章说,这样的教学,一定会"轰出"解题热、讨论热、学术热.

有的"留白",还有为后续知识作铺垫的作用.有位S老师,在讲了代数式的值之后,给出了几道题:

1. $\dfrac{1}{2-x}$,x 不能取什么?

2. $0.5-(x-1)^2$ 的最大最小值是什么?

3. $\dfrac{1}{x^2+1}$ 有最大最小值吗?

这里,实际上出现了分式,同时提出了最大值、最小值这样的名词,是一种孕伏,也容易激励学生钻研新东西.

也有老师在有理数乘方之后出题:

$5^2-4^2=?$ $13^2-12^2=?$ $25^2-24^2=?$

为勾股定理埋伏笔.

有一篇文章(《中学数学教与学》,2004年11期,周学智,王光明等),介绍老师在讲解分组分解时,学生一是对十字相乘法有困难;二是分解不彻底.例如,

$(x^2+3x)^2+(x^2+3x)-20=(x^2+3x-4)(x^2+3x+5)$,

不少学生到此停止了.也有对后者进行分解,但分不下去,于是产生疑问:看似相似的两

个二次三项式(x^2+3x-4 和 x^2+3x+5)为什么有时能分,有时不能分?(这是很有挑战性的问题)

针对这种现象,老师在练习了一组十字相乘法之后,给出题目:

分解:x^2+2x+3.

起初学生以为如此简单的题目……(又是挑战)

教师诱导说:为什么不能分解?什么时候可分?什么时候不可分?如果可分,又分解成什么样?有一样新的工具——判别式——可以回答你们!判别式的用处可大着呢!

学生多次问:老师什么时候学判别式?

老师继续:要想学判别式先要学两件事.一是开方,二是配方……

我相信,老师这样一而再,再而三地既是留白,又是"卖关子",一定会激发一部分学生自己去学习、思考判别式.

不是每位老师都认可"孕伏"的做法,认为这样做了,学生间产生了差距,有些学生在以后上到这段内容时就不要听了.教无定法,没有必要强迫这些老师接受这种方法.同时,这种教学方法,确实会引起不平衡,怎么再达到新的平衡,确实要求是很高的.

后记
——寄希望于青年教师

教育是一门实践性很强的科学.遗憾的是,由于种种原因,现在的师范大学大多不重视教材教法,不重视教学实践.笔者从事教育工作46年了,早年在中学任教,后来在教师培训岗位上工作了30余年,笔者自嘲为"草根教授",深知实践与反思在教师成长中的作用.一面上课,一面反思,包括看看别人是怎么上的,听听别人是怎么评课的,自己再上课,是最好的学习上课的方法.本书就是想给出一批案例,让大家看看别人的课,听听别人的评议.国外的经验证明,这样的案例教学,对实践性很强的学科来说,是有效的教学方法.

多年来,笔者听了不少课,审读了不少教案,也和老师们讨论过很多问题.总的来说,确实有不少好课,好的教学设计,但多数课只是能够一般地上下来而已,虽然没有大的错误,然而在落实双基,启发学生思维,激发学生的学习兴趣等方面,都有需要改进的地方.

近年来,出于"有感而发",写了几篇评课的短文,感谢华东师大《数学教学》和上海师大《上海中学数学》编辑部的器重,得以陆续发表.把这些文章汇集起来,又增加了一些内容,于是就形成了本书.当前出版市场畸形发展,教辅书铺天盖地,有点学术含量的书籍却难以问世,因此,本书的出版,要感谢上海科技教育出版社.

本书的案例基本上是第一手的,大多取自家常课,少部分取自所谓的公开课.除个别案例因为出版的需要作了一些改动外,绝大多数是真实记录,因此可以说基本上是原生态的.

案例研究,总会涉及现实世界中的张三李四,为了避免引起不必要的麻烦,本书中涉及的教师,不管这节课上得精彩,还是上得不怎么理想,一律用代号表示.希望各位老师自己不要对号入座,也不要对别人指指点点.从案例中学习到别人的经验和教训,从而使自己的教学水平有所提高,是本书的愿望.

有句话叫"教无定法",其实评课也没有定法.在本书里,大致先是某节课的记述(有时是详细的,有时只有一个片段),然后是"评"和"议"(有的是明显地标明和区分,有的含混在一起的)."评",一般说是针对这节课而言的;"议",则是从这节课引出,再跳出这节课的框框,扯开去,对数学教学的某些观念,数学教学的某些规律,发表一些看法,进行一些议论."评"比较微观,"议"则相对宏观些.

由于本书各篇文章是陆续写就的,所以文风上不尽一致,前后也可能有点重复.本书难以排出一个体系来,各篇文章的排列,基本上是从课型来排的:先是概念课,再是命题(定理、公式)课,习题课,复习课,作业设计,试卷讲评课,其他.各篇议论的主题,可能会

 **陈永明** 评议数学课

跨越课型的限制.

笔者作为一名老教育工作者,希望青年教师快快成长.在此,提出几点希望:

第一点,切实打好数学功底.对于知识和知识的传授方法来说,笔者认为,知识的传授方法果然重要,但相比起来,知识本身更为重要.但是,数学功底好,并不等于大学里的数学成绩好,也不等于数学解题能力强,而是对张奠宙教授提出的数学的教育形态把握得好.所谓数学的教育形态,笔者理解是把数学知识整理成有利于学生接受,并有利于学生发展的形态,这就要研究每章每节的双基要求和结构、重点难点以及学生容易造成错误的地方.

第二点,兼顾双基和教改.我国的数学教学是有很优秀的传统的,例如双基,当然也有不足之处,主要是学生的创造性不够,因此进行课程改革是必要的.但是数学课毕竟是数学课,教育要讲究效率,不能片面强调过程、情感目标,片面强调师生互动、课堂讨论等教学方法(注意,笔者只是说不要"片面强调"),总之不能"去数学化".顾泠沅教授说得好,要"寻找中间地带",在继承传统和改革之间找到一个平衡点.笔者还认为,上世纪60年代提倡的,近年温总理再次提出的启发式教学,是比较适合我国当前现状的教学方法.

第三点,减负增效.现在,迫于种种压力,不论教师或者学生都深受题海战术之苦,教师陷入了"出试卷、布置作业、改本子、改试卷,从而没有时间和精力钻研教材,然后为了提高分数,再加大作业的数量"这样的恶性循环.要摆脱这个恶性循环,笔者认为,一是对习题进行整理,特别要研究这类习题的结构(特征、分类、方法步骤、思想),寻找典型的题目,并用合适的方式(譬如变式)呈现出来.不要简单地否定习题类型,习题类型是符合心理学的"图式"理论的,当然不死套类型,而且这些类型最好要和学生一起归纳出来.二是要强调先通法再优法的思维方向.通法和优法都重要,通法是基础,优法是发展.不掌握通法而掌握了某种优法,有瞎撞的成分;不掌握优法但掌握了通法,思维不够灵活,只能说基本达到了要求.

第四点,不要把追求分数作为我们的唯一目标.数学是一种文化,真正的优秀教师,不仅教出的学生分数比较高,而且以数学知识为载体,吸引学生热爱数学,培养学生的数学精神,提高学生的数学修养.他们比较"大气",他们不单纯是"教书匠".因此,要让学生感悟重要概念和法则的来龙去脉,不但知其然,还要知其所以然;善于归纳总结;要使学生思维活跃(不仅是灵活),不但是善于解决问题(一题多解),还要善于提出问题,不但会研究具体的题目,还会思考带"本原性"的问题.

想说的很多,这几点可能是笔者最关切的.期望着广大青年教师——我们的接班人——早日成熟.

陈永明
2008年3月
于上海市徐汇区教师进修学院

再版后记

拙作 2008 年出版后,受到广大读者的欢迎,不久就告脱销,在此向广大读者表示感谢。

拙作出版之后,我又写了几篇,感谢有关编辑的抬爱,多数在华东师大的《数学教学》杂志上得以发表,有一篇在《小学数学教师》杂志上发表。这次再版,共补充了 10 篇文章,分别插在有关章节里。

近年来,学习了张景中院士的"中巧说"(并按这个理论带领中青年教师写了《数学习题教学研究》一书),又学习了傅学顺教授的"反应块"理论,有点心得,于是将原文作了些修改。特别需要指出的是,初版用了张奠宙教授的"双基模块"的提法,后来我觉得可能没有准确理解它的涵义,再版时改为"解题模块"(和《数学习题教学研究》提法一致),"解题模块"可能仅是"双基模块"的一种形式。

我虽年事已高,但对数学教学情有独钟,对培养青年教师仍满腔热情,2010 年底退休之后,仍在做一些工作,尽绵薄之力。希望本书对青年教师有所帮助,也希望广大专家、教师提出宝贵的意见。

陈永明

2011 年 11 月于寓所

时年七十又一